蘇格拉底及其先期哲學家

世界哲學家叢書

范 明 生 著

東大圖書公司印行

國家圖書館出版品預行編目資料

蘇格拉底及其先期哲學家 / 范明生著．－－初版一
刷．－－臺北市；東大，2003
　　面；　　公分－－（世界哲學家叢書）
參考書目:面 含索引
ISBN 957－19－2309－5　（精裝）
ISBN 957－19－2310－9　（平裝）
　　1.蘇格拉底－學術思想－哲學 2.哲學－希臘

141.1　　　　　　　　　　　　　　　　88014618

網路書店位址　http：// www. sanmin. com. tw

© 　蘇格拉底及其先期哲學家

著作人　范明生
發行人　劉仲文
著作財　東大圖書股份有限公司
產權人　臺北市復興北路三八六號
發行所　東大圖書股份有限公司
　　　　地址／臺北市復興北路三八六號
　　　　電話／二五〇〇六六〇〇
　　　　郵撥／〇一〇七一七五──〇號
印刷所　東大圖書股份有限公司
門市部　復北店／臺北市復興北路三八六號
　　　　重南店／臺北市重慶南路一段六十一號
初版一刷　西元二〇〇三年一月
　編　號　E 14102-1
　基本定價　柒元肆角
行政院新聞局登記證局版臺業字第〇一九七號

ISBN　957-19-2309-5　（精裝）

「世界哲學家叢書」總序

　　本叢書的出版計畫原先出於三民書局董事長劉振強先生多年來的構想，曾先向政通提出，並希望我們兩人共同負責主編工作。一九八四年二月底，偉勳應邀訪問香港中文大學哲學系，三月中旬順道來臺，即與政通拜訪劉先生，在三民書局二樓辦公室商談有關叢書出版的初步計畫。我們十分贊同劉先生的構想，認為此套叢書（預計百冊以上）如能順利完成，當是學術文化出版事業的一大創舉與突破，也就當場答應劉先生的誠懇邀請，共同擔任叢書主編。兩人私下也為叢書的計畫討論多次，擬定了「撰稿細則」，以求各書可循的統一規格，尤其在內容上特別要求各書必須包括（1）原哲學思想家的生平；（2）時代背景與社會環境；（3）思想傳承與改造；（4）思想特徵及其獨創性；（5）歷史地位；（6）對後世的影響（包括歷代對他的評價），以及（7）思想的現代意義。

　　作為叢書主編，我們都了解到，以目前極有限的財源、人力與時間，要去完成多達三、四百冊的大規模而齊全的叢書，根本是不可能的事。光就人力一點來說，少數教授學者由於個人的某些困難（如筆債太多之類），不克參加；因此我們曾對較有餘力的簽約作者，暗示過繼續邀請他們多撰一兩本書的可能性。遺憾的是，此刻在政治上整個中國仍然處於「一分為二」的艱苦狀態，加上馬列教條的

種種限制，我們不可能邀請大陸學者參與撰寫工作。不過到目前為止，我們已經獲得八十位以上海內外的學者精英全力支持，包括臺灣、香港、新加坡、澳洲、美國、西德與加拿大七個地區；難得的是，更包括了日本與大韓民國好多位名流學者加入叢書作者的陣容，增加不少叢書的國際光彩。韓國的國際退溪學會也在定期月刊《退溪學界消息》鄭重推薦叢書兩次，我們藉此機會表示謝意。

原則上，本叢書應該包括古今中外所有著名的哲學思想家，但是除了財源問題之外也有人才不足的實際困難。就西方哲學來說，一大半作者的專長與興趣都集中在現代哲學部門，反映著我們在近代哲學的專門人才不太充足。再就東方哲學而言，印度哲學部門很難找到適當的專家與作者；至於貫穿整個亞洲思想文化的佛教部門，在中、韓兩國的佛教思想家方面雖有十位左右的作者參加，日本佛教與印度佛教方面卻仍近乎空白。人才與作者最多的是在儒家思想家這個部門，包括中、韓、日三國的儒學發展在內，最能令人滿意。總之，我們尋找叢書作者所遭遇到的這些困難，對於我們有一學術研究的重要啟示（或不如說是警號）：我們在印度思想、日本佛教以及西方哲學方面至今仍無高度的研究成果，我們必須早日設法彌補這些方面的人才缺失，以便提高我們的學術水平。相比之下，鄰邦日本一百多年來已造就了東西方哲學幾乎每一部門的專家學者，足資借鏡，有待我們迎頭趕上。

以儒、道、佛三家為主的中國哲學，可以說是傳統中國思想與文化的本有根基，有待我們經過一番批判的繼承與創造的發展，重新提高它在世界哲學應有的地位。為了解決此一時代課題，我們實有必要重新比較中國哲學與（包括西方與日、韓、印等東方國家在內的）外國哲學的優劣長短，從中設法開闢一條合乎未來中國所需

求的哲學理路。我們衷心盼望，本叢書將有助於讀者對此時代課題的深切關注與反思，且有助於中外哲學之間更進一步的交流與會通。

　　最後，我們應該強調，中國目前雖仍處於「一分為二」的政治局面，但是海峽兩岸的每一知識分子都應具有「文化中國」的共識共認，為了祖國傳統思想與文化的繼往開來承擔一分責任，這也是我們主編「世界哲學家叢書」的一大旨趣。

傅偉勳　韋政通

一九八六年五月四日

自　序

　　自少年時期起就逐漸養成濃厚的希臘文化情結。最初是受到希臘文化寶庫的希臘神話的吸引，接著就耽讀希臘文學作品，並被輝煌的希臘藝術所吸引。正是在這種背景下，逐漸走向希臘哲學的殿堂。

　　深記得，自己在高中階段讀的是中等專科的機電專業，受的是來自當時交通大學名師朱物華、趙富鑫等教授的教誨；但是實際上吸引我的卻是陳康先生有關柏拉圖的著作。

　　最初吸引我的是陳先生發表在《哲學評論》的論文〈柏拉圖「曼諾篇」中的認識論〉。深深被他所提到在瑞士深山中讀希臘語原文柏拉圖對話篇的詩意境界所吸引，接著又讀到他發表在《學原》雜誌的論文〈柏拉圖「國家篇」中的教育思想〉等；從而促使我去讀當時已出版的吳獻書、郭斌龢、張師竹等中譯的柏拉圖的對話篇；接著苦讀陳先生譯注的柏拉圖〈巴曼尼得斯篇〉，並深深被它所吸引，更其促使自己走向希臘哲學，幻想今後以此為終身依托。

　　正是在這種追求的支配下，一九五〇年毅然考入清華大學哲學系。遺憾的是在清華的二年裡，除胡亂看了些有關希臘的歷史和藝術史方面的專門著作外，並未真正進入希臘哲學的領域。但當在系閱覽室裡看到沈有鼎教授，從牛津大學帶回來的 W. D. 羅斯主持的

英譯《亞里士多德全集》以及利德爾—斯科特—瓊斯編的《希英大辭典》等時，令自己羨慕不已。接著一九五二年院系調整轉入北京大學後，除了有機會聽苗力田師有關希臘哲學的部分課程外，依然遠離希臘。

　　一九五五年畢業，被分配至中國科學院物理研究所工作，深感自己的希臘夢行將幻滅。但在一九五六年出現了一個小小的插曲，其時有機會重返母校哲學系，遺憾的是沒有得到所長錢三強的同意，但卻批准我自費向國外訂購 B. 喬伊特英譯的《柏拉圖全集》，W. D. 羅斯等英譯的《亞里士多德選集》，以及利德爾—斯科特—瓊斯編的《希英大辭典》等。正是這些書伴隨我度過那些艱難的年月。一九七二年轉入武漢大學哲學系工作，才開始進入希臘哲學的聖地，直到一九七九年到上海社會科學院哲學研究所工作，在那幾年裡住在襄陽隆中和東湖之畔，平靜地讀了幾年有關希臘哲學、特別是柏拉圖的著作。

　　但也只是回到故鄉上海後，在天時地利人和的環境中，二十年來才塗抹了些有關希臘哲學和美學等方面的著作，相繼撰寫和出版了：《柏拉圖哲學述評》、《晚期希臘哲學和基督教神學：東西方文化的匯合》、《西方美學通史：古希臘羅馬美學》，以及在擔任副主編的《外國哲學大辭典》中，撰寫了其中全部四百條左右古希臘羅馬哲學的詞目等。但是，這段時期的主要工作是，參加汪子嵩師主持的四卷本《希臘哲學史》的有關部分的寫作（其中第一、二卷，已相繼於一九八八和一九九三年出版）。子嵩師是陳康先生的親炙弟子。這二十年來，自己在子嵩師的教導下，在各方面獲益良多，並結下深厚的師生情誼。

　　目前這部《蘇格拉底及其先期哲學家》，可以說是上述諸種寫作

工作的繼續，在寫作過程中雖勉力以赴，但限於水平，難免會有謬
誤不當之處，敬請海內外學者和讀者們批評指正。

范明生

2002 年 10 月於滬濱曲陽新村

蘇格拉底及其先期哲學家

目　次

第二篇 蘇格拉底

第一篇

前蘇格拉底哲學

第一章 緒論——希臘哲學的產生

古代希臘是西方文明的發源地，西方哲學史是從希臘哲學開始的。在希臘哲學多種多樣的形式中，差不多可以找到以後各種數學、自然科學、美學、倫理學、政治學等觀點的胚胎、萌芽；因此，今天人們追溯各門學科的一般原理發生和發展的歷史，都不得不回到希臘人那裡去。

希臘哲學是在希臘文化—文明的土壤中形成和發展起來的，它是社會歷史發展到一定階段的產物；同時也有思想認識自身發展規律的內在原因。

第一節 希臘世界及其文明的形成

古希臘作為一個地域概念，它的範圍要比當今位於巴爾幹半島最南端的希臘共和國的範圍大得多，後者的面積僅為 131,990 平方公里，北與阿爾巴尼亞、南斯拉夫和保加利亞接壤，西與土耳其交界；大陸部分為半島，西南瀕伊奧尼亞海，南瀕地中海，東臨愛琴海。而古希臘則以巴爾幹半島、愛琴海諸島和小亞細亞沿岸為中心，包括到北非、西亞和意大利半島南部，以及西西里島的整個地中海部分的許多奴隸佔有制殖民城邦。

這裡講的前蘇格拉底哲學的時間跨度，指米利都學派的泰利斯預言西元前 585 年 5 月 28 日、標誌哲學產生的那次日食，到西元前四世紀以普羅泰戈拉、高爾吉亞等為代表的智者告一段落，前後約二百年左右。

隨著人類對古代文明的深入研究，日益清楚地認識到，作為西方文明發源地的古希臘，屬於古代三大文明地區之一的西亞、北非、南歐文明區（地理範圍從印度河流域以西至地中海、西亞、北非和南歐）。它的文明是在這個古老的文明地區裡孕育和發展起來的。❶ 比較而言，在人類文明發展史上，希臘文明出現還是比較晚，它是在這個地區的西亞和埃及影響下孕育和發展起來，是在「東方思想的洪流中成長起來的」。❷

一、希臘遠古文化─文明

希臘遠古文明經歷了基克拉澤斯文化、米諾斯文明和邁錫尼文明的三個相聯繫和相交織的發展歷程。

基克拉澤斯文化 (Cycladic Culture)，是遠古希臘青銅時代早期文化，分布於愛琴海中的基克拉澤斯群島，年代約在西元前 3500 至

---

❶ 本書不採納流傳甚廣的四大文明古國或四大文明（埃及、巴比倫、印度、中國）的說法，因為它僅指舊世界而言，它未曾包括到愛琴文明、哈拉巴文明、蘇美爾文明等。因而採納《世界上古史綱》作者，根據當代史學界研究成果，提出的古代世界三大文明地區的劃分：⑴美洲和中央安第斯文明地區；⑵東亞、南亞、中國和印度地區（指恆河流域以南，不包括今巴基斯坦境內的印度河流域或哈拉巴文化的範圍）；⑶印度河流域以西至地中海、西亞、北非、南歐文明地區。詳見該書下冊，第 5 章第 4 節，北京人民出版社，1981 年版，第 94–108 頁。

❷ T. A. Olmstead, *A History of the Persian Empire,* Chicago, 1948, p. 208.

前 1900 年。該群島自新石器時代開始，便與小亞細亞、克里特島和希臘本土之間發展了海上交通。到青銅文化早期，尤其是其克羅斯和錫羅斯時期，處於希臘全境的領先地位，並成為由小亞細亞等地區向希臘各地轉運銅等金屬原料的中心，起到了希臘遠古文明開拓者的作用。但隨著日趨衰落，日益處於米諾斯文明的影響下。

米諾斯文明 (Minoan Civilization)，是希臘克里特島的青銅時代中、晚期文化。又稱克里特文化或克里特文明。約始自西元前 1900 年至前 1450 年左右克里特島為邁錫尼人佔領而告一段落。它是歐洲較早的文明，是希臘古典文明的前驅。以精美的王宮建築、壁畫及陶器、工藝品等著稱於世。其中的前王宮時期，處於原始社會向奴隸社會過渡的階段，與基克拉澤斯文化相似。其中的新王宮時期則是整個米諾斯文明的鼎盛時期，米諾斯藝術在此時也達於全盛。當時海運發達，和埃及、敘利亞來往頻繁，並在其地設商站，希臘本土南部和愛琴海諸島也已併入米諾斯王國版圖，米諾斯王朝成為一方霸主，工農業、海運和商業都達到古代世界的高度水平。

約在西元前 1500 至前 1450 年間，克里特各王宮等地多次遭火山大爆發和地震等的影響；加之，西元前 1450 年左右邁錫尼人入侵，並在西元前 1400 年又遭到地震等的破壞。至此，米諾斯文明的繁榮即告結束。此後，克里特作為青銅文明中心的地位，即為邁錫尼文明所取代。

邁錫尼文明 (Mycenean Civilization)，是希臘本土青銅時代晚期文明，主要分布在希臘南部和愛琴海區域。年代約在西元前 1600 至前 1100 年。因當時希臘最強盛的王國及其首都邁錫尼而得名。邁錫尼文明繼米諾斯文明而起，它以城堡、圓頂墓建築及精美的金銀工藝品著稱於世。它在西元前 2000 年後期是地中海地區主要文明之

一，其主要的經濟是農業和貿易，畜牧業也較發達，廣泛養馬，盛行戰車，並和埃及、敘利亞等有文化、商業聯繫，也影響到南歐和西歐。其鼎盛期製陶器相當發達，產品暢銷於塞浦路斯、敘利亞、腓尼基、埃及等地。隨著邁錫尼線形文字 B 釋讀成功，已知當時人崇奉萬神之父宙斯、海神波塞頓、天后希拉、戰神雅典娜和太陽神阿波羅等，與日後古典時代希臘宗教相似，此外，還信仰克里特的豐饒生產女神。

隨著西元前 1200 年左右發生的特洛伊戰爭，邁錫尼文明從此衰落，至前十二世紀末即為入侵的另一批希臘部屬多立斯人所滅。希臘歷史進入所謂「黑暗時代」，即荷馬時代。

二、荷馬時代

當邁錫尼被入侵的多立斯人摧毀後，希臘本土在前十二世紀至前九世紀末出現了三、四百年的衰退時期，它也是希臘本土原始氏族制度解體的歷史階段。它以反映該時期社會狀況為主要依據的荷馬史詩《伊里亞德》和《奧德賽》而得名為荷馬時代。

荷馬時代處於邁錫尼文明衰落之後，希臘文明在某些方面出現暫時曲折的時期，所以又有「黑暗時代」、「希臘的中世紀」之稱。這一時期處於氏族社會末期，已有階級的萌芽，雖然存在原始民主，但是軍事首長的權力日益增強，所以在社會發展階段上屬於軍事民主制時期。各部落或部落聯盟中，普遍存在長老議事會、人民大會和軍事首長三個機構。到了這個時期的後期，整個希臘社會除個別社區外，都已開始向奴隸社會過渡，希臘人已經站在文明時代的門檻上了。

隨著多立斯人南下，有相當一部分邁錫尼人退至阿卡狄亞、克

里特島和塞浦路斯，在那裡繼續發展，使這些地方成為日後希臘古
典文明的發祥地。從而這個時期也可以說是希臘遠古文明中心東移
的時期，也是新的古典文明孕育時期。

　　特別是隨著部落大遷徙結束以後，希臘開始由部族向民族過
渡，形成了伊奧尼亞族、埃俄利亞族和多立斯族三個希臘民族。穩
定的民族居住區逐漸形成，形成穩定的民族共同體。到了西元前九
世紀，希臘本土、愛琴海諸島和小亞細亞西岸基本上連成一個整體。
這樣，希臘古典文明這個主體也就形成了。

　　隨著希臘民族的形成，希臘人也創造了自己的文字。希臘語是
一種印歐語系語言，其歷史開始於西元前十四世紀，一直延續至今，
其經歷的時期，比任何別的印歐語系語言都長，前後共計三十四個
世紀。從邁錫尼時期開始的「線形文字 A」和「線形文字 B」，直到
西元前八世紀時，希臘人根據閃語的模式，創製了新的字母，這種
字母很快就從東到西，在整個希臘語世界廣泛流行開了。

　　希臘語言文字在各地區的完善化，是受到原來方言的影響。同
希臘原有的三個方言區相適應，逐漸形成以伊奧尼亞、埃俄利亞、
多立斯為主的三個語支。特別是隨著雅典的興起，它同伊奧尼亞語
支比較接近的，並又兼具這三個語支共同優點的阿提卡語言就獲得
主導地位。當今所看到的古希臘哲學、文學和歷史等著作，就是用
這種阿提卡語言文字寫作和傳抄的。 ❸

　　隨著希臘人日益廣泛掌握冶鐵技術，並在農業和手工業中普遍
使用鐵製工具。農業、畜牧業成為主要生產部門，公社土地由每個
家庭耕種，貧富分化日趨嚴重，開始出現私有制和奴隸制，但作為
奴隸主的氏族貴族還沒有完全脫離生產勞動，然而在戰爭中氏族貴

❸　H. W. Smyth, *Greek Grammar*, Havard, 1976.

族日益起到重大作用。隨著階級社會的形成，西元前十至前九世紀第一批希臘城邦產生，荷馬時代也就終結。

第二節　神話：哲學的史前史

哲學是人類在實踐的基礎上，憑藉概念、範疇、推理、論證等來認識和說明世界；因此，只有當人類的認識發展到具有相當的抽象能力和推理能力時，才能產生。在達到這個階段以前，人類對其周圍發生的種種事物和現象，就試圖加以解釋和說明，其時他們主要是採用神話方式。

在人類史前文化中，神話佔有一種特殊的地位，它起到解釋系統的作用。它是史前人類的「哲學」和「科學」，以神話這種形式來解釋各種自然現象、人際關係、人類和自然的關係等，並解釋其起源和歷史現象。神話在史前人類中，構成一種獨立的實體性文化，體現著一種民族文化的原始意象，因此，作為一種早期文化的象徵性表現，遠古神話是每個民族歷史文化的源泉之一。在其中蘊涵著各該民族的哲學、藝術、宗教、風俗、習慣以及整個價值體系的起源。正像 E. 卡西勒 (E. Cassirer, 1874–1945) 指出的：神話是一種活生生的行為，是人類早期的一種思維模式，是他們解釋世界的一種主要方式。❹

儘管神話有虛構和想像的因素，但它是一種無意識的虛構和想像。絕非是人類有意識地創造出來的某種精神產品。它曾經是人類生活中的必需品，是人類認識客觀世界和自身的長河中必然經歷的一個階段，必然憑藉的一種模式；也是憑以研究各民族前哲學思維

---

❹　E. Cassirer, *The Myth of the State,* Yale University Press, 1946, pp. 8–9.

的重要依據。拉法格 (P. Lafargue, 1842–1911) 也正是這樣認為的:

> 神話既不是騙子的謊話,也不是無謂的幻想產物。它們不如說
> 是人類思維的樸素和自發的形式之一。只有當我們猜中了這些
> 神話對於原始人和他們在許多世紀以來喪失掉了的那種意義
> 的時候,我們才能理解人類的童年。❺

從整個人類認識的發展史來看,神話思維確是和哲學思維的形成緊
密聯繫著,神話可以說是哲學產生以前的一個史前階段,它是哲學
的史前史。黑格爾 (G. W. F. Hegel, 1770–1831) 曾說道:

> 古人在創造神話的時代,生活在詩的氣氛裡,所以,他們不用
> 抽象思考的方式,而用憑想像創造形象的方式,把他們的最內
> 在、最深刻的內心生活變成認識的對象,他們還沒有把抽象的
> 普遍觀念和具體的形象分割開來。❻

人類學家也或多或少認識到神話的這種認識特徵。英國著名文化史
和古典進化學派的創始人 E. B. 泰勒 (E. B. Tylor, 1832–1917) 就曾
這樣指出過:神話的創造者,力圖以「構造或講述一個故事去對很
難解釋的自然現象和習俗進行解釋。」❼哲學史家們更其注意到神

---

❺　拉法格:《宗教的本質》,北京三聯書店,1963 年版,第 3 頁。

❻　黑格爾:《美學》,第 2 卷,朱光潛譯,北京商務印書館,1981 年版,
　　第 18 頁。

❼　E. B. 泰勒:《原始文化》,第 1 卷,第 369 頁。轉引自朱狄:《原始文化
　　研究》,北京三聯書店,1988 年版,第 729 頁。

話在促進哲學的產生中的作用。英國著名古典學者 W. K. C. 格思里
(W. K. C. Guthrie)，在其六卷本的《希臘哲學史》的引論中，在講到
神話和哲學理論思維的關係時，曾充分肯定神話的這種重要作用：

> 在人類文明的早期階段，各種神話形象，可能是表述各種深刻
> 和普遍真理的那種唯一可以得到的手段，同時更是一種有效的
> 手段。❽

　　鑒於以往哲學史家們對神話在促進中的積極作用的認識上的
不足，英國著名古典學者 F. M. 康福德 (F. M. Cornford) 在談到古希
臘哲學以泰利斯提出水是萬物的本原，作為西方哲學產生的標誌
時，就不無遺憾地談到：「好像泰利斯突然從天上掉下來，彷彿他碰
了一下大地，就蹦出來：『萬物是由水造成的。』」❾他的學生格思里
等則已致力於闡明神話之間的聯繫：作為哲學家的先驅，神話的宇
宙進化論和神譜的作者們（指古希臘的海希奧德、奧菲斯、斐瑞庫
德等）的重要性，近來已越來越清楚地認識到了，在他們中間，存
在著一種離開神話走向理性思維的發展。❿
　　海希奧德 (Hesiodos，前八世紀末到七世紀初古希臘史詩詩人）
在其著作《神譜》中：「第一次敢於把神話安排成為一種綜合的哲
學。」⓫其神話思想，深受巴比倫喀西特時期 (Kassites)、西元前 1751

---

❽　W. K. C. Guthrie, *A History of Greek Philosophy,* Vol. 1, Cambridge,
　　rpt.1971 , p. 2.

❾　W. K. C. Guthrie, *A History of Greek Philosophy,* Vol. 1, p. 39.

❿　W. K. C. Guthrie, *A History of Greek Philosophy,* Vol. 1, p. XI.

⓫　W. Jaeger, *Paedeia: The Ideals of Greek Culture,* Vol. 1 — *Archaic*

年時史詩《埃努瑪─埃立什》(*Enuma Elis*) 的影響。隨著比較神話學研究的展開，人們越來越認識到，從巴比倫的《埃努瑪─埃立什》到古希臘的《神譜》以及到早期希臘哲學之間，構成思想史上的連續過程。❷

㈠從創世神話到萬物本原

原始人類為獲得生活資料而在從事生產活動的過程中，面對大千世界形形色色的事物，已開始自發地探求萬物的根源，將其中有些自然物（日、月、水等）加以擬人化成為多樣的神；接著從多神中選出一個神，認為他先於其他神並且派生出其他一切神，這就成了後來哲學家們探求萬物本原的思想先驅。大體有以下幾種創世神話。

1.海洋之神和水之神。海希奧德在《神譜》中講到，海洋之神俄刻阿諾 (Oceanus) 是天神烏拉諾斯 (Uranus) 和地母蓋雅 (Gaea) 的兒子，大海女神忑提斯 (Tethys) 的丈夫，又是三千海洋女神俄刻阿尼德 (Oceanids) 和一切江河之神的父親。❸荷馬史詩《伊里亞德》中，也有相類似的記載：俄刻阿諾是圍繞大地的江河之神、萬水之源；❹並還把俄刻阿諾看成是巨大的秩序井然的宇宙的力量，是一切生命所賴以生長的神。❺柏拉圖將這種神話，同赫拉克里特斯的一切皆流的思想聯繫起來。❻亞里士多德則將這種神話，同泰利斯

　　　Greece, The Mind of Athens, translated by G. Highet, Oxford, rpt. 1980, p. 65.

❷　F. M. Cornford, *Principium Sapientiae: The Origins of Greek Philosophical Thought,* ed. W. K. C. Guthrie, New York, 1971.

❸　Hesiodos, *Theogony,* 133, 364.

❹　Homer, *Iliad,* 8. 607, 21. 194–200.

❺　Homer, *Iliad,* 16. 246, 302.

的水是萬物本原的思想聯繫在一起：

> 這一派哲學的創始人泰利斯認為本原是水……。可是也有人認
> 為，那些生活在很久以前，最早想說明神的人也是這樣看的；
> 因為他們將俄刻阿諾和忒提斯夫婦說成是創世的父母。**⑰**

2.黑夜或混沌。希臘神話中，還有將黑夜（Nyx，尼克斯）看作
是原初的力量、萬物的本原。神話中所說的黑夜，也就是後來哲學
家所說的混沌狀態。他們認為宇宙原初是混沌一片，是什麼都分辨
不出來的狀態。用神話語言來說，這就是黑夜。亞里士多德在談到
事物的動因時，將神話中的「黑夜」和哲學中的「混沌」的關係揭
示出來了：

> 如果我們追隨那些認為世界是從黑夜產生的神學家們，或者追
> 隨那些說「萬物混在一起」的自然哲學家們，就會得出相同的
> 不可能的結果：如果沒有現實的存在的原因，如何會有運動
> 呢？**⑱**

3.時間。古希臘神話有把時間之神克羅諾斯（Chronus）看作為
萬物的本原。新柏拉圖學派的達瑪修斯（Damascius, 約西元 480-?）
在其《關於本原的問題和證明》的記載中，談到奧菲斯教認為黑夜
是萬物的本原後，接著就說：

在流行的奧菲斯教的敘事詩中，關於認知的神話大體是這樣的：作為一個原始的因素，是克羅諾斯；作為兩個的，是以太和混沌，在「存在」的地方，還有「蛋」，這三一體是最初產生的。❿

奧菲斯教認為時間是產生萬物的第一因素。因為，有了時間就是有了運動；有了運動就將原來混沌一片的東西區別開來了。因此，在奧菲斯教中，時間之神是萬物之源。原來混沌一片的黑夜，沒有運動，也就沒有前後。一旦有了時間，萬物就被區別開來了，並成為可以認知的東西。古代的時間本來是與農牧業的生產季節結合在一起，所以時間之神也就是收穫之神。早期的希臘人還以神話的方式，將「時間」看作是原始混沌的東西在運動中分化為一切事物的根本要素。雖然時間是以擬神化的神「克羅諾斯」出現的，但是克羅諾斯的功能，恰恰表現了早期希臘人對於在本質化為萬物的過程中「時間」的重要作用的樸素認識。這對後來希臘哲學家關於時間的看法，是很有影響的。

㈡宇宙的演化

同整個人類的實踐活動和認識的發展有關，與本原問題緊密相

---

❿ H. Diels und W. Kranz, *Die Fragmente der Vorsokratiker,* Griechisch und Deutsch, Weidman, 1974, unañderte Nachdrucke der 6 Auflage, 1B12. 本書以後引用該書《蘇格拉底以前哲學家殘篇》簡稱 "DK"，將每個哲學家的生平事跡學說等分為三部分：㈠包括後人撰寫的有關哲學家的生平事跡和學說等言論的彙編；㈡哲學家本人的言論和著作的殘篇；㈢後世作者的擬作或擬偽殘篇。這部著作備受學者重視，成為研究蘇格拉底以前哲學家的主要原始資料依據。

聯繫，古人對宇宙的演化早就深為關注。

在希臘神話中，自然界的種種現象如日、月、江、海、雷、電等是作為擬人化的神出現的。神話中將這些自然現象的產生，歸於諸神間父子、夫婦、兄弟關係。其中最有代表性的是前面已提到過的海希奧德的《神譜》。它將古代流傳下來有關諸神的龐雜傳說，整理出一個一脈相承的譜系。這部長詩主要分三個部分：⑴宇宙譜，敘述宇宙的演化過程；⑵神譜，敘述以宙斯和克羅諾斯為代表的諸神譜系；⑶英雄譜，敘述半神半人的英雄們的譜系。

在宇宙演化方面，它將世界的起源和諸神的降生結合在一起闡述，實際上已經以幻想的神話形式，對宇宙的生成和演化作了素樸的猜測，甚至有了對自然現象總體作某些理性解釋的萌芽：

> 首先出現的是混沌；接著出現的是寬廣的大地，那永遠歸然不動的為一切不朽的神居住的奧林帕斯雪峰的基座；接著是在寬廣的大地凹處的朦朧的冥府塔爾塔洛(Tartarus)；接著是不朽的神中最可愛的厄羅斯 (Eros)，她對待神和人是一樣的，既酥軟了他們的手足，又懾服了他們的神志。從混沌中產生了黑域厄瑞布斯 (Erebus, 指陰間和陽間之間的黑暗區域——引者注) 和黑夜。他們婚配後，又從黑夜中產生了以太和白晝。於是大地首先產生與她本身同樣廣大的、點綴著繁星的天宇，將自身團團圍住，並作為幸福的諸神的永恆居處；以後，她又不經交配而產生高山，是棲息於森林山谷的女神尼姆福斯 (Nymphs) 流連的居處，以及波濤洶湧的海洋。然後，大地和天宇交配，產生渦流深深的大洋之神俄刻阿諾。❷

⓴ Hesiodos, *Theogony,* 116–134.

在希臘悲劇詩人（如歐里庇得斯已佚失的悲劇《美拉尼珀》）和喜劇
詩人的劇本中，記錄下許多有關宇宙演化的古老神話。喜劇詩人阿
里斯托芬（Aristophanes，約西元前 446-前 385）在喜劇《鳥》中，
保存下了很可能是代表奧菲斯教的關於宇宙演化的神話傳說：

> 一開始只有混沌、黑夜、黑域和茫茫的冥府，那時還沒有大地
> （蓋雅），沒有氣（aer，埃爾），也沒有天（俄拉諾斯）；從黑域
> 的懷裡，黑翅膀的黑夜首先生產出了風卵，經過一些時候，在
> 季節的實現中，渴望著的愛（厄羅斯）生出來了。她是像旋風
> 一般的，背上有燦爛的金翅膀；在茫茫的冥府裡，她與黑暗無
> 光的混沌交合，生出了我們；首先將我們帶進光明。最初，世
> 上並沒有天神的種族，愛情交合後才生出一切，萬物交會才生
> 出了天地、海洋和不死的天神。所以，我們比所有的天神都要
> 早得多。[21]

將這段記載，同古希臘第一個哲學學派米利都學派的阿納克西曼德
的有關宇宙演化的學說相比較，表明兩者是非常相似的：[22]

---

[21] Aristophanes, *The Birds,* 693–703, 見中譯本《阿里斯托芬喜劇集》，北京
人民文學出版社，1954 年版，第 297 頁。

[22] W. K. C. Guthrie, *Orphseus and Greek Religion,* London, Corrected, ed.
1952, p. 223.

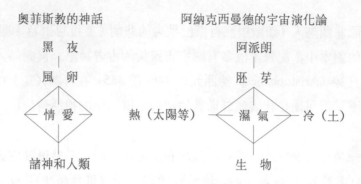

奧菲斯教神話強調愛神（Eros，厄羅斯）作為一種結合的自然力量，在衍生天神種族，實即生成天地間萬物的過程中，起著重要的作用。這明顯地直接影響後來頗受奧菲斯教影響的恩培多克利斯的自然哲學，他將「愛」作為萬物生成的主要動因。這也同樣說明了神話和哲學之間的緊密聯繫。

(三)靈魂

古人對認識問題的探討，往往是同靈魂問題密切相聯繫的。從有關的希臘神話中，可以看出人們是如何從前哲學思維向哲學思維過渡。

就古希臘人來講，靈魂不死並不是一種安慰，而是一種不幸。荷馬的《奧德賽》中，敘述特洛伊戰爭中的奧德修斯在返回故鄉的途中，在地府遇到已經死去的阿該亞人中最勇猛的首領阿奇里斯(Achilleus) 的亡魂。他們之間，進行了一場如下的對話：

> 阿奇里斯，過去未來無人比你更幸運，
> 你生時我們阿該亞人敬你如神明，現在你在這裡又威武地統治
> 著眾亡靈，

阿奇里斯，你縱然辭世也不應該傷心。㉓

但是，阿奇里斯依然悲嘆不已：

> 光輝的奧德修斯，請不要安慰我亡故。
> 我寧願為他人耕種田地，被雇受役使，
> 縱然他無祖傳地產，家財微薄度日難，
> 也不願統治即使所有故去者的亡靈。㉔

也就是說，阿奇里斯寧願活在世間做奴隸，不願現在死去去統治所有的亡靈（靈魂）。這代表著當時希臘人的觀點：活著的人不管怎樣，總比死後的亡靈要好得多。

　　以後，隨著西元前六世紀，奧菲斯教在整個希臘世界的傳播，該教關於靈魂的看法，和希臘人原來的看法有所區別。該教的一系列信仰，主要建立在「出神」（希 ékstásis）的基礎上，認為靈魂只有離開肉體，才能呈現其真正的本性。靈魂並不像荷馬所記載的那樣，僅僅是人自身蒼白的雙重化，而是一個墮落了的神或精靈 (dae-mon)，它寄寓在凡世事物中輪迴轉世。而寄寓在人的肉體中的靈魂，可以通過「淨化」（希 katharsis）和秘密崇拜（希 argia）重新恢復原來的高層地位，回到原來所屬的神的隊伍中去。這種新的教義很快為希臘人接受，因為他們對原來詩人們所描述的城邦傳統宗教那種仙凡異途的神感到不滿，需要強調人人都可以通過「淨化」的贖罪

㉓　荷馬：《奧德賽》，第 11 卷，第 483–486 行，王煥生譯，北京人民出版社，1997 年版。

㉔　荷馬：《奧德賽》，第 11 卷，第 488–491 行。

等手段而成為神，能享受永恆的福祉。這正像英國著名希臘哲學史家 J. 伯奈特 (J. Burnet) 所說的那樣：「在任何情況下，奧菲斯教的儀式和典禮的主要目的，是使靈魂擺脫『生的輪迴』，即擺脫投身到動物和植物體中。這次擺脫後的靈魂，就再次成為神，而且享受永恆的福祉。」❷⁵ 由此可見，奧菲斯教的「聖徒」的靈魂是經過「淨化」，因而是不朽的。人們所謂的肉體的生，實際上是靈魂的死，因此，肉體是靈魂的墳墓。靈魂相繼被囚禁在植物或動物體內，直到最後由於人的靈魂淨化而擺脫生的輪迴；至於那些不可救藥的靈魂，只能被罰永遠墜在凡間事物的泥潭中。奧菲斯教的這種永生的、不朽的、高踞於肉體之上並且可以與肉體分離存在的靈魂的思想，以及輪迴轉世的思想，對往後西方的宗教和哲學都有深遠的影響。

靈魂（希 psyche），古代希臘使用這個詞有雙重的含義。一是從以上所說的希臘宗教神話流傳下來的，和肉體相對立的東西，英國古典學者 G. S. 基爾克 (G. S. Kirk) 等說它是：「肉體的一種非實體性的影像，它給肉體以生命，當離開肉體以後，它蒼白無力地存在於冥府之中。」❷⁶ 這種靈魂可以輪迴轉世，在以後的唯心主義哲學中就被發展成為不朽的精神性的本體。另一種意義是指呼吸，是生命的起源，是指人的感覺、情感、理智等意識活動的主體或活動本質。後來的許多西方哲學家專門研究這種意義上的靈魂，從而發展了有關認識論的學說。靈魂的這種兩重意義在各個哲學家使用時是不同的，有許多變化和發展。

　四社會歷史

---

❷⁵　J. Burnet, *Early Greek Philosophy,* London, 1930, 4th ed., pp. 81–82.

❷⁶　G. S. Kirk and J. E. Raven, *The Presocratic Philosophers: A Critical History with a Selection of Texts,* Cambridge, rpt. 1979, p. 9.

當氏族社會發展到一定階段時，人類就開始探索本氏族的起源等，這是原始人第一次把目光由自然轉向人類社會自身發展的歷史。可是，由於傳統文化的影響，人類當時仍還習慣於用自然崇拜的觀念來解釋社會歷史問題，分不清自然和社會的界限。它具體反映在全人類在古代都曾以圖騰來解釋人類社會的起源和發展。以後，就進展到以神話來解釋了。

古希臘詩人海希奧德，除了在《神譜》中提出宇宙演化的神話，還在《工作與時日》中，另行以神話的形式提出人類社會的發展觀。他認為，當諸神和人類誕生時，諸神按時間遞代退化順序，把世間各族人類塑造成五個時代，以及相應的五個種族：⑴黃金時代——黃金種族。其時，人類和諸神一樣安寧康泰延年益壽，豐衣足食和平相處，後來由於退化，失去了黃金種族的軀幹和心靈。從而進入⑵白銀時代——第二種族。其時，人類不願侍奉神靈並相互殘殺，但仍享有世間的第二等幸福，以第二等榮譽留名後世。接著繼續退化進入⑶黃銅時代——第三種族。其時，人類兇猛慓悍，手持矛叉崇尚暴力，以致墮入凝固黑暗的地獄，結果難見天日湮沒無聞。接著天神宙斯塑造一個更優秀更正直的種族，從而進入⑷英雄時代。這時，人類又生活在福地樂土，無憂無慮地享受著寧靜的閒逸，享受著繁盛甜美的物產。接著，進入海希奧德當時生活於其中的⑸黑鐵時代——第五種族。這是受苦受難備受壓迫的悲傷的種族，其時人類日夜辛勞從無間歇，備嘗憂患的重負。父子不和，夫婦不親，鄰里不睦，友朋不歡，正義和善良的人士卻得不到善報，而奸佞之徒傲慢殘暴之輩反而身居高位。最後，人類社會生活和秩序達到極端混亂。結果，天神宙斯使這個傲慢的種族迅速地走向毀滅，把城邦夷為廢墟，「讓可怕的悲哀留給受遺棄的人，不可醫治的疾病，不

可緩解的痛苦。」[27] 接著天神宙斯再次著手改造，使之恢復到原初完善狀態。這樣，人類社會的歷程，不是越來越走向完善，而是處在治亂交替的週期循環之中。這種神話式的社會歷史觀在西方有深遠的影響，直到近現代的 O. 史賓格勒 (O. Spengler, 1880–1936) 和 A. J. 湯恩比 (A. J. Toynbee, 1889–1975) 等，繼續致力於制定一種以分析各種文明的循環發展和衰落為基礎的歷史哲學。

與之相對立，以埃斯庫羅斯 (Aeschylus，約西元前 525–前 456) 為代表的古希臘悲劇詩人，借助於普羅米修斯這個神話形象，卻歌頌了同天神宙斯相抗衡以創造自己的歷史。歌頌人類由於掌握了數學這門「最高的科學」，掌握字母的組合以記載事物，駕馭野獸為自己服務以減輕沉重的勞動，掌握了種種技術和醫術等。借喻人類「擺脫了鐐銬之後會和宙斯一樣強大。」[28] 這裡，以萌芽形態蘊含著人類通過勞動創造自己的歷史的偉大思想。

綜上所述表明，古希臘人在他們開始對其所面對的世界及其現象進行抽象的哲學思考以前，就早已憑藉神話思維的形式，對諸如世界的本原 (Arche)、宇宙的演化、靈魂和肉體的關係，以及人類社會自身的由來及其發展等試圖加以解釋。儘管這種解釋是相當幼稚的，帶有濃厚的擬人、神化乃至迷信的色彩。這是同當時人類還未能將自身同所面對的自然界，相對地分離開來，人類自身還被束縛在血緣氏族的紐帶之中，尤其是同人類的改造客觀世界的活動，無論就其深度和廣度而言都有極大的局限性分不開的。以後，隨著人類改造客觀世界的活動的發展，隨著氏族社會的解體及其進入階級

---

[27] Hesiodos, *Works and Days,* 198–200.

[28] 埃斯庫羅斯：《普羅米修斯》，第 507–508 行，羅念生譯，見《埃斯庫羅斯悲劇二種》，北京人民文學出版社，1961 年版。

社會，人類的認識能力也就起了質的飛躍，從神話思維模式轉向哲學思維，開始以概念、範疇等形式來解釋自然界、人類社會以及認識自身。從而開始形成作為整體世界觀的哲學，以後隨著認識的發展，又逐步從作為整體不分的哲學中分化出其各個組成部門：宇宙演化論、本體論、認識論、邏輯學、辯證法、歷史哲學、政治哲學、倫理學和美學等。但是，神話思維模式確是人類進入哲學思維模式的一個必經的階段，它們之間存在著不可分割的聯繫。

第三節　哲學的產生

古希臘哲學的產生，從根本上來講，是同城邦奴隸制民主政制的興起密切相關聯的。

希臘語 philosophia（「哲學」），原意指熱愛、追求智慧或知識，具體指探討基本原因和實在的原理，對某個問題進行系統的思辨的或方法論的探討。❷⑨

例如，希羅多德（Herodotus，約西元前 484–前 430/420）曾記載到：當梭倫（Solon，西元前 640/635–前 561/560）在雅典領導改革並制定法律後轉赴東方世界遊歷，小亞細亞呂底亞的君主克洛伊索（Kroeisos，約西元前 560–前 546 年在位）請他參觀寶庫後對梭倫說：

雅典的客人啊！我們聽到過很多關於您的智慧以及關於您為了追求知識和觀察外界而巡遊列國的事情。因此我想向您請教一

---

❷⑨　詳見 Lidell-Scott-Jones, *A Greek-English Lexicon*, Oxford, 9th ed., 1940, rpt. 1953, pp. 1939–1940, "philosopheo"。

下，到目前為止在您所遇到的所有的人中間，怎樣的人是最幸
福的。**❸⓪**

柏拉圖則講得更具體了：

> 我們必須作為一致同意的接受這點，哲學的本性的特徵：它總
> 是傾心於揭示那種永恆的本質的知識，而不是在生滅兩極之間
> 徘徊。**❸①**

　　古希臘哲學的產生，是同城邦奴隸制民主政制的興起密切相關
聯的。希臘社會到了西元前八到前六世紀間，其境內外各地區之間
政治、經濟和文化的交往有了重大的發展。著名古希臘羅馬史家 M.
I. 羅斯托夫采夫 (M. I. Rostovtzeff, 1870–1952) 指出：

> 從整個希臘歷史中，我們可以看到所有希臘人有一種日益增長
> 的意識：他們屬於一個民族，構成一個統一體。這個統一體不
> 僅以共同的宗教、共同的語言為特徵，而且以或多或少共同擁
> 有的文化為標誌。殖民運動，以及相應的貿易的擴展，大大促
> 進了這種民族感情。**❸②**

其間，希臘各城邦的奴隸制度已經普遍地確立或繁榮起來，從而打

---

❸⓪　希羅多德：《歷史》，第 1 卷第 30 節。

❸①　Plato, *Republic,* 485A–B.

❸②　M. I. Rostovtzeff, *A History of the Ancient World,* Vol.1, *The Orient and Greece,* Oxford, 1925, pp. 229–237.

破了原先氏族部落的狹小範圍，形成了以奴隸制生產方式為基礎的共同經濟關係。不少地區，例如在雅典，早在傳說中的鐵修斯 (Theseus) 時，已把全體民眾不分氏族、胞族、部落，按照財產、地位和職業分工，劃分為貴族、農民和手工業者三個階級，並賦予貴族以擔任公職的獨佔權，國家首腦人物是從貴族中選出的執政官充任的。隨著商品生產的發展，這就孕育著隨之而來的全部變革的萌芽。出現了個人單獨經營的土地耕作，出現了個人的土地所有制；隨後就出現了貨幣，即其餘一切商品都可以和它交換的普遍商品。這樣，就出現了這種整個社會都要向它屈膝的普遍力量。這種未經它自身創造者的預知並違反其意志而突然崛起的力量，就以其全部青春時代的粗暴性，使雅典人感到它的支配了。與之相伴隨的是貨幣財富日益集中到貴族們手中。這種日益發達的貨幣經濟像腐蝕性的酸類一樣，滲入到農村公社的以自然經濟為基礎的傳統方式，並對此起到瓦解作用。因為，氏族制度同貨幣經濟是絕對不相容的。

　　既然原先以血緣紐帶為依託的氏族制度對於被淪為債務奴隸的原公民，不能提供任何幫助，於是就只有寄希望於正在產生的國家。其時，雅典大批原先的自由民已淪為奴隸，其數量已大大超過當時自由的雅典人；這樣一來，氏族制度已走到了盡頭。正是在這種背景下，出現了代表工商業奴隸主利益的梭倫領導的，在西元前594 至前 593 年間推行的一系列「政治革命」。其實質是防止使自由的雅典人變為奴隸的情形重演。為此，首先，採取了普遍實行的措施。例如，禁止締結以債務人的人身作抵押的債務契約。其次，規定了個人所能佔有的土地的最大數額。最後，對氏族制度本身作了修改。結果，一方面，發生了新階級，即從事工商業的富人對舊的貴族權力的勝利競爭；另方面，使舊的氏族貴族制度的殘餘失去了

它的最後地盤。但是，彼此間的競爭依然在進行，經歷了庇西特立圖（Pisistratus，約西元前 600–前 527）的僭政（西元前 560–前 527）等，直到西元前 510 至前 507 年間克利斯提尼（Cleisthenes，生卒年不詳）領導了雅典平民反對舊氏族貴族統治的鬥爭，才最終推翻了貴族的統治，氏族制度的最後殘餘也隨之滅亡，由工商業奴隸主佔主導地位的城邦奴隸制民主政制才最終確立。從而開闢了奴隸制民主政制走向繁盛的道路。

古希臘哲學是在梭倫的「政治革命」前後產生的。

黑格爾在談到哲學和哲學史的起始時，強調思想的自由是哲學和哲學史起始的條件，思想必須獨立，必須達到自由的存在：

> 必須從自然事物裡擺脫出來，並且必須從感性直觀裡超拔出來。思想既是自由的，則它必須深入自身，因而達到自由的意識。㉝

這種所謂的「自由的意識」，是同主體的人意識到自身獨立相聯繫的。在原始氏族社會裡，人們彼此間結成氏族血緣共同體，這種共同體曾經是人類生存、同自然界作鬥爭的必要條件，其成員還不可能意識到自身獨立的個體的存在，因此也談不到主體（個人）和客體（個人的認識對象）的分離和對立。隨著氏族共同體的最後滅亡，特別是隨著商品經濟和貨幣的出現和發展，既促進了屬於工商業奴隸主階級成員的「個人自由」，又促使其意識到個人的獨立存在，從而促使「自由的意識」的發展。此外，從根本上講，當時只有奴隸

㉝ 黑格爾：《哲學史講演錄》，第 1 卷，賀麟等譯，北京三聯書店，1956 年版，第 93 頁。

制才使農業和手工業之間的更大規模的分工成為可能，從而為古代文化的繁榮，即為包括哲學在內的希臘文化的發展創造了條件，「沒有奴隸制，就沒有希臘國家，就沒有希臘的藝術和科學。」❸ 因為只有這樣，一方面隨著社會生產力的長足發展，才有可能提供剩餘產品，使社會中的某一階層可以脫離生產和交換活動，從事哲學思考等活動。這點，亞里士多德在一定程度上也是認識到了的：

可以說，只有在必需品全部齊備之後，人們為了娛樂消遣才開始進行這樣的（哲學）思考，我們追求它並不是為了其他效益，正如我們把一個為自己並不為他人而存在的人稱為自由人一樣，在各種科學中唯有這種科學才是自由的，只有它才僅是為了自身而存在。❸

另方面，隨著以血緣為紐帶的氏族貴族統治的社會的瓦解，個人才能從氏族血緣紐帶的束縛中解放出來，個體私有制和交換的發展，作為經濟中心的城市的繁榮，促進自由思想，從而也促進抽象思維能力的提高和發展。的確，正如英國哲學家霍布斯 (T. Hobbes, 1588–1679) 指出的那樣，希臘哲學的產生，是同作為經濟中心的繁榮的城市相聯繫的：「閒暇是哲學的母親，國家是和平與閒暇的母親；哪裡有最早的偉大而繁榮的城市，哪裡就有最早的哲學研究。」❸

---

❸ 恩格斯：〈反杜林論〉，見《馬克思恩格斯選集》，北京，人民出版社，1972 年版，第 3 卷，第 220 頁。

❸ Aristotle, *Metaphysics*, 982^{b}22–27.

❸ 轉引自 W. K. C. Guthrie, *A History of Greek Philosophy*, Vol. 1, p. 31。

但是，值得注意的是，古希臘哲學最先不是在其本土的某個城邦如雅典等產生的，而是於西元前六世紀初產生在其東方小亞細亞地區的殖民城邦：米利都、愛菲斯和薩莫斯島。這當然並非是偶然的。小亞細亞現屬土耳其，古代稱作阿那托利亞 (Anatolia)，希臘語意指「太陽升起的地方」。伊奧尼亞地區則是瀕臨東地中海小亞細亞西岸中段，從南到北的一條狹長地帶，加上附近隔岸相望的兩個島嶼薩莫斯島和開俄斯島。這裡氣候溫和，自古以來就是富饒的地方。希臘人在這裡建立了十二個殖民城邦：「現在，這些伊奧尼亞人已在世界上我們所知道的氣候和季節最優美的地區，建立了自己的城市。」❸這些殖民城邦中，以米利都、愛菲斯和薩莫斯島最為富庶和發達。它們由於較之母邦雅典等更早地割斷了同血緣紐帶相聯繫的氏族制度的聯繫。結果，正像 A. J. 湯恩比所指出的那樣：

> 根據古代希臘憲法史的僅存資料來看，根據法律和地區的組織原則而不根據習慣和血統的組織原則，最早是出現在希臘的這些海外殖民地上，到後來才由希臘的歐洲大陸部分仿效實行。❸

此外，這些殖民城邦，同東方國家的商品交換和文化交流也更為發達，同西亞（指伊朗高原以西至小亞細亞半島，包括阿拉伯半島在內的廣大地區）和埃及等文明古國之間商品貿易和文化交流極為頻繁。因此，這些殖民城邦可以說是處在東方文化的洪流中。結

---

❸ Herodotus, *Historiae,* I. 143.

❸ A. J. 湯恩比：《歷史研究》上冊，上海人民出版社，1966 年第 2 版，第 132 頁。

果，正像 W. 耶格爾所揭示的那樣：

> 西元前六世紀，米利都達到了政治、經濟、文化發展的高峰。
> ……人們可以看到，小亞細亞的希臘人在貿易、藝術和技術方
> 面同東方古老的文化顯然有密切的聯繫；東方文化對希臘精神
> 發展的影響究竟大到什麼地步，歷來就有爭議。不難想像，東
> 方創造的各式各樣的神話、巴比倫的占星術，對於易受影響的
> 希臘人的心靈，產生了多麼深刻的影響。[39]

的確，希臘文化是受惠於東方的，是以東方文化為背景而發生的，
而且還正像 E. R. 多德斯 (E. R. Dodds) 強調地指出的那樣，以後仍
繼續影響著希臘：「它也從來沒有跟東方背景完全隔絕過。」[40]

　　綜上所述表明，希臘哲學是伴隨著奴隸制民主政制城邦的確立
而產生的，它的產生同私有制、商品貿易、貨幣經濟的發展，以血
緣紐帶為特徵的氏族制的解體，科學技術的興起等等有著密切的聯
繫。以泰利斯為代表的，標誌著希臘哲學產生的第一個哲學學派
——米利都學派，幾乎是緊接著梭倫的「政治革命」產生的。[41] 泰
利斯和梭倫是同時代人，而且彼此間建立起友誼和交往過。[42] 泰
利斯本人同時是傑出的天文學家和數學家。創立古希臘哲學最早的具

[39]　W. Jaeger, *The Theology of the Early Greek Philosophers*, Oxford, 1947, p. 18.

[40]　轉引自尼赫魯：《印度的發現》，世界知識社，1956 年版，第 180 頁。

[41]　泰利斯事先預言並得到證實的日食，發生於西元前 585 年 5 月 28 日，
　　它標誌著古希臘哲學，也即是西方哲學的誕生；而梭倫的政治革命是在
　　西元前 594 至前 593 年進行的。

[42]　Plutarch, *Solon*, §6 等。

有唯心主義傾向學派的畢達哥拉斯，與在雅典推行僭主政制的庇西特拉圖是同時代人，並且本人也是一個傑出的數學家。愛菲斯學派的創始人，「辯證法奠基人之一」的赫拉克里特斯，同最終確立雅典奴隸制民主政制的克利斯提尼是同時代人。由此可見，希臘哲學幾乎是伴隨著民主政制的確立而產生的，正因為它割斷了同氏族社會的聯繫，並從而同時也擺脫了前哲學思維——宗教神話的羈絆，同數學和自然科學建立起緊密的聯繫；伴隨著整個城邦奴隸制的繁榮，在不長的時期內，就把人類的思維能力推向高峰，從而對今後整個西方哲學的發展起到深遠的影響。

第二章　米利都學派

先期希臘哲學的形成和發展，大體上可以區分為兩大支：一支是從東方小亞細亞伊奧尼亞地區米利都學派開始的，經過赫拉克里特斯和恩培多克利斯、阿納克撒哥拉斯，一直到以留基伯和德謨克利特為代表的原子論，逐漸發展為希臘哲學中的唯物主義傳統；另一支出現在希臘西方的殖民城邦意大利，以畢達哥拉斯學派和伊利亞學派為主，致力於尋求抽象的原則，從而為希臘哲學中的唯心主義的發展開闢了道路。亞里士多德在《形而上學》第一卷中正是這樣區分的，以後第歐根尼‧拉爾修 (Diogenes Laertius) 也沿襲了這種區分：

> 在講完從泰利斯發端的伊奧尼亞哲學，並且研究了它的著名人物以後，現在我們來敘述意大利哲學。它是從指環雕刻匠涅薩爾科的兒子畢達哥拉斯開始的。❶

先期希臘哲學是從希臘在其東方殖民城邦米利都開始的，由此形成的以泰利斯、阿納克西曼德和阿納克西米尼三人相繼為代表的

---

❶　Diogenes Laertius, *Lives of Eminent Philosophers*（以後引證時縮寫為 D. L.），VIII, 1.1.

米利都學派，是公認西方最早的哲學家和學派。

米利都（今屬土耳其）地處彌安德河入海口附近，是當時小亞細亞南部最大的伊奧尼亞城邦，是該地區原材料、製成品的聚散和貿易的中心，因而積累了巨大的財富，是一個繁榮的商業都市。擁有大量奴隸人口，境內奴隸和奴隸主、自由民中富人和窮人間的階級矛盾異常尖銳：「在米利都，人民最初獲得了勝利，殺死了貴族們的妻子兒子；後來貴族又佔了上風，把他們的對方活活燒死，拿活人作火把，將城內的廣場照得通亮。」❷外部矛盾也比較尖銳。西元前 500 年左右，米利都在伊奧尼亞諸城邦中首先發難，反對波斯大流士的侵略，西元前 494 年戰役敗於波斯，城市攻陷被夷為平地，男子被屠殺，女子被俘往波斯首都蘇薩，從此一蹶不振，失去文化中心地位，其地位逐漸由希臘本土所取代。

第一節　泰利斯

泰利斯是公認的先期希臘哲學家，因而也是西方哲學史上的第一位哲學家，但有關他的資料卻是極少的。

一、「七賢」之首

泰利斯（Thales，約西元前 624–前 547）兼有歐亞血統，希羅多德說他是「一個米利都人，又和腓尼基人有血統關係的人物。」❸出身於名門望族，其譜系可以上溯到腓尼基王室的神話英雄卡德摩斯

---

❷ Rostovtzeff, M., *A History of the Ancient World,* Vol. 1 — *The Orient and Greece*, Oxford, 1925.

❸ Herodotus, *Historiae*, I, 170.

(Cadmus)。他是雅典著名立法家梭倫（Solon，約西元前 638–約前 559）的同時代人和朋友。❹

他是當時希臘世界的著名人物，位居「七賢」的首位。這裡的「賢」（希臘語 sophia），意為「智慧」，用於「七賢」則意指：熟諳日常事務，聰明而能作出健全的判斷，並具有實踐的智慧的人。當時，列入「七賢」的大多是希臘各城邦的著名政治家和立法家，唯獨泰利斯還通曉自然科學。

前期可能較多地從事商業和政治活動，後期才主要從事數學和科學研究，因而才能夠成為古希臘第一位哲學家。當時的商人有較高的社會地位，他鑒於自己因貧困遭人輕視，從而人們鄙視哲學；於是憑占星術預測明年油橄欖將大豐收，因而事先租用當地所有榨油設備，從而發財致富。並積極參與政治，憑藉其工程技術幫助呂底亞國王克洛伊索（Croesus，約西元前 560–前 546）阻擋波斯國王居魯士的入侵。以證明從事哲學探討的價值。其間曾到過埃及、小亞細亞西部和迦勒底等地。❺因而積累了大量從事科學研究的資料。

後期主要從事數學和天文學等方面的探討。在幾何學方面，發現了比較抽象的幾何學定理：⑴圓周被直徑等分；⑵等腰三角形的兩底角相等；⑶兩直線相交時，對頂角相等；⑷如兩三角形的一邊和兩鄰角彼此相應和相等，則這兩個三角形完全相等；⑸內切半圓圓周的三角形是直角三角形。❻從而被後世譽為幾何學的「始

---

❹　D. L., I. 44; I, 28. Plutarch, *Solon,* §6.

❺　Bonard, A., *Greek Civilization from the Iliad to the Parthenun,* translated by A. L. Sells, London, 2nd Impression, 1958, p. 59.

❻　詳見 Thomas, I., *Greek Mathematical Works,* Vol. I, p.165–167; D. L., I,

祖」。❼此外，在天文學方面作出一系列傑出的貢獻：曾預言過並被證實的西元前 585 年 5 月 28 日的日食（它標誌著西方哲學的誕生）；發現太陽在冬至點到夏至點的運行，並不總是一致的；發現了小熊星座；已經知曉，將一年分成 365 天，一個月分成 30 天。從而被後世譽為「第一個希臘天文學家」。❽

正因為他擁有對客觀事物和自然界大量經驗知識，並能在此基礎上進行一定的抽象思考，從而成為西方第一個哲學家。

二、本原：水

希臘哲學的起源是與宇宙起源詩密切有關，以海希奧德的《神譜》為代表的宇宙起源詩，以神話的外衣敘述自然界史前的故事。隨著人們認識的進展，出現了這樣的問題：超越時間變化的萬物本原是什麼？萬物本原如何變成特殊事物，特殊事物又如何變成萬物本原？除了智者，先期希臘哲學家們都致力於探討「萬物始基」問題。亞里士多德將它概括為：

那些最初從事哲學思考的人，大多數只把物質性的東西當作萬物唯一的本原（希 arche，或譯為始基）。萬物都由它產生，最後又化為它（本體〔希 ousia〕常存不變，只是變換它的屬性），他們認為這就是萬物的元素（希 stoicheion）。❾

24。

❼ 陳康：《論希臘哲學》，汪子嵩、王太慶編，北京商務印書館，1990 年版，第 437 頁。

❽ Heath, T. L., *A History of Greek Mathematics,* Vol. 1, Oxford, 1921, p. 137.

泰利斯率先擺脫神話的宇宙起源論，憑藉經驗觀察作出了回答：「這一派哲學的創始人泰利斯認為水是本原。」❿亞里士多德並為之作出生物學或生理學的解釋。認為泰利斯之所以得出這種看法：

> 也許是由於觀察到萬物都以濕的東西為滋養料，而熱本身就是從濕氣裡產生，並靠潮濕來維持的……也可能是由於萬物的種子都有潮濕的本性，而水則是潮濕本性的來源。⓫

這種解釋是素樸的，主要是根據經驗的觀察，但在一定程度上已蘊含著理性的抽象思考，將無限多樣性的世界，看作是有機統一性，其統一性就在於物質性。作為萬物始基的水，它既具有感性、個體的具體性，又是理性思辨的抽象。

三、宇宙生成

整個先期希臘哲學家，都曾致力於在提出「萬物本原」的基礎上，探討整個宇宙及其中萬物的形成。後世名之為「宇宙論」或「宇宙生成論」。⓬

---

❾　Aristotle, *Metaphysics*, 983^b8–11.

❿　Aristotle, *Metaphysics*, 983^b21–22.

⓫　Aristotle, *Metaphysics*, 983^b22–27.

⓬　德國著名哲學史家 W. 文德爾班也就曾因此將整個先期希臘哲學歸類為「宇宙論時期」。見所著《哲學史教程 —— 特別關於哲學問題和哲學概念的形成和發展》，上卷，第 1 章「宇宙論時期」，北京商務印書館，1987 年版，第 42–93 頁。

泰利斯也正是第一個率先探討這個問題的「自然哲學家」(希 physeos):

泰利斯認為水是本原，所以他宣稱地浮在水上。 **⑬**

亞里士多德在《論天》中，對這種指名屬於泰利斯的保存下來的最古老的理論有所闡述：假定地是靜止的，因為它浮在那裡，就像木頭和其他類似的東西一樣，這些東西的構成，「造使它們浮在水上而不是浮在氣上。」**⑭** 這種闡述，顯然是與認為水是萬物本原的觀點是一致的。但是，泰利斯並未就大地的形狀作出進一步的解釋。英國的著名希臘哲學史家、蘇格蘭學派的代表人物 J. 伯奈特循此進行推測，認為泰利斯可能將大地看作是扁平的盤狀物，這種觀點影響到以後的整個伊奧尼亞學派（除了阿納克西曼德），成為「區別於意大利學派的宇宙論的特徵。」**⑮**

四、靈魂

泰利斯在提出水是「萬物始基」，並以此去解釋宇宙的生成和演化的同時，提出活物論和泛神論的靈魂說。

㈠靈魂是引起自然事物運動的能力

根據有關泰利斯的記載來判斷，他似乎認為靈魂（希 psyche）

---

⑬ Aristotle, *Metaphysics,* 983^{b}22.

⑭ Aristotle, *On the Neavens,* 294a28–32.

⑮ J. Burnet, *Greek Philosophy: Part I, Thales to Plato,* London, rpt. 1928, p. 20.

是一種引起運動的能力，他說過磁石有靈魂，因為它推動了鐵。[16]

但是，這種「靈魂」並不是脫離水這種「流動的宇宙物質」獨立存在，正是它使萬物處於「持續自動」之中。[17]這種活物論觀點，是所有先期自然哲學家都有的。[18]

(二)靈魂「瀰漫全宇宙」

泰利斯是最早從宗教神話向哲學思想轉化的代表人物，他還不可能徹底擺脫宗教神話的影響，所以有可能將處於「持續自動」之中的靈魂，與神聯繫起來。亞里士多德正是這樣認為的：

> 有些思想家意謂靈魂瀰漫於全宇宙之間，泰利斯所持萬物皆充塞著神的觀念，大約就是由此衍化的。[19]

這顯然是一種泛神論的或「文雅的無神論」觀點，它不意指任何特定的宗教信仰；[20]因此，像艾修斯 (Aëtius) 那樣，將泰利斯的這種靈魂學說，同斯多亞學派的「宇宙靈魂」（或「世界靈魂」）等同起來，顯然是缺乏根據的。[21]

---

[16]　Aristotle, *On the Souls,* 405^{a}19–20.

[17]　W. Windelband, *History of Ancient Philosophy,* New York, 1924, p. 38.

[18]　Aristotle, *Metaphysics,* I, 3.

[19]　Aristotle, *On the Souls,* 411^{a}8–9.

[20]　J. Burnet, *Greek Philosophy*, p. 32.

[21]　J. Burnet, *Early Greek Philosophy,* London, 1945, pp. 49–50.

第二節　阿納克西曼德

米利都學派的第二代代表人物阿納克西曼德（Anaximanderos，西元前611–約前545），是泰利斯的學生、朋友和繼承人。繼承和推進了泰利斯的「科學的和理性主義的」精神，❷是繼泰利斯「這第一個自然哲學家」的「第一個形而上學家」。❷

阿納克西曼德像泰利斯一樣，可能參加過實際的政治活動。曾率領米利都的的一支遠征部隊，到黑海沿岸的阿波洛尼亞地區建立一個米利都的殖民城邦。❷但他主要以從事科學活動聞名。有記載說他：第一個發明日晷指時針，將它裝在斯巴達的日晷上，用以測定冬至、夏至和晝夜平分點；製造了一個計時器；繪製了陸地和海洋輪廓圖；造出了一個球體。❷從而被後世讚譽為：「科學地理學之父」，❷「繪製了第一張世界地圖和創立了科學的地理學」。❷

古代作家記載到他寫過多種著作，並認為他是第一個用散文體裁來討論哲學思想家。❷從早期用韻文表達的神話史詩創作，到用散文來表達抽象的哲學思想，標誌著人類思維進展過程中的一種

❷　羅素：《西方哲學史》，上卷，北京商務印書館，1963年版，第53頁。

❷　W. Windelband, *History of Ancient Philosophy,* p. 39.

❷　Aelianus, *Varia Historia,* III, 7.

❷　D. L., II, 1.1–2.

❷　T. Gomperz, *The Greek Thinkers: A History of Ancient Philosophy,* Vol. 1, London, 1969, p. 50.

❷　W. Jaeger, *Paedeia: The Ideals of Greek Culture,* Oxford, Vol.,1, p. 157.

❷　G. S. Kirk & J. E. Raven & M. Schofield, *The Presocratic Philosophers,* Cambridge, 1983, pp. 102–3、106; D. L., II, 2.2.

「深刻的變革」。㉙

　　阿納克西曼德繼泰利斯的水，提出以「阿派朗」作為萬物的始基，並由此開始比較系統地說明宇宙的構造和萬物的產生。

一、本原:「阿派朗」

　　阿納克西曼德認為萬物的本原是「阿派朗」(希 apeiron，英 Infinite, Unlimited, Boundless, Indeterminate)，「阿派朗」就詞義上來講，是意指沒有限制、沒有界限、沒有規定性、沒有固定的形態等。其最有代表性的記載，是由古代著名的詮疏家或纂述家辛普里丘(Simplicius) 提供的:

> 他說一切存在的本原和元素是阿派朗，他是第一個提出本原這
> 個名稱的。他說本原並不是水，也不是任何別的被稱為元素的
> 東西，而是某種本性是無限的東西，從其中產生所有的天以及
> 一切世界。㉚

根據阿納克西曼德的殘篇和亞里士多德等的有關記載，這種作為始基的「阿派朗」具有以下的特徵:

　　㈠「阿派朗」是超出具體感性規定性的普遍的「宇宙物質」(the cosmic matter) ㉛

　　阿納克西曼德由於觀察到水、氣、土、火四種元素的互相轉化，

㉙　W. Capelle, *Die Vorsokratiker: Die Fragmente und Qullenberichte,* Berlin, 1958, D. 73.

㉚　Simplicius, *Physics,* 24.13.

㉛　參看 W. Windelband, *History of Ancient Philosophy,* p. 49。

因而想到不能以其中某一元素為本原,「而以這些元素以外的某種
東西為基質才合適。」❸因為,水、氣、土、火各自有其特定的規定
性,所以它們都是有限的(即是有規定性的),也就必然是派生的,
只有「阿派朗」才是原初非派生的物質性基質。

㈡「阿派朗」是永恆的,無始無終

亞里士多德指出阿納克西曼德所以以「阿派朗」為萬物本原,
是鑒於「阿派朗」:作為本原,「它就不會有什麼生成和毀滅可言。
因為凡生成物都必然到達終結,一切毀滅也有完結之時。」正因為這
樣,「阿派朗」是沒有它的本原的;反之,只有「阿派朗」才是其他
東西的本原。而且,「阿派朗」是「神聖的東西,因為它是不朽的又
是不滅的」。❸

㈢「阿派朗」處於永恆必然運動中

希坡律圖在《駁眾異端》中記載到,阿納克西曼德認為「阿派
朗」是處於永恆運動中,阿納克西曼德「他並且說,這個包容一切
世界的始基是永恆的和無始無終的。此外還有永恆的運動,在這永
恆的運動中產生出天」。❸正是阿納克西曼德認為這種永恆運動帶
有必然性:

> 各種存在物由它(指阿派朗——引者注)產生,毀滅後又復歸
> 於它,都是按照必然性而產生的,它們按照時間的程序,為其
> 不正義受到懲罰並且互相補償。❸

---

❸ Simplicius, *Physics,* 24.13.

❸ Aristotle, *Physics,* 203^{b}9–15.

❸ Hippolytus, *Refutatio Omnium Haeresium,* I, 6.2.

❸ 《DK》: 12B1。這裡的《DK》指 H. 第爾斯 (H. Diels) 和 W. 克蘭茨 (W.

這種必然性，正像亞里士多德所指出的那樣是內在於「阿派朗」的，是「阿派朗」所固有的，它不是由外在的「心靈」或「友愛」所導致的：(「阿派朗」)「並且包容一切、支配一切，猶如那些除了無限之外不承認諸如心靈或友愛等其他原因的人們所斷言的那樣」。**㊱** 正因為這樣，「阿派朗」是神聖的東西。

　㈣「阿派朗」通過內在固有的對立產生萬物

　　泰利斯提出萬物的本原是水，但他並未進一步說明萬物是如何或憑藉什麼力量從水中產生出來的，阿納克西曼德憑藉「阿派朗」所固有的對立物，通過分離而產生出來的：

> 據另一些人說，對立物是包含在一個東西裡面，並且借著分離作用從這個東西裡跑出來的。阿納克西曼德，以及其他研究存在物是一與多的問題的人，如恩培多克利斯和阿納克撒哥拉斯也是這麼說的，他們主張萬物是由混合體中分離出來的。**㊲**

Kranz) 編的《前蘇格拉底學派殘篇》，希德對照本，德國魏德曼出版社 1951–1952 年第 6 版的三卷本。後面所附前後兩個阿拉伯數字和當中 A、B 等拉丁字母的含義是指：第一個阿拉伯數字（這裡的「12」)，是代表該哲學家在該書中所編排的第幾章；拉丁字母 "A"，代表古代作者記載的有關該哲學家的生平事跡和學說，"B" 代表哲學家本人著作的殘篇；拉丁字母後的阿拉伯數字，代表殘篇等的編次。

㊱　Aristotles, *Physics,* 203^{b}12–16.

㊲　Aristotles, *Physics,* 187^{a}20–23.

二、宇宙演化

阿納克西曼德認為，包括動物與人在內的整個宇宙萬物，都是生成演化的產物。

通過包裹著宇宙的火的分離，天上的星辰作為火球而生成，它們被氣所包圍。並以此來解釋日、月蝕，當這些星辰通過某些氣孔和通道顯現其自身，但當通道被關閉時，便出現了日蝕；月球則是隨著通道的開閉而出現盈缺。❸當氣中最細微的氣息被分離開來，並由於聚在一起而處於動態時，便生成風、雨，它們是由於太陽下方的事物的蒸發而生成的；閃電就是風的吹動並撕開了雲層。❸

並以演化的觀點來解釋動物與人的生成。聲稱，最初的動物是從濕氣裡產生出來的，並且有一層硬皮包裹著；等到長得夠大時，它就爬到岸上來，不久硬皮破裂了，於是牠們就活下來了。❹

至於人，則是從另一種動物產生的，實際上是由魚產生的，因為人在最初的時候很像魚。❹並對此作出了解釋，人之所以是來自不同種類的動物；因為，其他動物出生不久便可以獨立生活，而人卻需要一個很長的哺育期；所以，如果人一開始就是現在這個樣子，那它是不可能生存下來的。❹這種思想，可以說是達爾文 (C. Darwin, 1809–1882) 演化論思想的最早的萌芽。

---

❸ Hippolytus, *Refutatio Omnium Haeresium*, I. 6.4–5.

❸ Hippolytus, *Refutatio Omnium Haeresium*, I. 6.7; Aetius, *Placita*, III. 1.2.

❹ Aëtius, *Placita*, V. 19.4.

❹ Hippolytus, *Refutatio Omnium Haeresium*, I. 6.

❹ Pseudo-Plutarch, *Stromateis*, II.

第三節　阿納克西米尼斯

阿納克西米尼斯（Anaximenes，約西元前 586–前 525），出生於米利都，是阿納克西曼德的學生、朋友和繼承人，因此是米利都學派的第三代哲學家。

據說，「他是用簡單而純樸的伊奧尼亞方言寫作的」，由此也可以表明，他在表達思想的程度上，較之阿納克西曼德有了新的進展。生前撰有《論自然》，已佚，僅保存下來兩則殘篇。

一、本原：氣

繼承米利都學派的傳統，認為萬物的本原是物質性的氣（希 aer，英 air）。自亞里士多德以來即有所記載：「阿納克西米尼斯和第歐根尼認為氣先於水，是一切單純物體的本原」。[43] 其中以基督教拉丁教父希坡律圖（Hippolytus，約 170–236）在其《駁眾異端》中的記載為比較完整：

> 一切生成的東西，已經是或將要是的東西，還有神和神聖的東西，以及其他由它產生的東西，都是由它而成為存在的。氣的形式是這樣的：當它均勻地分佈時，它是看不見的，但是，冷、熱、濕和運動，卻使它顯露出來了。它總是在運動中，不然，如果沒有運動，變化的事物也就不能變化了。[44]

---

[43]　Aristotle, *Metaphysics,* 984^{a}5–7.

[44]　Hippolytus, *Refutatio Omnium Haeresium,* I. 7.1.

由此可見，阿納克西米尼斯的氣本原說，推進了泰利斯的「水」本原說和阿納克西曼德「阿派朗」本原說。較之泰利斯的「水」，「氣」更富於流動性和變化性，更能說明萬物之從其中的派生和回歸；較之「阿派朗」，「氣」給本原作出了進一步具體的規定。體現了對唯物的本原說，在認識上的深化。它體現了具體（水）和抽象的一般（「阿派朗」）的相結合。以後，赫拉克里特斯的火本原說，更進一步推進了這種本原說。

阿納克西米尼斯的更為重大的貢獻，在於他提出以「凝聚」和「稀散」來說明，「萬物都由它構成，開始由它產生，最後又化為它。」

二、凝聚和稀散

正是在被保存下的一則殘篇中，阿納克西米尼斯本人以「凝聚」和「稀散」來說明萬物自氣「構成」，而後又化為氣：

使物質集合和凝聚的冷，使它稀散和鬆弛的則是熱。 **⑮**

偽普魯塔克在其《雜記》中，對此作出了具體說明。氣在種類上與「阿派朗」一樣是不定的，它不是萬物中的某一種特定的物體，而是各以其所具有的性質而定的。由於運動是永恆的，萬物都是由於氣的凝聚或稀散而產生；當氣濃縮時，最初生成的是大地（土）。**⑯**

具體講，整個進程是這樣的。當氣不斷凝聚時，就相繼形成為水、土以及其他物體，這些物體又可稀散復歸為氣。由此表明，牠是以氣本身內在凝聚和稀散，憑藉其固有的永恆運動，來說明萬物

---

⑮ 《DK》: 13B1.

⑯ Pseudo-Plutarch, *Stromateis*, III.

的產生和復歸於氣；隨著氣本身隨著凝聚和稀散而出現的氣本身的量的增減，出現質上不同的物體，呈現為氣的外觀、形態、現象發生變化；而氣本身則是常持不變的。這裡蘊含著：將質的差別歸結為量的差別，以及將「質還原為量」的思想萌芽。

　　接著，以氣的本原說，來解釋呼吸、生命、靈魂和神。在他的被保存下來的一則殘篇中，將靈魂、呼吸與氣相聯繫和等同起來：

> 正如我們的靈魂（希 psyche）是氣，它將我們結合起來，同樣，呼吸（希 pneuma）和氣（希 aer）也包圍著整個宇宙。❹

也就是說，將靈魂、呼吸和生命等都歸結為物質性的氣，表明他已經將素樸的唯物主義貫徹到去說明生命現象。

　　接著，以氣去說明神。正像西塞羅在其《論神的本性》中所記載的那樣：阿納克西米尼斯確定氣是神，它是產生出來的，是沒有範圍的、無限的和永遠運動的；即無形的氣，能夠形成為神。❹這可以說是西方最早的無神論觀點。

三、宇宙論

　　阿納克西米尼斯正是憑藉氣，由於內在的凝聚和稀散來說明宇宙萬物的產生，以及種種天體和自然現象。

　　大地是由於氣的壓縮而形成的，它是扁平的，由氣所支撐著；而日、月、星辰則是從大地產生出來的，太陽由於運動迅速而獲得一種完全相稱的熱。❹各個天體在凝聚的堅固空氣推動下，才在它

---

❹　《DK》：13B2.

❹　Cicero, *De Natura Deorum,* I. 10.26.

們的軌道上循環運行。❺⓪

　　並對星辰作出進一步的解釋。認為星辰是固定的，就像水晶穹窿上的釘子一樣。❺①

　　並對各種宇宙現象作出素樸的說明。認為閃電現象的發生，正像海上閃光現象的發生；當空氣更加濃厚時，便成雲；當進一步凝聚時，便成雨；當雨下降凍結時，便是雹子；當水裡封閉了空氣時，便是雪。❺②當太陽的光線，投射在濃厚的雲上時，便產生出虹。

小　結

　　米利都學派的出現，標誌著希臘哲學、同時也是整個西方哲學的誕生。它開始擺脫神話，憑藉人的理性，根據自然本身來說明種種自然現象，排除了神的干預。

　　其突出的貢獻在於：首先，憑藉物質性的本原來說明宇宙萬物的派生。從泰利斯的個體的特殊的「水」到阿納克西曼德的一般的「阿派朗」（「無定形體」），再到阿納克西米尼斯的具體和一般相統一的「氣」，就是對本原認識的深化。其次，以「本原」所內在固有的「凝聚」和「稀散」的對立，來說明宇宙萬物從本原的產生和回歸。雖屬帶有循環論的因素，但畢竟體現了一種對內因論的初步認識。其次，根據物質性的本原，憑藉其固有的內在的凝聚和稀散的對立，來說明宇宙現象，種種日、月、星辰等的運行，以及日、月

---

❹⑨　同❹⑥。

❺⓪　Aëtius, *Placita*, II. 22.1.

❺①　Aëtius, *Placita*, II. 14.3.

❺②　Aëtius, *Placita*, III. 3.2.

蝕和風、雨、雷、電、閃光等，直至生物和人類自身通過不斷的演化而產生。其次，對最為複雜的靈魂、呼吸等生命現象，也是憑藉物質性本原來進行說明的。最後，由於以物質性本原來解釋神，從而從根本上排除了宗教神學的干預。當然，它畢竟還處於人類對客觀世界認識的早期階段，所以帶有明顯的素樸性和直觀性，但是，總的來講，對人類的認識的發展作出了偉大的貢獻，對以後整個西方哲學的發展，有深遠的影響。

第三章　赫拉克里特斯

　　伊利亞學派中繼米利都學派而起的是愛菲斯的赫拉克里特斯及其學派。

　　赫拉克里特斯是一個偉大的哲學家，他所創立的理論被認為是「偉大的科學理論」，❶他所創立的體系，被認為與其相對立的巴門尼得斯的體系，並稱為「兩個偉大的形而上學體系。」❷因此，對後世哲學的發展發生了巨大的影響，以致黑格爾認為：「沒有一個赫拉克里特斯的命題，我沒有納入我的邏輯學中。」❸但也由於種種複雜因素的影響，又是被後世誤解最多的哲學家之一。其中，當代英國批判理性主義者波普爾 (K. P. Popper, 1902–1994)，一方面肯定「赫拉克里特斯是一個具有非凡能力和創造性的哲學家，因此他的許多思想（通過柏拉圖的中介）已經成為哲學傳統的主體的組成部分」❹；但他更其強調的是：「赫拉克里特斯哲學中的反理性主義和神秘主義的作用」，並且認為，赫拉克里特斯通過黑格爾並和黑格爾

---

❶　W. Windelband, *History of Ancient Philosophy,* pp. 45、46.

❷　同❶。

❸　黑格爾：《哲學史講演錄》，中譯本，第 1 卷，第 295 頁。

❹　K. R. Popper, *The Open Society and Its Enemies,* Vol. 1, *The Spell of Plato* , 5th ed. (revised), Princeton 1966, pp. 15, 17.

一起，在歷史上起著反動的作用。❺

第一節　生平和著作

　　赫拉克里特斯（Heraclitus，約西元前 544–前 483）是愛菲斯城邦本地人，該城邦在當時是伊奧尼亞地區僅次於米利都的繁榮港口。系出西元前十一世紀雅典國王卡德摩斯之子、該城邦奠基人安德羅克羅（Androklus）的後裔，本應繼承王位，出於寬宏大量，讓位給他的弟弟。

　　赫拉克里特斯性格孤傲，蔑視群眾，拒絕參加政治活動，當他的同胞要他為城邦立法時，他卻堅決拒絕；但他卻又重視法律，強調公民當為法律而戰鬥，正像為保衛自己的城垣而戰鬥一樣。❻鑒於愛菲斯母邦的風俗敗壞，所以避居狩獵女神阿耳忒彌（Artemis）神廟附近，和小孩們玩骰子，最後隱居山裡，吃草根樹皮得水腫病，六十歲時去世。

　　對自己的思想理論也自視極高。聲稱自己無師自通：「他〔赫拉克里特斯〕不是任何人的學生，而且他聲稱：『我尋找我自己』，他從自己身上學到了一切。❼這似乎宜於從德爾菲神廟的銘文「認識你自己」（自知）來理解他這裡所說的「我尋找我自己。」實際上，他的思想，從積極的意義上講，是米利都學派的繼續：「赫拉克里特斯的學說距離米利都學派的結論有一代人之久，但他的學說確是以米利都學派的工作為先決條件的。」❽從否定的意義上，又是對立於

---

❺　同❹。

❻　D. L., IX, 1.2.

❼　D. L., IX, 1.5.

希臘傳統文化的產物。從表面來講，他似乎全盤否定了傳統文化。聲稱:「博學並不能使人智慧」，否則已經使赫西奧德、畢達哥拉斯、齊諾菲尼斯、赫卡泰烏 (Hecataeus) 智慧了。❾ 批評畢達哥拉斯所從事的科學探討，「實際上卻只是博聞強記和剽竊行為。」❿ 由此可見，他是熟悉希臘傳統文化中的優秀成果的，但他的觀點卻是和他們對立的，如指責被人認為學識廣博的多數人的老師赫西奧德，「卻不知道日和夜其實是一回事。」⓫ 也正因為觀點上的對立，甚至連荷馬也不能容忍，要「加以鞭笞。」⓬ 由此可以得出這樣一個結論: 赫拉克里特斯的體系，是在繼承米利都學派唯物主義的基礎上，通過對包括畢達哥拉斯、齊諾菲尼斯等的批判而建立起來的。

　　他撰有一組連續性的論述《論自然》，文字晦澀，因此被稱為「晦澀者」⓭ 或「謎樣的人」⓮。但也有人認為他的文字優美，是「一位偉大的散文作者，不僅在古代希臘，而且在世界文學中最有力風格的作家之一。」⓯ 現存一百二十九則殘篇。

　　赫拉克里特斯的哲學體系，是由以下三種觀點有機地構成的: 世界是永恆的活火、萬物皆流、對立的統一，並以此去解釋自然和

---

❽　W. 文德爾班:《哲學史教程》上卷，第 54 頁。

❾　《DK》: 22B40.

❿　《DK》: 22B129.

⓫　《DK》: 22B57.

⓬　《DK》: 22B42.

⓭　Cicero, *De Finious,* 轉引自 W. K. C. Guthrie, *A History of Greek Philosophy,* Vol. I, p. 411。

⓮　D. L., IX, 6.

⓯　C. H. Kahn, *The Art and Thought of Heraclitus: An Edition of the Fragments with Translation and Commentary,* Cambridge, 1983, p. 1.

人。

第二節　萬物本原：永恆的活火

　　赫拉克里特斯在萬物本原問題上，繼承米利都學派的唯物主義傳統，認為：「本原」是「火」，⑯並又接受畢達哥拉斯學派的「科斯摩斯」（希 kosmos）即「宇宙秩序」的思想，認為整個宇宙是「一團永恆的活火」：

> 這個有秩序的宇宙（科斯摩斯）對萬物都是相同的，它既不是神也不是人所創造的，它過去、現在和將來永遠是一團永恆的活火，按一定尺度燃燒，一定尺度熄滅。⑰

　　他之所以以火為萬物的本原，可能是鑒於：火是諸元素中最精微的，並且是最接近於是沒有形體的東西；更重要的是，火既是運動的，又是能使別的事物運動的東西；⑱加之，可以藉此揭示自然是過程。原先，米利都學派的水、阿派朗和氣是本原但不是過程，而火則既是本原而又是過程。

　　接著，以本原的火去解釋萬物的派生，認為火和萬物是相互轉化的：

> 萬物都換成火，火也換成萬物，正像貨物換成黃金，黃金換成

---

⑯　　D. L., II. 5.22.

⑰　　《DK》: 22B30.

⑱　　Aristotle, *On the Souls*, 405ᵃ6–8.

貨物一樣。❿

意指：統治萬物的本原的火，通過逐漸的變化使宇宙從自身產生出來，然後又使它自身從宇宙產生出來。⓴並從火自身中去尋找這種變化的原因：萬物都是由對立面的衝突而產生，而事物的總體卻像河水一樣長流；它們交替地從火產生出來又復歸於火，按照一個固定的周期直至永恆無窮，這是被命運所規定的。⓯也就是說，由火到萬物到火是：「上升的路和下降的路，這就是決定宇宙的生成的。」⓰並循米利都學派的傳統，以稀散和凝聚來解釋這種上升和下降。⓱由此可見，他是這樣來解釋火和萬物的相互轉化的：由於火的稀散和凝聚而產生萬物；這種稀散和凝聚的過程，是通過對立面的衝突而進行的；這種萬物從火產生又復歸於火的過程，是有固定的交替周期的，呈現為上升的路和下降的路。

　　接著，赫拉克里特斯認為這種永恆運動變化的過程，是按一定的邏各斯（希 logos）進行的。logos 在希臘語中有多種含義，W. K. C. 格思里曾就西元前五世紀及其以前的文、史、哲著作中的使用，歸納出其十種含義：⑴任何講的以及寫的東西，包括真實的歷史和虛構的故事。⑵所提到的與價值有關的東西，如評價、名譽、名聲。⑶進行思考，意指與感覺相對立的思想或推理。⑷從所講或所寫的發展為原因、理性或論證。⑸和「藉口」、「空話」相反，「真正的邏

⓳　《DK》: 22B90.

⓴　Plutarch, *De Exilio,* VIII, 388D–E.

⓯　D. L., IX. 1.8.

⓰　同註 ⓯。

⓱　Aëtius, *Placita,* I. 3.11.

各斯」就是指事物的真理。(6)尺度，完全的或正當的尺寸。(7)對應
關係、比例，或意指嚴格的數學上的比例。(8)一般的原則或規律。
(9)理性的力量。(10)定義或公式。❷

　　赫拉克里特斯正面闡述其邏各斯思想，主要是第爾斯輯自塞克
斯都・恩披里柯的《駁數理學家》的殘篇 1、2。它們可能是赫拉克
里特斯的某部著作的開頭的話，塞克斯都・恩披里柯是這樣說的：
「在上述這個人〔赫拉克里特斯〕的論自然的著作的開始，他以某
種方式表示的氣氛說道」，接著就引證了被後世輯為第一則殘篇的
如下一大段話：❷

　　　　邏各斯雖然像我所說的那樣常在，但人們聽到它以前，或是第
　　　　一次聽到它的時候，卻總是不能理解它。萬物都是按照這個邏
　　　　各斯產生的，雖然我已經根據事物的本性將它們加以區別，解
　　　　釋了它們是如何發生的，而且人們也經常遇到像我們所說明的
　　　　那些話語和事實，但是他們卻像從來沒有遇到過它〔邏各斯〕
　　　　一樣。至於另外一些人對他們醒來以後做了些什麼也不知道，
　　　　就像是對他們夢中所做的事已經忘記了一樣。

　　logos 的詞根 leg 原來有「挑選」、「選擇」的意思，由此引申出
「計算」的意思，就有「尺度」、「比例」，最後成為「公式」、「計畫」，
達到「規律」。所以，正像 G. S. 基爾克指出的那樣：雖然赫拉克里
特斯在不同含義上使用 logos 這個詞，但在他心目中，顯然是有一個

❷　W. K. C. Guthrie, *A History of Greek Philosophy,* Vol. l, pp. 420–424.

❷　Sextus Empiricus, *Adversus Mathematicos,* VII. 132; G. S. Kirk, *Heracli-
　　tus: The Cosmic Fragments,* p. 33.

基本的抽象概念的。在其他殘篇中，logos 的最顯著的含義就是它是一種尺度，有數量上的「大小」和「分寸」的意思。殘篇第 39（「住在普里耶涅的透塔美斯的兒子彼亞斯，比別人有更高的聲望 (logos)。」）的 logos 雖然被譯為「聲望」，但是這種聲望、名譽也是有高低、大小的不同程度的；殘篇第四十五（「靈魂的邊界，無論你走遍所有的道路，也是找不到的，它〔靈魂〕的根源 (logos) 是那麼深。」）的 logos 雖被譯為「根源」，它也是有深度的；殘篇第 115（「靈魂有它自己的根源 (logos)，它自行增長。」）中靈魂的邏各斯也是能夠自行增長的；殘篇第 108（「我聽過許多人的邏各斯，他們沒有一個人能夠認識到智慧是和一切事物有區別的。」）和殘篇第 87（「淺薄的人聽了無論什麼邏各斯，都大驚小怪。」）中的 logos，雖然是說話，但是這種說話也可以說是有程度深淺不同的，可以將它說成是一種「估計」，淺薄的人無論聽到什麼樣的估計，都會大驚小怪；赫拉克里特斯聽過許多人的估計，發覺他們都沒有認識真正的智慧。❷⓺

　　綜上所述，就 logos 而言，如果在赫拉克里特斯心目中有一個基本的抽象概念的話，這個概念就是：萬物的運動，無論是火的燃燒和熄滅以及萬物的生成和互相轉說，都是按照一定的邏各斯進行的；這種邏各斯主要意指是一種尺度、大小、分寸，即數量上的比例關係。

　　從廣義上講，尺度也是一種規律。但彼此還是有區別的，尺度主要表現為數量上的一定比例和關係；而一般規律則不僅表現在數量方面，也還可以表現在其他方面。從深刻和抽象程度說，一般規律高於尺度。人的認識的發展，總是從具體到一般的，先從具體的事物中發現比較一般的東西，然後再深入到更為一般的東西。所以，

---

❷⓺　G. S. Kirk, *Heraclitus: The Cosmic Fragments*, pp. 38–39.

發現尺度是發現一般規律的前一步，從認識尺度再進一步就可以認
識一般規律。由此可以認為，赫拉克里特斯提出的邏各斯，正是處
在人類認識發展的這個階段 —— 認識尺度、比例的階段。循此，也
可以看出赫拉克里特斯和畢達哥拉斯學派的關係。後者認為萬物的
本原是數，它們的存在和變化都根據一定的數的比率關係，整個宇
宙就是按一定的數的比例組成的有秩序的科斯摩斯；赫拉克里特斯
則進而用「邏各斯」這個概念進一步推進了畢達哥拉斯學派的認識。
由此可見，赫拉克里特斯和畢達哥拉斯學派已由米利都學派的致力
於探求萬物的本原，進而開始尋求隱藏在現象背後的帶有規律性的
東西，發現了數量上的比例關係，即邏各斯。這就當時而言，體現
人類認識的一個重大進展。

　　赫拉克里特斯不僅致力於探討存在事物之中的尺度，並進一步
探討這種尺度的基本特徵，指出這種尺度是公共的、共同的，而不
是哪一個人或物所私有的；它相當於我們說規律是普遍的、客觀的、
有同樣的意義。

　　這點主要見之於他的第二則殘篇，根據塞克斯都・恩披里柯在
《駁數理學家》中的引證，它是緊接在第一則殘篇之後的，塞克斯
都・恩披里柯在引證第一、二則殘篇之間，加上了他自己的一句話：
「這裡他表示無論我們做或想任何一件事，都是由於分有了神聖的
邏各斯〔後期希臘哲學家都強調邏各斯是神聖的〕；不久他〔赫拉克
里特斯〕又說：❷

　　　所以必須遵從那共同的東西。雖然邏各斯是共同的，但是大多
　　　數人還是按他們自己私自的理解那樣生活著。❷

─────────────
❷　Sextus Empiricus, *Adversus Mathematicos,* VII. 132.

塞克斯都・恩披里柯已經把這種公共的邏各斯理解為統治宇宙的
規律，如認識到這點就能認識到真理；要是按自己特有的（私有的）
方式去理解，就是違背真理：「這話不是別的，乃是對統治宇宙的方
式所作的一種解釋；只要我們意識到這一點，我們說的就是真理，
如果我們對它保持獨立，我們就說假話。」㉙

　　這種作為客觀尺度或客觀規律來理解的公共的邏輯的殘篇，並
不僅僅是第二則殘篇，還有以下諸則殘篇：

　　　對於那些接觸最多的、支配一切的邏各斯，他們格格不入，對
　　　每天都遇到的事情，他們顯得很生疏。㉚
　　　對於清醒的人來說，科斯摩斯是統一的、共同的；如果睡著了，
　　　每個人就回到他自己的世界。㉛

由此可見，在赫拉克里特斯看來，「邏各斯」和「科斯摩斯」是一回
事，它是人人共同，而不是哪一個人所私有的。

　　　如果要理智地說話，就得將我們的力量依靠在這個人人共同的
　　　東西上，正像城邦依靠法律一樣，甚至還要更強一些：因為所
　　　有人類的法律都是由一個神聖的法律所哺育的，只有它才能要
　　　怎樣治理就怎樣治理，才能滿足一切，還能有所超越。㉜

㉘　《DK》: 22B2.

㉙　Sextus Empiricus, *Adversus Mathematicos*, VII. 133.

㉚　《DK》: 22B72.

㉛　《DK》: 22B89.

這裡將邏各斯進一步比作法律，藉以進一步說明公共的邏各斯，因為法律是人人共同的，是整個城邦都必須共同遵守的，法律對所有人都是一視同仁的。也正因為邏各斯是共同的、普遍的，它不是哪一個人所私有的，所以人人都要聽從邏各斯；從而反對了主觀和盲從：

> 不要聽我的話，而要聽從邏各斯，承認一切是一才是智慧的。㉝

此外，還將邏各斯與靈魂聯繫起來，和思想聯繫起來，認為只有健全的（理智的）思想，才能認識邏各斯，而這種健全的思想也是人人所共有的，只是大多數人還不能認識到它而已：

> 靈魂有它自己的邏各斯，它自行增長。㉞
> 思想是人人共同的。㉟
> 健全的思想 (sophronein) 是最優越、最智慧的：它能說出真理並按真理行事，按照事物的本性（自然）認識它們。㊱
> 人人都能認識自己並有健全思想。㊲

㉜　《DK》: 22B114.
㉝　《DK》: 22B50.
㉞　《DK》: 22B115.
㉟　《DK》: 22B113.
㊱　《DK》: 22B112.
㊲　《DK》: 22B116.

這裡所說的「認識自己」，也就是在西元前六世紀時銘刻在德爾斐阿波羅神廟進口處的那句格言：「認識你自己。」後來蘇格拉底曾以此作為他自己的哲學的一個主題。雖然人人都具有這樣的能力，但並非每個人都實際上擁有並正確地運用：

> 我聽過許多人的邏各斯，他們沒有一個人能夠認識到智慧是和一切事物有區別的。㊳

綜上所述，赫拉克里特斯認為邏各斯是共同的，它既有主觀的也有客觀的意義。說它是主觀的，即人人都具有健全思想的能力；說它是客觀的，即它是事物共同的尺度或規律。其時，物質和精神還沒有明確區分開來，因此他使用邏各斯這個詞時，有時將它說成是主觀的思想，有時將它說成是客觀的尺度。但作為一個唯物主義者，他畢竟更多地強調邏各斯的客觀性，這正像他在殘篇第五十則中所強調的那樣：「不要聽我的話，而要聽從邏各斯。」

第三節　萬物皆流

除了以巴門尼得斯為代表的伊利亞學派，古希臘先期哲學家都傾向於認為整個世界都處於運動變化中。作為古希臘辯證法的最傑出代表之一的赫拉克里特斯更其是這樣，在將整個世界的過去、現在和將來看作「永遠是一團活火」的同時，以「人不能兩次踏進同一條河流」的生動比喻，來進一步闡發他的辯證法思想。現存三則殘篇，從不同側重點來闡述其萬物皆流的辯證法思想：

㊳　《DK》：22B108.

踏進同一條河流的人，遇到的是不同的水流。❸

人不能兩次踏進同一條河流，它分散又結合，……接近又分離
……。❹

我們踏進又不踏進同一條河流，我們存在又不存在。❹

　　赫拉克里特斯這一系列說法，歸結起來集中到一點是強調「一
切皆流，無物常住」。這種觀點，確是正確地反映了客觀事實，因為
河流的水總是在流動著，變化著，可以說是瞬息萬變的，是一種普
遍的現象。也正像中國的孔子在河邊看到這種景象時，也得出結論：
「逝者如斯夫！不捨晝夜。」❹認為消失著的時光，像河流的水一樣，
日夜不停地流動著。朱熹在《集注》中，對孔子的這段話，作出了
符合辯證法的哲學上的結論：

　　天地之化，往者過，來者續，無一息之停，乃道體之本然也。
　　然其可指而易見者，莫如川流。

朱熹的這種哲學論斷，將顯而易見川流不息的水流現象，確立之為
「道體之本然」，正是道出了赫拉克里特斯同樣比喻的哲學上真諦。
　　但是，當時的希臘哲學家們，可以承認這種現象，但不能承認
它揭示了「道體之本然」。其最著名的代表就是伊利亞學派的奠基人

❸　《DK》：22B12.

❹　《DK》：22B91.

❹　《DK》：22B49a.

❹　《論語・子罕第九》。

巴門尼得斯，他的存在論正是針對赫拉克里特斯的「我們存在又不存在」而提出來的。就是後來的亞里士多德在《形而上學》第 4 卷中論證矛盾律時，仍然指名批評了赫拉克里特斯的這種主張:「我們不能相信同一事物既存在又不存在，有人認為這是赫拉克里特斯所說的。」❹

　　柏拉圖倒是高度重視赫拉克里特斯的這一著名主張，在〈克拉底魯篇〉、〈會飲篇〉、〈泰阿泰德篇〉和〈斐萊布篇〉都一再提到它。但正像亞里士多德所指出的那樣:柏拉圖早年熟悉以克拉底魯為代表的赫拉克里特斯學派的觀點，深信可感事物永遠處在流逝之中，因此它們不能成為知識的對象，到了晚年，仍然堅持這種觀點。❹
的確，柏拉圖雖然也承認可感事物是客觀存在的，但他認為對它不可能有知識;因為，在柏拉圖看來正像巴門尼得斯一樣，知識祇能是對永恆的、常住不變的東西的認知，要是一切都處在變動中，則無物常住，也就不可能對它有知識。❺

　　赫拉克里特斯強調「人不能兩次踏進同一條河流」，但是在肯定事物運動變化的絕對性的同時，並不否定事物的相對穩定性;要是將這種觀點推向極端，認為連一次也不可能，那就成為極其荒謬了。屬於赫拉克里特斯學派末流的克拉底魯（Cratylus，主要活動於西元前五世紀末），正像亞里士多德所說的就是這樣:將這種觀點推到極端，便成為被稱作赫拉克里特斯學派的克拉底魯的看法，他最終認為人根本不能說什麼，而祇能簡單地動動他的手指;他批評赫拉克里特斯所說的人不能兩次踏進同一條河流，因為克拉底魯認為，即

❹　Aristotle, *Metaphysics,* 1005^{b}23–25.

❹　Aristotle, *Metaphysics,* 987^{a}32–^{b}1.

❺　Plato, *Cratylus,* 440A–B.

使踏進一次也不可能。㊻克拉底魯這種觀點的實質是：當你這一次踏進河流去的時候，水已經在流，因此當你踏進去的已經不是原來的河水了，因此人無所作為，只能動動他的手指而已。其實質是誇大運動的變化的絕對性，從根本上否定在運動變化中還有相對靜止的一面。

第四節　對立統一

　　赫拉克里特斯認為萬物都是運動變化的，並且這種運動變化都是遵循邏各斯的，而最高的、統治萬物的邏各斯就是對立統一。所以對立統一學說在他的辯證法思想中佔有核心地位，並且也正是他對辯證法作出的最重要貢獻。

　　他強調統治萬物的邏各斯是客觀的，所以「不要聽我的話，而要聽從邏各斯，承認一切是一」，即要承認對立統一。接著以琴和弓的相互關係，形象化地說明這個規律：

　　他們不了解不同的東西是自身同一的，相反的力量造成和諧，像弓和琴一樣。㊼

所謂「一切是一」、「相反的力量」，都是指的由相反的、對立的力量所造成的統一，意指：「對立的力量造成的結果。」㊽古希臘的七弦琴和弓弦，都是由緊繃的弦構成的，但是它們的作用卻是彼此相反

㊻　Aristotle, *Metaphysics,* 1010ᵃ10–14.

㊼　《DK》：22B51.

㊽　*A English-Greek Lexicon* 對這則殘篇作出的解釋，pp. 1292–1293.

的，所以才能形成彼此對立的張力，從而才能奏出和諧的音調。其
他有關對立統一的殘篇，進一步說明這項規律：

> 互相排斥的東西結合在一起，不同的音調造成最美的和諧；一
> 切都是從鬥爭產生的。❹
> 結合物既是整體又不是整體，既是一致又有不同，既是和諧又
> 不和諧；從一切產生一，從一產生一切。❺

歸諸亞里士多德名下的偽作《論宇宙》的作者，在引證上述殘篇後，
接著就對這項對立統一的規律作出值得重視的解釋：有些人感到奇
怪，既然世界是由相反的原理（乾和濕、冷和熱）組成的，它怎麼
會長久不消失、不毀滅呢？同樣感到奇怪的是，既然城邦是由對立
的階層（富的和窮的、年輕的和年老的、弱的和強的、好的和壞的）
組成的，它如何能繼續存在呢？這是由於他們沒有注意到，城邦的
一致中總是帶著最有衝突的特徵的，從多樣性中產生統一，從不同
中產生相同，它總得允許各種不同的存在。自然界中也同樣是相反
相成的，從相反而不是從相同的東西產生和諧，它將雌和雄配合起
來，而不是同性相配，從相反的而不是相同的東西組成最初的和諧。
繪畫在畫面上將白色和黑色、黃色和紅色的因素混合起來，造成和
原物相似的形象。音樂也是將高音和低音、短音和長音混合在一起，
才造成不同聲音的和諧；字彙的書寫則是將元音和輔音混合，構成
整個這種藝術。❺

---

❹　《DK》: 22B8.

❺　《DK》: 22B10.

❺　Aristotle (?), *On the Universe*, 396ᵃ33–ᵇ9.

赫拉克里特斯所講的對立的統一，承認對立雙方的統一和依存是有條件的，也就是承認相對性，但並未因此而陷入相對主義。他在以下的殘篇中闡明了這種觀點：

> 海水既是清潔的又是最骯髒的；對於魚，它是能喝的和有益的；對於人，它是不能喝的和有害的。❺❷
>
> 豬在污泥中比在清潔的水中更為高興，……。❺❸
>
> 驢子寧願要草料而不要黃金。❺❹

對這些殘篇可以有兩種解釋，第一種解釋是：海水的髒潔、看重草料和黃金與否，是相對地有條件的，一切依條件為轉移，這樣的解釋是符合辯證法精神的。反之，另一種解釋，認為由於條件不同，我認為是好的，你卻可以認為是壞的，由此得出結論，好和壞是同一的，是對立的統一。那就成了相對主義，而不是辯證法了。這兩種解釋都有可能成立。後來智者普羅泰戈拉的「人是萬物的尺度」，晚期希臘哲學中的懷疑論學派，就是循此走向相對主義，否認客觀真理。

赫拉克里特斯進而就對立的統一作出了兩種解釋：⑴對立面是互相依存的；⑵對立面是互相轉化的。

赫拉克里特斯認為對立面是互相依存的：

> 如果這些東西〔恐懼、罪惡、刑罰等〕不存在，他們就不會知

---

❺❷　《DK》：22B61.

❺❸　《DK》：22B13.

❺❹　《DK》：22B9.

　　道正義的名字。❺

　　疾病使健康成為愉快和好的，饑餓使飽滿成為愉快的和好的，

　　疲勞使休息成為愉快和好的。❻

赫拉克里特斯從日常生活經驗中體會到，就對立的好和壞的判斷而言，它們是互相比較而存在，是相互依存的，如果沒有這一面，也就無所謂那一面。沒有罪惡、刑罰這些非正義的東西存在，人們就不能認識什麼是正義。反之亦然，如果沒有壞的東西，便無所謂好。

　　赫拉克里特斯又認為對立面是互相轉化的：

　　冷變熱，熱變冷，濕變乾，乾變濕。❼

　　在我們身上，生和死、醒和睡、少和老是同一的，因為這個變

　　成那個，那個又再變成這個。❽

既然生成之流和毀滅之流是同一條流，赫拉克里特斯也就由此得出普遍的結論：

　　上升的路和下降的路是同一的。❾

　　但也必須指出，他只是從大量的經驗事實中，用感性的語言說

---

❺　《DK》：22B23.

❻　《DK》：22B111.

❼　《DK》：22B126.

❽　《DK》：22B88.

❾　《DK》：22B60.

明對立統一是普遍存在的，並沒有從理論上來說明和論證這種對立
的統一。但即便是這樣，他的這種認識也已遠遠超過前人和同時代
人。因此而嘲笑史詩詩人海希奧德，不知道白天與黑夜是同一個東
西。

赫拉克里特斯不僅看到對立的統一，而且還看到對立的鬥爭。
從而顯示出他的思想遠比當時一般人深刻的地方。當然也不能將他
的這種觀點和我們現在所理解的對立的鬥爭等量齊觀。他是憑藉感
性的形象性的語言來表述他的這種觀點：

> 戰爭是萬物之父，又是萬物之王，它使一些人成為神，一些人
> 成為人；使一些人成為奴隸，一些人成為自由人。**⑩**

戰爭是人類社會中一切鬥爭中的最高形式，極大地改變著鬥爭雙方
的命運，在當時奴隸制時代的戰爭中，戰敗者淪為奴隸，戰勝者取
得自由；同時其中一部分人活下來，繼續是人；另一部分人死亡了，
靈魂進入另一個世界，具有神的條件。**⑪**不僅自由人和奴隸，而人
和神也都可以互相轉化。正因為這樣戰爭是萬物之父、萬物之王，
是對立雙方的鬥爭在那裡起著決定性的作用。因此，對立的鬥爭
（「不明顯的和諧」）比對立的統一（「明顯的和諧」）更好。正因為
這樣，赫拉克里特斯強調：「互相排斥的東西結合在一起，不同的音
調造成最美的和諧；一切都是從鬥爭中產生的。」(DK 22B8) 進而批
評荷馬看不到鬥爭的積極意義：

---

⑩　《DK》: 22B53.

⑪　根據卡恩的解釋見 C. H. Kahn, *The Art and Thought of Heraclitus*, p.
208。

當荷馬說「但願鬥爭從神和人之間消失」時，他是錯了。因為
如果沒有高音和低音，就沒有和諧；沒有雌和雄也就沒有動物，
它們都是對立的。❻❷

也就是說，如果沒有鬥爭，沒有高音和低音之間的鬥爭，也就沒有
和諧。鬥爭與和諧並不是矛盾對立的，而是鬥爭產生和諧，和諧只
是鬥爭的結果。

　　由此可見，赫拉克里特斯所說的鬥爭，並不是我們現在所理解
的一定是你死我活的鬥爭。當然戰爭是你死我活的鬥爭，但這並不
是唯一的鬥爭。實際上，只要是對立面的相互作用，不論是高音和
低音的結合產生和諧，或是雌和雄交配產生新的生物，還是戰爭中
你死我活，只要是對立雙方之間的相互作用，他都稱之為「鬥爭」。
因此，他認為這種鬥爭是普遍存在的：

　　應當知道，戰爭是普遍的，正義就是鬥爭，萬物都是由鬥爭和
　　必然產生的。❻❸

這樣的鬥爭，即對立面的相互作用，不但是普遍的，而且是必然的。
萬物都是由對立面的相互作用而產生的，所以鬥爭（戰爭）是萬物
之父，又是萬物之王。

　　鬥爭（不明顯的和諧）要比（明顯的）和諧更好，更有力。因
為從赫拉克里特斯的整個思想看，和諧是對立作用的結果，已表示

---

❻❷　Aristotle, *Eudemian Ethics*, 1235^{a}25–28.

❻❸　《DK》: 22B80.

是一種靜態，而鬥爭 —— 相互作用卻是一種動態，是一種運動和變化。而赫拉克里特斯是主張運動變化的哲學家，主張萬物皆流無物常持，當然只有動態的相互作用 —— 鬥爭才是萬物之父，一切都是在運動變化中產生的。這點，是與強調和諧的畢達哥拉斯學派有區別的。

第五節　宇宙論

赫拉克里特斯像其他的自然哲學家一樣，憑藉其本原學說，對宇宙演化生成和各種天文學現象也有所探討。但也正像古代的記載所表明的那樣:「他無論對什麼都不是講得很清楚的。」[64]

聲稱火是元素，一切都是由火的轉化而形成，或者是由於火的稀薄化而形成，或者是由於火的濃厚化而形成。

接著用對立統一觀點來說明這種形成。一切都是由對立而產生，一切都像一條河一樣流著。但是，宇宙是有限的，只有一個世界，是由火產生的，經過一定的時期後又復歸於火，永遠川流不息。這是命運要它如此。在對立物中，有一種是引向產生的，就是所謂戰爭和衝突，另一種是引向焚燒的，就是所謂和諧與和平。

其中上升的運動和下降的運動相結合，以這種方式產生世界:火濃厚起來相繼變成水和土，這是下降的運動;反之，另一方面，土融解而變成水，從水而形成其他一切。因為，他認為幾乎一切都是由海的蒸汽而產生的。[65]

進而認為，某個宇宙的生滅帶有必然的周期性。艾修斯在其纂

---

[64]　D. L., IX. 8.

[65]　D. L., IX. 9.

述性著作《意見》中有所記載：萬物都從火產生，也都消滅而復歸
於火；當火熄滅時，宇宙間的萬物也就形成了。「整個宇宙和一切物
體，後來又在一場總的焚燒中重新為火燒燬。」❻❻ 這種產生和焚燒帶
有周期性：「他也承認世界的轉化有一個一定的次序和一個確定的
周期，適應著不可避免的必然性。」❻❼ 這就是他本人在殘篇中所說的
「世界焚燒。」❻❽

　　接著，對天體和天文現象也有所說明。❻❾

　　星辰的凹面向著我們的穹窿上有些小窩，明亮的蒸汽便聚集在
小窩裡面發出亮光。太陽的火焰是最明亮和最熱的。因為，其他的
星辰距離大地較遠，所以它們的光芒和熱度較弱。月亮離地很近，
卻並不是在純淨的地方。相反，太陽卻在一個明亮純淨的地方，它
與我們的距離是很合適的，因此太陽最熱最亮。

　　至於日蝕和月蝕，是由於那些小窩反轉過來開口朝上時發生
的。日、夜、月、年、風、雨等等，都是由於不同的蒸汽而造成的。
明亮的蒸汽在很亮的圈子裡燃燒時便是白天，與此相反的蒸汽便造
成黑夜。進而以蒸汽的變化來說明季節的形成和變化，由明亮的蒸
汽產生的熱度造成夏季，由黯淡的蒸汽產生的潮濕聚集造成冬季。
並以相類似的方式來說明其餘的現象。但是，並未進一步說明土的
性質和小窩等具體情況。

　　赫拉克里特斯有關宇宙生成和種種天文現象的解釋是素樸的，
今天看來甚至是非常幼稚的。但他有兩點是值得注意的。首先，鮮

---

❻❻　Aëtius, *Placita*, I. 3.11.

❻❼　Simplicius, *Physics*, 2.3.23, 即《DK》: 22A5。

❻❽　《DK》: 22B31.

❻❾　D. L., IX. 7–11.

明的無神論觀點，徹底排除神和人為的干預，「這個世界對一切存在物都是同一的，它不是任何神所創造的，也不是任何人所創造的。」❼其次，將其火的本原說、萬物皆流和對立統一說貫徹到底，與宇宙演化和宇宙學融為一個有機的內在統一體。就這兩點上講，是超出了米利都學派和畢達哥拉斯學派的，但在細節上和科學性上則不如畢達哥拉斯學派。

第六節　人：靈魂、認識、法律

赫拉克里特斯在有關靈魂、宗教、認識、倫理等一系列問題上，同在宇宙演化論和宇宙學中一樣，貫徹了無神論和其哲學觀點，帶有鮮明的理性主義特徵。

就神而言，排除了其超自然的先驗的屬性及其對人類的干預，或者將神：看作是火，「神就是永恆的流轉著的火」。❼或者看作是「邏各斯」，「火憑藉著那統治一切的邏各斯或神，通過空氣而化為水，水是世界結構的胚胎。」❼

就靈魂而言，將它看作是物質的東西：「靈魂也是從濕氣中蒸發出來的。」❼正因為這樣，也就排除了對死亡的恐懼：「死亡就是我們醒時所看見的一切，睡眠就是我們夢寐所看到的一切。」❼至於人死亡後究竟怎樣，那是人所無法想像的：「人們死後所要遭遇到的

---

❼　《DK》: 22B30.

❼　Aëtius, *Placita*, I. 7.22.

❼　《DK》: 22B31.

❼　《DK》: 22B12.

❼　《DK》: 22B21.

事，並不是人們所期待的，也不是人們所想像的。」❼強調死亡並不可怕，「更偉大的死獲得更偉大的獎賞。」❼但是，赫拉克里特斯將人生看作是不幸的，誕生人實是不幸的：「當他們誕生的時候，他們就期待著活下去，並且期待著死去或安息，他們遺留下子女，子女也是要死去的。」❼

　　接著就以他的唯物主義的靈魂觀和邏各斯觀去討論認識問題。根據現有有關資料，赫拉克里特斯是先期希臘哲學家中，最早討論認識論問題的。

　　首先，重視感性認識。聲稱：「凡是能夠看到、聽到、學到的東西，都是我所喜愛的。」❼並指出，這種感性認識來自客觀事物對感官的作用：「人不懂得怎樣去聽，也就不懂得怎樣說話。」❼「眼睛是比耳朵更可靠的見證。」❽

　　其次，相比較而言，他更其重視理性認識。聲稱：「智慧只在於一件事，就是認識那駕馭並貫穿一切的思想。」❽這裡所講的「貫穿一切的思想」，也就是邏各斯，它是駕馭並貫穿於事物之中的尺度、規律、本質，它是理性認識的成果。它是真理性的認識：「健全的思想是最優越、最智慧的：它能說出真理並按真理行事，按照事物的本性（自然）認識它們。」❽也就是說這種邏各斯是客觀的，所以即

---

❼　《DK》: 22B27.

❼　《DK》: 22B25.

❼　《DK》: 22B20.

❼　《DK》: 22B55.

❼　《DK》: 22B19.

❽　《DK》: 22B101a.

❽　《DK》: 22B41.

❽　《DK》: 22B112.

使是像他這樣自視極高的人，也依然強調：「不要聽我的話，而要聽從邏各斯，承認一切是一才是智慧。」但也意識到要獲得這種理性認識、要把握邏各斯，決非是輕而易舉的，要歷經艱辛的過程：「自然（本性）喜歡躲藏起來。」⑧因此，正像找金子一樣，要挖許多土，「才找到一點點金子。」⑧

此外，儘管他憤世嫉俗離群索居。但是對城邦的治理及其長治久安，畢竟還是非常關心的。強調法治：「人民應當為法律而戰鬥，就像為自己的城垣而戰鬥一樣。」⑧當城邦出現騷亂時，在其萌芽狀態，就要及時治理：「撲滅放肆急於撲滅火災。」⑧

由此可見，赫拉克里特斯是先期哲學家中率先進入人類學領域，從理性精神出發，提出了唯物主義的靈魂觀，排除了神對人類社會及其命運的干預，與此同時強調法治；開始從感性認識和理性認識相結合的基礎上，探討了人類的認識問題。

小　結

綜上所述，赫拉克里特斯是伊奧尼亞學派傳統的哲學家，發揚米利都學派的傳統，認為物質性的元素 —— 永恆的活火是萬物的本原，並強調其處在永恆運動變化的過程之中，火和萬物是相互轉化的。正因為這樣，他推進了米利都學派的唯物主義本原說。

赫拉克里特斯在哲學思想發展中的主要貢獻在於辯證法，儘管

---

⑧　《DK》：22B123.

⑧　《DK》：22B22.

⑧　《DK》：22B44.

⑧　D. L., IX. 2.

帶有素樸的直觀性，但在當時的條件下應該說是非常深刻的。首先，他揭示事物是處於不斷運動變化之中，提出一切皆流無物常住的思想，最早探討運動問題，從而促使稍後的伊利亞學派針鋒相對地提出只有靜止的東西，才是可以認知的東西。這樣，運動和靜止的關係就成為哲學中的一個重要問題而展開了。其次，揭示事物的運動變化都是按照一定的尺度、分寸進行的，從而提出了邏各斯思想。與畢達哥拉斯學派一起，推動了對普遍規律的尋求。最後，其辯證法的核心是有關對立統一的思想，探討了對立雙方的統一和鬥爭的關係，雙方是相互依存、相互統一、相互轉化、相互作用的，提出了鬥爭是萬物之父、萬物之王的思想。從而成為辯證法的奠基人。

　　赫拉克里特斯是第一個提出認識論問題的哲學家，既重視感覺經驗，又重視理性認識，熱中於憑藉智慧探求客觀事物的邏各斯。但也正是這樣，他又是最早將哲學從完全討論外部世界，開始轉向研究認識以及認識的主體──人。

　　此外，在宗教問題上，赫拉克里特斯和比他稍早的齊諾菲尼斯一起反對傳統宗教，但赫拉克里特斯主要是反對傳統的宗教祭神儀式，反對偶像崇拜。他也承認神，但他所說的神，就是指永恆的活火，即邏各斯或最高的智慧。因此，他又是最早將宗教哲學化，將宗教的神改造成為理性的神，從而使哲學擺脫宗教走了一大步。但又因為他不可能而且也沒有劃清哲學和宗教的界限，所以到晚期希臘－羅馬哲學時期的斯多亞學派和基督教教父哲學，又將他的邏各斯解釋成宗教上的神，使哲學為宗教神學作論證，既使宗教哲學化，又將哲學從屬於宗教。

　　從總體上來看，赫拉克里特斯不僅在希臘哲學，而且在整個西方哲學史的發展中，都佔有無可爭議的崇高地位。

第四章　畢達哥拉斯和早期畢達哥拉斯學派

在前期希臘哲學的發展中，與伊奧尼亞學派成為鮮明對比的，是出現在希臘於西方意大利殖民城邦的畢達哥拉斯學派和伊利亞學派。

由畢達哥拉斯創立的這個學派，其學說的內容及其演變，是古希臘哲學史上最複雜的現象之一。它在古代的發展，大體上經歷了以下三個時期。第一個時期：從西元前六世紀至前四世紀上半葉，以畢達哥拉斯和菲羅勞斯 (Philolaus)、阿啟泰 (Archytas) 等為代表的早期畢達哥拉斯學派。第二個時期：希臘化時期，作為一個獨立的哲學學派，實際上已經消亡，但其影響仍繼續存在，主要在亞歷山大的科學的發展中發揮作用。第三個時期：到西元前一世紀，作為新畢達哥拉斯學派重新興起，直到三世紀融入新柏拉圖學派。這裡，主要探討畢達哥拉斯和早期畢達哥拉斯學派。其次，在於資料依據和鑒別的困難。由於早期畢達哥拉斯學派主要是一個宗教團體，教義秘不外傳，以致「直到菲羅勞斯時代，要獲得任何關於畢達哥拉斯學說的知識是不可能的。」❶而菲羅勞斯等的殘篇又是真偽有爭議，因此，主要只能憑藉柏拉圖、特別是亞里士多德是最主要的依據。至於新柏拉圖學派提供的資料就要審慎對待，其他懷疑論學派

---

❶　D. L., VIII. 1.15.

等提供的資料也同樣如此。這裡只討論畢達哥拉斯和早期畢達哥拉斯學派。

第一節　畢達哥拉斯和畢達哥拉斯盟會

畢達哥拉斯（Pythagoras，約西元前 570–前 490）出生於小亞細亞沿海的薩莫斯島。該島是希臘伊奧尼亞人創建的殖民城邦，和米利都、愛菲斯等隔海相望。從西元前七世紀以來，就是當時地中海地區主要的和最富裕的城邦之一。❷ 畢達哥拉斯活動時代，該島正在僭主波呂克拉底（Polycrates）治理下，達到了前所未有的繁榮強盛。畢達哥拉斯由於不滿僭主政制而移居意大利。

畢達哥拉斯在青少年時期就熱中於研究學術和宗教儀式，並曾從事廣泛的遊學，到過希臘本土；在埃及，學習並通曉埃及文字，參加過埃及神廟中的祭典和秘密入教儀式，從而洞悉埃及的宗教思想和制度等。❸

克羅頓地處靴形的意大利南部靴跟上，在布魯提（今名卡拉布里亞，Calabria）地區東岸。它是西元前 710 年左右，由希臘的阿該亞人建立的殖民城邦。在畢達哥拉斯到來前，克羅頓處於衰落地位；到來後，各方面的情況有了改進，以致在相當長的一段時期內，成為該地區最強大的城邦。❹

克羅頓的這些變化，據說和畢達哥拉斯有關。他來到克羅頓後，

---

❷　E. B., 11th ed. "Samos".

❸　Iamblichus, *Pythagoras*, §8.

❹　T. J. Dunbabin, *The Western Greeks*, Oxford, 1948, pp. 359–360, 369.

很快就吸引了大批信徒，組成了畢達哥拉斯學派的盟會組織。它既是一個宗教信仰和研究科學的團體，又是一個科學團體。其成員分為兩部分：一部分是「信條派」(Acousmatics)，主要接受其學說中的宗教神秘主義；另部分為數理學派 (Mathematicians)，主要接受其學說中的數學科學方面。❺ 該學派對當時意大利大多數希臘殖民城邦有巨大影響，甚至是由該學派來統治的。❻ 畢達哥拉斯本人獲得高度尊崇，柏拉圖甚至將他與斯巴達的萊喀古斯 (Lycurgus)、雅典的梭倫相提並論，甚至高於荷馬，創造了一種傳之後世的生活方式：「畢達哥拉斯以他的智慧特別受到讚美，他的追隨者直到現在，不是仍然在讚揚和追求這種被稱為畢達哥拉斯的生活方式嗎?」❼

由於當地尖銳複雜的政治鬥爭，該派在西元前 500 年和前 460 年左右，相繼遭到兩次打擊，特別是後一次的毀滅性的打擊，導致該派成員避居希臘本土、佛利島和底比斯等地。到西元前四世紀中葉，該派的活動基本告一段落。❽ 而畢達哥拉斯在該派第一次遭打擊時，由於試圖避開豆子地，被敘拉古人殺死了。❾

第二節　萬物的本原：數

亞里士多德在討論伊奧尼亞學派的本原說，緊接著就討論畢達哥拉斯學派的本原說，指出他們將數的本原看作為萬物的本原：

❺　Kirk & Raven, *The Presocratic Philosophers*, p. 227.

❻　黑格爾：《哲學史講演錄》，中譯本，第 1 卷，第 210 頁。

❼　Plato, *Republic*, 600B.

❽　W. K. C. Guthrie, *A History of Greek Philosophy*, Vol. 1, pp. 179–180.

❾　D. L., VIII. 1.39–40.

　　所謂的畢達哥拉斯學派，曾經從事數學的研究，並且第一個推
進了這一個知識部門。他們把全部時間用在這種研究上，進而
認為數的本原就是一切存在物的本原。❿

　　根據亞里士多德的記載，這種早期畢達哥拉斯學派的，以數為
萬物本原的學說，大體有以下四項基本內容：

　㈠事物本身就是數

　　亞里士多德指出：

　　畢達哥拉斯學派「他們認為事物本身就是數。」⓫

並對他們之所以得出這種結論，作出了解釋：由於他們看到了屬於
各種可感事物的許多屬性，從而肯定了存在的事物都是數；但是，
這種數不是獨立存在的數，而是指事物實際上是由數構成的。他們
的理由是，「數的特徵是內在於音階，內在於天體，內在於許多其他
事物的。」⓬也就是說，數是寓於事物之中，它不是先於事物或離開
可感事物而獨立存在的。

　㈡事物是由於摹仿數而存在

　　亞里士多德在討論到柏拉圖的理念論的基本特徵，以及與畢達
哥拉斯學派的關係時講到：柏拉圖認為，許多個別事物的存在，是
由於分有同名的理念，只有「分有」這個名稱是新的；「因為，畢達

---

❿　Aristotle, *Metaphysics*, 985ᵇ24–25.

⓫　Aristotle, *Metaphysics*, 987ᵇ29.

⓬　Aristotle, *Metaphysics*, 1090ᵃ20–25.

哥拉斯學派認為，事物的存在是由於『摹仿』數，而柏拉圖認為事物的存在是由於分有理念。」⓭但究竟是怎樣分有理念或摹仿數的，他們都沒有討論。事物是由於摹仿數而存在，也就是說被摹仿的數，是先於事而獨立存在，即「數離開可感覺事物而獨立存在。」⓮

　　亞里士多德把㈠和㈡這兩種根本對立的觀點都歸諸畢達哥拉斯學派，哲學史家 K. 約耶爾也正是這樣認為的：「事物是摹仿數，還是事物本身就是數，亞里士多德把這兩種看法都歸諸畢達哥拉斯派；不論誰，只要對希臘人的思想敏感的話，也會把這兩種觀點歸諸畢達哥拉斯學派，並且同意對畢達哥拉斯學派來說，數同樣起到實在的和觀念的本原的作用。」⓯所以會抱有關於本原的兩種根本對立觀點，這既是由於數同時具有感性和抽象的特徵有關，又是與這個學派正處在由唯物主義向唯心主義轉化密切相聯繫的。關於這兩種特徵，古代新柏拉圖的波菲利（Porphyry，西元 232/3–約 305）和黑格爾都曾相繼揭示過：

　　　　畢達哥拉斯以〔這樣〕一種方式來講哲學，以便把思想從它的桎梏中解放出來。沒有思想，就不能認識和知道任何真實事物。……畢達哥拉斯用數學觀念來達到他的目的，因為數學觀念是介於感性事物與思想（普遍，超感覺的存在）之間的中介，是自在自為的預備形式。⓰
　　　　畢達哥拉斯派的哲學形成了實在論哲學到理智哲學的過渡。⓱

⓭　Aristotle, *Metaphysics,* 987[b]10–13.

⓮　Aristotle, *Metaphysics,* 987[b]24.

⓯　K. Joel, *Geschichte der antiken Philosophic,* Tübingen, 1921, p. 364.

⓰　轉引自黑格爾：《哲學史講演錄》，第 1 卷，第 219 頁。

㈠和㈡這兩項特徵，集中體現為，畢達哥拉斯學派，將數既看作是形式，又看作是質料。

㈢數既是質料又是形式

亞里士多德在談到早期哲學家時指出，有些哲學家將質料作為本原，有的則還加上動力因；畢達哥拉斯學派則認為數，既是事物的質料因，又是事物的形式因：

> 畢達哥拉斯學派這些哲學家，顯然是把數看作本原，把它既看
> 作存在物的質料因，又拿來描寫存在物的性質和永恆狀態。 ⑱

正像 F. M. 康納德所理解的那樣，亞里士多德的這段話：「意指，在某種意義上畢達哥拉斯學派把數，既看作是事物的質料因，又看作是事物的形式因。」⑲

這正是這個學派，將數同時看作既是實在又是觀念的本原的觀點的延續。表明他們的認識尚未進展到能劃分質料和形式之間的區別，還未將質料和形式、物質和精神區別開來；既把數理解為個別、物質性的東西，又把數理解為一般、觀念性的東西。這正是該學派，以數為萬物本原的學說的根本特徵所在。它正是體現著和代表著人類在認識的發展過程中，包含著由唯物主義向唯心主義轉化的客觀

---

⑰　黑格爾：《哲學史講演錄》，第 1 卷，第 217 頁。

⑱　Aristotle, *Metaphysics,* 986ᵃ15–17.

⑲　F. M. Cornford, *Plato and Parmenides: Parmenides' Way of Truth and Plato's Parmenides,* Translated with an Introduction and a running Commentary, London, 1939, p. 6.

可能性。他們認識到量的規定性（即數）是客觀事物的本質屬性之一；但是同時，也正包含著把這種量的規定性，誇大為與客觀事物相分離的、獨立的、第一性的觀念的可能性；該學派正處在完成這種轉化的前夜，同時又是完成這種轉化的一個中心環節。

　　這樣，畢達哥拉斯學派成了希臘哲學史上，由伊奧尼亞學派向伊利亞學派過渡的環節。巴門尼得斯正是在此基礎上，從多樣性的可感現象中，抽象出一般的精神性的存在範疇；也正因為這樣，可以說畢達哥拉斯學派正處在，伊奧尼亞學派的對可感事物的直觀和伊利亞學派的純思想之間，為向後者過渡作好了準備。

　　事實上，就是畢達哥拉斯學派，也已經開始將數看作是先於可感事物，因為他們認為可感事物是由數所派生的。

　　㈣數先於可感事物，後者是從數派生的

　　亞里士多德在提到畢達哥拉斯學派，將數看作是萬物本原時，曾進一步將它解釋為數先於可感事物，可感事物是以數為範型而派生出來的：

> 由於他們在數中間見到了各種各類和諧的特性與比例，而一切
> 其他事物，就其整個本性說，都是以數為範型的，而數本身則
> 先於自然中的一切其他事物，所以他們從這一切進行推論，認
> 為數的基本元素就是一切存在物的基本元素，認為整個的天是
> 一個和諧，一個數。❷

這正是一種典型的客觀唯心主義觀點。正因為這樣，亞里士多德在批判柏拉圖的理念論時指出，畢達哥拉斯學派和柏拉圖的本體問題

❷　Aristotle, *Metaphysics,* 985^{a}91–986^{a}2.

上的觀點是一致的。在一則由阿佛羅狄西亞的亞歷山大（Alexander of Aphrodisias，約西元三世紀初）在其有關亞里士多德《形而上學》的詮疏中，提到的亞里士多德的一則殘篇中，更其明確地提到該學派將數看作先於萬物的本原：

> 認為，數是先於作為整體的自然界的，是先於種種自然的事物的；因為，沒有數，就根本沒有什麼東西能夠存在，能夠被認識；反之，撇開其他事物是可以認識數的。因此，畢達哥拉斯學派斷定，數的元素和本原，也就是萬物的元素和本原。❷

亞里士多德的這種記載和論斷，確是正確地記載了早期畢達哥拉斯學派的觀點，該派著名早期代表人菲羅勞斯（Philolaus，蘇格拉底同時人）在其一則殘篇中，也正是這樣認為的：「任何一種東西之能夠被認識，因為包含一種數；沒有這種數，心靈什麼東西也不能思考，什麼東西也不能認識。」❷

綜上所述，亞里士多德歸諸畢達哥拉斯學派的種種似乎是彼此矛盾的記載，實際上正是比較忠實地反映了這個學派的思想家們，通過對琴弦長度和諧音間關係的觀察，對各種天文現象等的觀察，發現了普遍地存在於事物中的量的規定性；但他們卻錯誤地把存在於客觀事物中的這種量的規定性，誇大成為獨立存在的「單個存在物」，誇大成為第一性的東西。但在開始時，他們還不能清晰、明確、自覺地思考和表述它們，因此，出現了種種表面上看來似乎是彼此

---

❷ Aristotle, *Fragments*, 40.12–15 (F203R^3). 見 *The Complete Works of Aristotle,* Vol. II, p. 2444。

❷ 《DK》: 44B4.

矛盾，甚至互相排斥的觀點；同時，也反映了人類偏離直觀的唯物
主義觀點，轉向成熟的唯心主義，是一個漫長的歷程。這個歷程，
經由巴門尼得斯的存在論到柏拉圖的理念論，才算告一段落。

第三節　萬物從數的產生

　　畢達哥拉斯學派不是簡單地認為：數是萬物的本原，萬物是由
於摹仿數而產生出來的；而是認為，其間存在一種比較複雜的過程。
根據亞里士多德和博學者亞歷山大等的有關記載，大體上經歷這樣
三個階段：㈠從構成數的元素產生數的；㈡從數產生的幾何圖形；
㈢物體是從幾何圖形產生。

　　㈠第一階段：從構成數的元素產生數

　　畢達哥拉斯學派並非逕直地認為數是萬物的本原，或萬物就是
從數產生的；而是認為，數的本原才是萬物的本原；也就是說，數
並不就是萬物終極的本原，數是從構成數的數的本原（元素）產生
的。博學者亞歷山大曾記載到該學派的這種學說：

　　萬物的本原是一元（希 monados）或單位。從一元產生出不定
　　的二元或二，不定的二元是屬於一元的不定的質料，一元則是
　　原因。從完滿的一元與不定的二元中產生各種數目。❷❸

亞里士多德在《形而上學》中，也有相類似的記載：

　　他們把數的元素描寫成奇和偶，前者是有限的，後者是無限的；

---

❷❸　D. L., VIII. 25.

一元這個數，他們認為是由這兩個元素合成的（因為它既是奇數又是偶數），並且由一元這個數中產生出其他一切的數，整個的天都只不過是一些數。❷

他們母寧是認為，無限和一元（即有限——引者注）自身就是事物的本原。這就是為什麼他們認為數是萬物的本原。❷

由此可見，畢達哥拉斯學派是這樣認為的，構成數的元素才是萬物的本原；因為，數本身是由有限和無限這兩種終極的元素構成的，奇數是有限的，偶數是無限的，奇、偶結合才構成一元；由一元才派生出不定的二元等數目；而一元是形式，二元是質料。

正是基於這種理解，畢達哥拉斯學派不是簡單地認為數是萬物的本原，而是更深入一層，進一步認為數的本原，即構成數的本原、即一元和二元或形式和質料，才是萬物的真正本原。這很可能是由於該學派，將一元理解為形式、有限、奇數、相同；把不定的二元理解為質料、無限、偶數、相異。這種本原觀，是與他們提出的成對本原說的辯證法思想相聯繫。這點，將在第五節進行討論。

㈡第二階段：從數產生幾何圖形

畢達哥拉斯學派並不認為事物是直接從數產生，而是先從數產生幾何圖形，然後從幾何圖形產生可感事物的。博學者亞歷山大曾記載下該學派的有關觀點：

從數產生出點；從點產生出線；從線產生出平面圖形；從平面圖形產生出立體圖形。❷

❷ Aristotle, *Metaphysics,* 986ᵃ17–21.

❷ Aristotle, *Metaphysics,* 987ᵃ17–19.

這種由數產生幾何圖形的理論，從保留下來的資料來看，有兩種解釋：第一種是伊利亞學派以前的畢達哥拉斯學派的等差級數的解釋，第二種是伊利亞學派以後的畢達哥拉斯學派的等比級數的解釋。

第一種等差級數的解釋。意指線、平面、立體圖形，是由不連續的點的相加而構成的。

對此，亞里士多德同繼柏拉圖擔任學園領導的斯彪西波等都有所記載，但以西元二世紀古羅馬懷疑主義者塞克斯都‧恩披里柯的記載比較具體。他講到該學派是這樣從點出發構成幾何圖形的：「1」是不可分的點，它既是數的元素，也是線的元素；兩點就構成沒有寬度的線；設定三點，其中兩點是彼此相對地間隔開來，另一點則在這兩點之間的上方，這樣就構成面；再設置另一點（即第四個點）在三點之間的上方，則構成角錐體圖形。這樣，也就出現長、寬、高三個向度。❷❼

以上一系列的記載和解釋，用以下圖像來表示，就比較清楚：

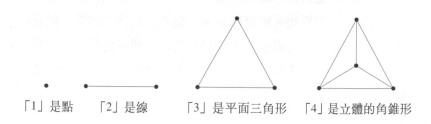

「1」是點　　「2」是線　　「3」是平面三角形　　「4」是立體的角錐形

正因為構成點的「1」，構成線的「2」，構成面的「3」，構成體

❷❻　D. L., VIII. 25.

❷❼　Sextus Empiricus, *Adversus Mathematicus,* X, 278–280.

的「4」，這四個數相加是「10」這個數；所以在畢達哥拉斯學派體系中，關於「4」的（希 tetraktus）和「10」這兩個數，具有特殊的地位。

第二種等比級數的解釋。認為線、面、體，是由於點的流動而形成的。

除了上面所講的，畢達哥拉斯學派除了按照「1」、「2」、「3」、「4」等數，根據等差級數的關係構成點、線、面、體幾何圖形外；還有另一種按照「2」、「4」、「6」、「8」等數，根據等比級數的關係構成線、面、體幾何圖形的解釋。正像塞克斯都・恩披里柯所指出的那樣，等比級數的解釋在時間上比較晚些，一般把它稱之為流數理論。

亞里士多德在《論靈魂》中，也提到這種他斥之為荒謬的主張：畢達哥拉斯學派他們認為，一根運動的線產生一個面，一個運動的點產生一根線，單位的運動也產生一根線，因為點是一個有位置的單位。

塞克斯都・恩披里柯對此講得比較具體：有些人認為，體是從一個點形成的，這個點，通過流動產生一根線；這根線，通過流動產生一個面；這個面朝著深度移動時，就產生三向度的體。但是，這種畢達哥拉斯學派的看法，不同於先前的該學派的看法，它是從單一的點，創造出一切的。這種等比級數、流動理論的解釋，用以下圖形來表示就比較清楚：

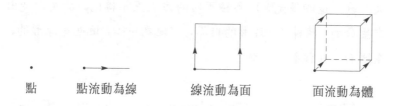

點　　　點流動為線　　　線流動為面　　　面流動為體

畢達哥拉斯學派所以又提出第二種解釋以置代第一種解釋，可能是由於第一種解釋遭到伊利亞學派所批判的緣故。❷第一種解釋認為，幾何圖形的產生，是由點－單位的彼此簡單相加而形成線→平面的三角形→立體的角錐形圖形；點－單位同點－單位之間是彼此間斷的。芝諾對運動的某些反駁，可能正是針對這種解釋的，畢達哥拉斯學派把量度看作是由彼此相繼但卻不是連續的點－單位構成。這樣勢必導致圖形無從產生，運動又不可能的結論。就是亞里士多德也正是以此批評他們的，認為按照他們的理論，就不可能有運動，因此也就不可能有生、滅的變化，所以也根本談不到可感事物的產生；從而另行提出第二種點－單位流動的理論，即事物的結構依賴幾何圖形，依賴處於流動中的點－單位。但是這第二種解釋，同樣是不可能成立的，亞里士多德早就指出它是荒謬的。❷

㈢第三階段：從幾何圖形產生可感物體等

關於畢達哥拉斯學派所主張的從幾何圖形產生可感物體等，博學者亞歷山大曾這樣記載：

從主體產生出感覺所及的一切物體，產生出四種元素：水、土、

---

❷　這種觀點是由 F. M. 康福德提出來的，詳見其所著《柏拉圖和巴門尼得斯》引論部分。

❷　Aristotle, *De Anima*, 409ª3–30.

火、氣。這四種元素以各種不同的方式互相轉化,於是創造出
有生命的、精神的、球形的世界,以地為中心,地也是球形的,
在地面上都住著人。**㉚**

亞里士多德的弟子塞奧弗拉斯特 (Theophrastus,西元前 372/369–前
288/285) 有更具體的記載,講到畢達哥拉斯認為有五種正多面體圖
形,土是由立方體構成的,火是由角錐體構成的,氣是由八面體構
成的,水是由二十面體構成的,所有的天體是由十二面體構成的。
但究竟如何產生的,缺乏可靠的資料。

畢達哥拉斯學派的這種從數產生可感物體等,其錯誤在於,將
從現實世界中抽象出來的數的規定性,誇大為和現實世界相脫離的
某種獨立存在在先的東西,以此作為萬物的本原;接著反過來,要
求整個世界去適應這種數的規定性;這是一切唯心主義,特別是以
畢達哥拉斯學派和柏拉圖為代表的客觀唯心主義的共同特徵。從這
種意義上講,是從以伊奧尼亞學派為代表的樸素唯物主義的倒退;
但也應該承認,他們在認識現實世界的規律上,認識客觀世界的規
律上,認識客觀世界的內在結構上、數的關係上,卻又是一種顯著
的進展,對後世自然科學的進展,是起到了顯著的推進作用。

第四節　宇宙演化和宇宙論

畢達哥拉斯學派和其他先期希臘哲學學派一樣,除了熱衷於探
討萬物的本原問題外,又致力於宇宙演化論和宇宙學的探討。在這
些領域中,隨著直觀的觀察而來的一系列天才的猜測,又是與神秘

㉚　D. L., VIII. 25.

的、自相矛盾的主張交織在一起的，從而顯示出其特殊的複雜性。
這正像亞里士多德所指出的那樣，畢達哥拉斯學派在講到宇宙的產
生時，密切注意事件的實際過程，將物理過程和抽象的數混淆在一
起。

一、宇宙演化論

根據亞里士多德等的記載，畢達哥拉斯學派的宇宙演化論的基
本思想是這樣的。❸

宇宙從無限吸入時間、呼氣、虛空，宇宙的核心是從單位 ——
種子開始的。這種單位 —— 種子的產生，從數學上講，來自數的系
列；從物理學上講，來自獨特形態的物質。所謂從無限吸入，這種
無限可能是作為呼氣（希 pneuma）或空氣理解的無定形物質；從數
學上講，是指尚未受到數或圖形界限的廣延。其次，這種無限也有
時間的含義。真正意義是無限，還不是時間，只是指沒有形狀的、
不成形的原始時間質料；是宇宙的和數學圖形的尚未成形的質料。
後來，由單位（即有限的本原）從宇宙外吸入這種無限，數就對之
施加影響而成為時間。最接近宇宙的那部分無限，被有限吸入並受
到有限的限制，這樣，就出現時間和虛空。

概括起來講，是同一宇宙演化過程的三個方面。首先，有限是
指正在生長的宇宙系統；其次，從物理上的生長是吸入物質，把形
式（指有限）注入純粹廣延，這樣就出現虛空；其次，通過進行有
規則的、重複的圓周運動的天體的發展，它接受原始的時間材料，
並把它轉化成為時間本身。具體的講，由有限、無限或奇、偶兩種

❸　根據 Aristotle, *Physics,* 218^{b}1–3; Arisrotle, *Fragments,* II. pp. 2445–6 or F
205 R^3; Sextus Empiricus, *Adversus Mathematicos,* IX, 127;《DK》58B33。

元素構成的一元產生時，無限的最近部份就吸入，並受到有限的限制，接著就派生出萬物。

二、宇宙論

要是說，畢達哥拉斯學派的宇宙生成論，從保存下來的資料來看，其內容是蕪雜的和含糊不清的；那麼，其宇宙學的內容則是比較豐富的，其中有些見解是頗有價值的。

該學派將某個特定的宇宙系統，看作是包含一系列日、月、星辰等小圓球的大圓球，因為他們認為圓球是幾何的立體圖形中最完善的。整個宇宙系統這個大圓球的中心，是中心火團；接著按順序是十種或十類球體：對地、地球、日、月、五個行星（水星、金星、火星、木星、土星）以及恆星群；接著是可見宇宙外緣的邊緣火圈；宇宙系統的最外層是無限的噓氣。具體情況，圖示如下：**㉜**

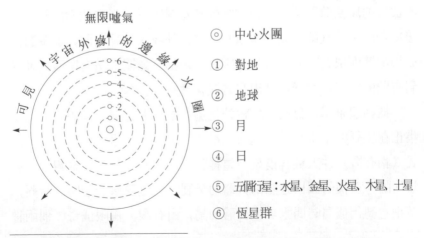

◎	中心火團
①	對地
②	地球
③	月
④	日
⑤	五個行星：水星，金星，火星，木星，土星
⑥	恆星群

㉜ 根據 M. T. McCure & Lattimore, *The Early Philosophers of Greece*, pp. 106–107。

畢達哥拉斯學派認為，宇宙系統中的各個天體，離開中心火團越近越卑賤，越遠越高貴，各自作均与的周期不同的圓周運動。其繞中心火團的周期分別是：對地和地球是一天一圈，月球是一月一圈，太陽是一年一圈，行星的周期則更長；至於恆星群，那是靜止不動的。諸天體和中心火團距離的比例，是和音階之間的音程有相類似的比例，彼此是相呼應的。具體情況是這樣：

㈠中心火團

它在該學派的宇宙系統中，佔有重要地位。宇宙的中心不再是地球而是中心火團，他們把它看作是宇宙的祭壇或爐缸，天神宙斯的警衛室。正像 E. 策勒指出的那樣，中心火團，不僅在數學上而且在力學上也佔有重要地位，是整個宇宙的中心和支撐。畢達哥拉斯學派的中心火團說，雖然不能等同於阿里斯塔庫（Aristarchus，約西元前 310- 前 230）和哥白尼提出的太陽中心宇宙說，但卻是他們的光輝先驅。

㈡對地

該學派所提出的對地這個天體是毫無根據的，其原因正像亞里士多德所指出的那樣：畢達哥拉斯學派認為「10」這個數目是一個完美的數目，又包括了其他一切數目，所以他們認為天體的數目，也應當是 10 個；但是，看得見的天體卻只有 9 個，於是他們就提出第 10 個天體「對地」。但是，該學派的有些成員，放棄了中心火團和對地說，把它直截了當地理解為是指太陽或地球。

㈢地球

該學派宇宙學的傑出貢獻之一是，大地不僅是球狀的，而且不再是整個宇宙的中心，不過是諸天體中的一個而已，它沿著由西向

東的軌道，每天繞中心火團一周；但由於中間隔著和地球同步運行
的對地，所以人們不能直接看到中心火團。當然，這種解釋是幼稚
的，是不符合實際情況的；但這種主要是由菲羅勞斯提出的，把地
球看作是一個處在運動中的普通天體的見解，無疑是一個明顯的進
步。正像亞里士多德指出的那樣，直到菲羅勞斯為止，阿納克西曼
德、阿納克西米尼斯、赫拉克里特斯、巴門尼得斯、恩培多克利斯
等，都是堅持地球中心宇宙說的。

㈣月球

包括菲羅勞斯在內的某些畢達哥拉斯學派成員認為，月球和地
球一樣是球狀的；甚至認為月球上也有動植物和人，甚至比地球上
的更要大些和美些。由於他們把中心火團看作是光源，所以認為月
光來自中心火團，把月蝕歸因為是由於地球陰影的干擾。

㈤太陽

菲羅勞斯認為，太陽像鏡子一樣，它把來自中心火團的光和熱
反射給球；所以在某種意義上有兩個太陽，一個是中心火團，另一
個是反射中心火團的太陽。

㈥水星、金星、木星、土星、火星

畢達哥拉斯學派認為，這五個行星都圍繞中心火團運行，火星
和金星位於太陽和火星之間，肯定金星就是同一顆曉星和昏星。

此外，畢達哥拉斯學派還提出了「天體和諧」理論。

正像歐德穆（Eudemus of Rhodes，前四世紀後半葉）和阿里斯
塔庫指出的那樣，該學派是最早探討行星之間彼此位置和距離的。
認為行星間相對距離的比率，是和已知的音程是一致的，分別相等
於三種主要的和音：八音度 (2:1)，五音度 (3:2)，四音度 (4:3)。塞克
斯都·恩披里柯在講到該學派主張天體是由點、線、面、體構成的

數的理論時指出：

> 他們還講到，這個宇宙系統是按諧音的比率排列的：四音度是
> 4:3 即 8:6；五音度是 1½:1，即 9:6；而八音度的音域，是成倍
> 的比率，即 12:6。㉝

　　該學派正是基於這種認識提出「天體和諧」理論的。亞里士多
德在《論天》中提到這種理論的主要內容是：諸行星和其他外圈的
天體運行時，產生出樂音來；它們造成的各種聲音都是和諧的，因
為它們都構成音樂和音的比率。亞里士多德將這種理論斥責為毫無
根據的，同實際情況是不相符合的。以後，阿佛羅狄西亞的亞歷山
大，在他的有關亞里士多德《形而上學》的詮疏中，曾進一步探討
了這種理論，該學派認為整個宇宙系統是按音階構成的：⑴圍繞宇
宙中心旋轉的各種天體間的距離，在數學上是成比例的；⑵有些天
體運行得快些，有些則運行得比較慢些；⑶運行較慢的天體造成的
聲音，在音高標準上是比較低沉的，反之，運行較快的天體造成的
聲音，在音高標準上是比較高昂的；⑷同天體距離的比率相應的種
種音調，造成彼此協調的聲音。㉞由此，隨著天體和諧的運行發出
天體諧音。但他們認為，只有少數賢哲才能聽到這種天體諧音。㉟

㉝　Sextus Empiricus, *Outlines of Pyrrhonism,* III. 155.

㉞　Aristotle, *Fragments,* 39.20–40.10 (F 203 R³).

㉟　Iamblichus, *Pythagoras,* §65.

第五節　辯證法思想

亞里士多德在講到畢達哥拉斯學派，將數、數的元素看成是萬物的本原，將數既看作是質料又看作是形式時，接著就探討他們的以矛盾對立的本原為主要特徵的辯證法思想：

> 這些學派中的另一些人擬定了十對本原，把它們排成平行的行列：有限—無限，奇—偶，一—多，右—左，陽—陰，靜—動，直—曲，明—暗，善—惡，正方—長方。❸⑥

畢達哥拉斯學派的這種辯證法思想，可能是受阿納克西曼德等影響的，但是後者更其強調對立面的鬥爭和分化，而畢達哥拉斯學派則更其強調對立面的統一。因為，他們認為數是由有限和無限、奇和偶、一元和二元合成的，萬物然後才是從這種合成的數中逐步派生出來的。這種辯證法思想，是整個體系中的有機組成部分，是其思想中本質的東西。它大體上包含有這樣三種特徵。

（一）強調矛盾對立的統一

阿納克西曼德等強調的是對立，從某種本原中分裂出兩種對立物，由於彼此的結合和消散，從而造成萬物的生、滅；而畢達哥拉斯則相反，強調由於對立雙方的統一才產生萬物。亞里士多德正是這樣認為的：

> 他們把數的元素描寫成奇和偶，前者是有限的，後者是無限的；

---

❸⑥　Aristotle, *Metaphysics*, 986ᵃ22–28.

一元這個數，他們認為是由這兩個元素合成的（因為它既是奇

數又是偶數），並且由一元這個數中產生出來其他一切的數，整

個的天都只不過是一些數。❸

也就是說，一元是以奇、偶的對立統一為前提的，然後再由一元這

種統一物派生萬物。就這種意義上講，畢達哥拉斯學派以統一為特

徵的辯證法，不同於阿納克西曼德和赫拉克里特斯的以對立、鬥爭

為特徵的辯證法。

　㈡探討矛盾對立的不同形態

　　塞克斯都·恩披里柯在《駁物理學家》第 2 卷第 4 章（即《駁

數理學家》第 10 卷第 4 章），專門討論畢達哥拉斯學派的數的理論

時講到，該學派認為存在的事物有三類：⑴絕對殊異的。指那些自

存的，彼此完全獨立的事物，如人、鳥、植物、水、土、氣、火等；

它們彼此都是絕對殊異的，都不處在與它物的相互關係中。⑵彼此

對立的。指那些處在彼此對立中的事物，如善和惡、正義和不正義、

有利和有害、神聖和不神聖、虔敬和不虔敬、動和靜，以及其他相

類似的對立事物。⑶彼此構成關係的。指那些和其他事物處在關係

中，如右和左、上和下、倍和半。正因為它們彼此處在關係中，其

一只能從另一才能夠得到了解，離開右就無法設想左，反之亦然。

在關係中，矛盾雙方是共生、共滅的，如果沒有左，也就無所謂右。

反之亦然。正因為這樣，他們認為，在關係中是存在中介的，是存

在中間狀態的，如較大和較小之間便有相等。由此，該學派便得出

結論，有三類不同關係的事物：獨立自存的殊異的事物；彼此對立

的事物；彼此處在相互依存關係中的事物。這樣的對不同事物的不

---

❸　Aristotle, *Metaphysics*, 9800ª17–20.

同矛盾關係進行具體探討，無疑是對客觀事物間的辯證關係的認識的深化。但能達到這樣高度抽象的程度，可能是出於塞克斯都·恩披里柯本人的概括，早期畢達哥拉斯學派尚還不可能達到這樣高度概括的程度。比較可能的是，其時該學派還較多地停留在對各種矛盾關係的直觀的感性認識階段。

㈢矛盾對立的主導方面

該學派還直觀地認識到，事物的性質是由矛盾雙方的主導方面決定的。根據阿佛羅狄西亞的亞歷山大的記載，畢達哥拉斯學派還認識到，在地球上光明和黑暗的兩部分是相等的，冷和熱、乾和濕也是相等的。但要是熱佔優勢時就是夏天，冷佔優勢時就是冬天，乾佔優勢時就是春天，濕佔優勢時就是多霧的秋天。這種對春、夏、秋、冬的解釋，當然是幼稚的，但他們卻是通過觀察，從感性直觀上認識到事物的性質是由矛盾的主導方面決定的。

僅就上述簡略的探討可以見到，畢達哥拉斯學派在早期希臘辯證法思想的發展中，作出了顯著的貢獻。他們更多的是憑藉直觀，認識到事物是對立的統一體，從這種對立統一體中產生出萬物；認識到有不同的對立形態；認識到事物是以不同方式互相轉化的，由此從水、氣、土、火中產生出生命等；認識到事物的性質，是由矛盾的主導方面決定的。

第六節　靈魂及其淨化

關於靈魂及其淨化的學說，在整個畢達哥拉斯學派體系中佔有重要地位。

關於靈魂的學說，由於宗教神秘主義和科學思想是錯綜在一

起，加以時間跨度又比較長，不僅内容龐雜而且觀點相互矛盾，很可能是反映了不同時期、不同代表人物的觀點。大體可以概括為以下三種主張。

㈠靈魂不死輪迴轉世說

這種觀點基本上是屬於畢達哥拉斯本人的，將靈魂和肉體截然分離開來、對立起來。認為靈魂是精神性的、神聖的、不朽的，並將它與宗教迷信因果報應的輪迴說結合起來。認為人的靈魂，擁有與神、宇宙靈魂血緣相通的不朽性，因此，只要人的靈魂得到淨化，就有希望回到神那裡，從而得到最後解脫。儘管這一系列主張是荒謬的，但對後世柏拉圖和新柏拉圖主義的整個體系，卻發生了深遠的影響。

㈡靈魂塵埃說

亞里士多德在《論靈魂》第10卷第2節，討論了從早期希臘哲學家直到德謨克里特等為代表的靈魂觀後，接著就討論到畢達哥拉斯學派的，與原子論相類似的靈魂塵埃說：

> 畢達哥拉斯學派的（靈魂）學說，似乎是建立在相同的思想上的。他們中的有些人聲稱，靈魂是空氣中的塵埃；另一些人則聲稱，靈魂是塵埃的推動者。他們之所以達到這種結論，是因為看到這些塵埃，永遠處在運動中，即使在完全沒有風的時候也是這樣。❸

上述這兩種看法，在時間上比第一種主張要晚些。相比較而言，將靈魂看作是塵埃的見解比較原始些，將靈魂看作是塵埃的推動

❸ Aristotle, *On Souls,* 404[a]16–19.

者，也幾乎就是將靈魂看作類似空氣、或類似呼氣（希 pneuma）。正像亞里士多德所指出的那樣，這些主張是與原子論的靈魂觀相類似的，基本上是唯物主義的。

㈢靈魂和諧說

亞里士多德在《論靈魂》中又提到畢達哥拉斯學派的另一種靈魂學說——靈魂和諧說。它和他們原先所主張的「任何靈魂能進入任何肉體」的主張是相對立的：

尚還有另一種關於靈魂的理論，……它的擁護者們說，靈魂是一種和諧，因為：⑴和諧是對立物的一種融合或合成；⑵肉體是由對立物合成的。❸⑨

這種靈魂和諧說，是與柏拉圖在〈斐多篇〉中指名提到的畢達哥拉斯學派西彌亞 (Simmias) 的靈魂觀是一致的。西彌亞用琴弦奏出的和諧的調音，來譬喻、說明肉體和靈魂的關係，認為調音是以琴弦的存在為前提的，同樣靈魂也是以肉體的存在為前提的。西彌亞講道：我們把肉體看作是熱、冷、乾、濕等元素緊密結合起來的產物；而靈魂是這些元素，按正確的和恰當的比例的融合或和諧。要是靈魂真的是一種和諧的話，那麼肉體由於疾病或某些其他煩惱，從而變得鬆懈或過度的繃緊時，被結合起來的靈魂，儘管它是最神聖不過的，也就立刻被消滅了，正像在音樂和音調中，其他任何的樂調或諧音，隨著琴弦的消滅也消失了一樣。反之，拿肉體來講，它倒還會繼續存在相當一段時間，直到肉體被焚毀或腐爛掉為止。西彌亞由此得出結論：這樣看的結果，就這種論證來講，我們能找到的

❸⑨　Aristotle, *On Souls*, 407ᵇ26–33.

答案是，堅定地認為，靈魂是那些肉體的組成物的一種融合，是那種被稱為死亡的東西來臨時，最先毀滅的東西。❹

　　西彌亞這裡提出的靈魂和諧說，顯然是唯物主義的，是與宗教神秘主義的靈魂不朽說直接對立的。鑒於這位西彌亞在底比斯聽過菲羅勞斯的講演，並且還是菲羅勞斯的學生；所以他這裡講的內容，很可能就是轉述菲羅勞斯本人的觀點。❹菲羅勞斯─西彌亞之所以能提出這種靈魂和諧說，是同當時希臘醫學的進展分不開的。

　　上述三種靈魂學說，彼此似乎是不相容的，但根據文獻資料的記載，都是屬於早期畢達哥拉斯學派的。但就他們而言，集中到一點，認為只有通過淨化，才能擺脫肉體對靈魂的羈絆。由於持有不同的靈魂說，也就導致到持有不同的淨化觀。

　　㈠宗教的途徑

　　早期的畢達哥拉斯學派同奧菲斯教派一樣認為，憑藉神秘的入教儀式，就可以使靈魂得到拯救。他們認為，靈魂之降生人寰，是被當作為一種懲罰而被羈絆在肉體中的。通過入教和淨化儀式，當肉體死亡後，得到淨化的靈魂，就可以避免在陰間遭受懲罰，並享受福祉。這種途徑，很可能是該學派中的「信條派」所信仰的。

　　㈡通過沉思和追求真理的途徑

　　該學派，除了信仰宗教迷信，也熱衷於通過理性思考追求真理，以此作為他們的人生理想。第歐根尼・拉爾修曾記載到這一點：

❹　Plato, *Phaedo,* 85E–87A.

❹　許多著名的古典學者，基本上都持這種見解。如：J. Burnet, *Early Greek Philosophy,* p. 295. U. Von Wilamowitz, *Platon,* Vol. 2, Berlin, 1920, p. 90.

當菲羅勞斯的僭主勒翁 (Leon) 問到他（指畢達哥拉斯——引者注）是什麼人時，他說他是「一個哲學家」。他將生活和大競技場作比，在那裡，有些人是來爭獎賞的，有些人是帶了貨物來出賣的，而最好的人乃是沉思的觀眾。同樣的，在生活中，有些人出於卑劣的天性，追求名和利，只有哲學家才追求真理。㊷

這裡所講的「沈思」也即「凝神觀照」，它是淨化靈魂中最大的淨化，即將自己獻身於從事哲學和科學研究，即做一個熱衷於追求真理的真正的哲學家，這就能最有效的擺脫「輪迴」。㊸這正是「數理學派」所熱衷追求的，也正是出於擺脫「輪迴」，使靈魂達到淨化的目的，推動他們積極開展數學、諧音學、天文學和宇宙學等方面的研究。

㈢通過音樂的途徑

從保存下來的資料而言，這是他們談得最多也是最為具體的：

畢達哥拉斯學派憑藉醫學實現淨化肉體，憑藉音樂實現淨化靈魂。㊹

正因為這樣，畢達哥拉斯要他的門徒們在晚上入睡前，用音樂來驅除白天精神上的激動的回響，以淨化他們受到擾動的心靈，使他們平靜下來，處在做好夢的狀態；早晨醒來，又讓他們聽人唱特殊的歌曲，和由豎琴演奏的旋律，以清除晚上睡眠中的麻木狀態。這個學派之所以強調音樂在淨化靈魂中的獨特作用，是由於他們認為在

㊷　D. L., VIII. 8.

㊸　J. Burnet, *Early Greek Philosophy*, p. 98.

㊹　克拉默:《軼事錄》，第 1 卷第 172 節。

靈魂和音樂之間存在著的內在聯繫，都取決於數的原理。所以，音樂的目的決不只是僅僅予人以快感，而且還能塑造人的靈魂或性格。通過音樂，人的靈魂可以擺脫肉體的羈絆而得到淨化。

小　結

　　畢達哥拉斯和畢達哥拉斯學派，不僅對西方哲學思想的發展，而且對歐洲自然科學的發展，都有深遠的影響。羅素對此有所論斷：無論就聰明或不聰明而言，「畢達哥拉斯都是自有生民以來最重要的人物之一。」❹「我們不知道有什麼別人對於思想界有過像他那麼大的影響。我所以這樣說，因為所謂柏拉圖主義的東西倘若加以分析，就可以發現在本質上不過是畢達哥拉斯主義罷了。」❹

　　從哲學思想發展的總趨勢來看，畢達哥拉斯學派是由伊奧尼亞學派的唯物主義，向以巴門尼得斯為主要代表的伊利亞學派唯心主義轉化的中心環節。伊奧尼亞學派的水、阿派朗、氣、火都是物質性的本原，儘管它符合「世界的統一性在於它的物質性」原理，但它畢竟是素樸的、自發的唯物主義，不能以此去說明無形的、精神性的東西，如倫理道德等。所以畢達哥拉斯學派提出以數為萬物的本原，認為多樣性的世界可以統一於數，它只有憑藉理性才能把握，它是不變不動的。它實質上是要在現實世界以外，另行設定一個永恆的本質世界，進而探求它的奧秘。巴門尼得斯正是在此基礎上製定了更為鮮明的唯心主義存在論，與此同時，巴門尼得斯等又批評了他們的不徹底性。接著才出現了恩培多克勒的四根說和阿納克撒

---

❹　羅素：《西方哲學史》上卷，北京商務印書館，1963 年版，第 55 頁。

❹　羅素：《西方哲學史》上卷，第 65 頁。

哥拉斯的種子說；而德謨克利特和柏拉圖各自分別從唯物主義和唯
心主義觀點出發，對前人的認識成果進行了系統的總結，製定了各
自的哲學體系。

特別是以柏拉圖為代表的整個學派，無論從理論到實踐活動，
都深深地打上了畢達哥拉斯學派的烙印，彼此融合為一體。這種融
合，重現於西元三到六世紀盛行於古羅馬世界的新柏拉圖學派，並
深深地影響了正在興起的古代基督教教父哲學，以至整個中世紀經
院哲學。當時高等經院教育的四門主要課程（算術、幾何、音樂、
天文學），就是沿革畢達哥拉斯學派而來的。他們的盟會組織和一整
套嚴格的生活方式和誡律等，通過柏拉圖學園深刻影響了基督教教
會。

畢達哥拉斯及其學派對自然科學的發展，其影響也是極其深遠
的。他將數或數的元素誇大為萬物的本原，當然是錯誤的，但他們
認識到存在於客觀事物中的數的規定性，認識到其中的數量關係，
無疑是人類認識史中的一大飛躍。整個歐洲科學思想肇始自古希臘
的兩股思潮，一股是以米利都學派為代表的物質和對立物分離說、
恩培多克勒的四根說、阿納克撒哥拉斯的種子說；它們以後就影響
了原子論、煉金術、化學，直至當代的物質理論。另一股就是以畢
達哥拉斯─柏拉圖為代表的思潮，根據數、幾何圖形和尺度來解釋
宇宙及其中發生的形形色色的事物。這兩股思潮，以後由伽利略、
開普勒、牛頓直至當今的物理學，特別是關於物質結構理論中匯合
起來。當代量子力學創始人之一的海森伯 (W. K. Heisenberg, 1901–
1976)，在他的傳記性著作《部分和整體》中，正就是這樣認為的：
希臘自然哲學中兩種根本的、基本的觀念，影響著直到今天的自然
科學進程，一個是原子論者深信的，物質是由極小的粒子構成的，

一個是畢達哥拉斯學派深信的宇宙的數學結構；結果匯合成以柏拉圖為代表的物質的幾何理論的基礎，從而成為量子論的先驅。

　　毫無疑問，畢達哥拉斯及其學派的學說，早已成了西方傳統思想的一個不可分割的組成部分，無論從積極方面還是從消極方面來講，至今還在影響著人類的思想進程。

第五章　伊利亞學派

　　伊利亞學派是以他們的活動中心 —— 南意大利的伊利亞（Elea，今那不勒斯附近）而得名。這個學派在先期希臘哲學的發展中是一個轉折點，它在整個西方哲學的發展中發生了巨大的作用。

　　整個伊利亞學派哲學的發展，是經歷三代哲學家完成的，前後活動達一個世紀之久。齊諾菲尼斯是這個學派的先驅，以理性神學形式最早表述了他們的一般原理。和多神論相對立，他認為神是一，是非派生的、無所不包的存在，與此相聯繫，宇宙是永恆的始終如一的；與此同時，他又承認變和多。巴門尼得斯是這個學派的奠基人，給這個學派的一般原理，提供了它的形而上學基礎和純哲學的表述，將一與多的對立歸結為永恆和變易、存在和非存在的根本對立，並致力於證明，嚴格意義上的生成、變易和雜多的不可能。最後第三代的齊諾和美利梭斯堅持並捍衛巴門尼得斯的主張，將該學派的原理貫徹到底。❶

　　伊利亞學派的根本特徵在於，在主要是批判伊奧尼亞學派並對人類的認識進行獨特總結的基礎上提出「存在」範疇，並對此進行了理論上的論證，從而將先期希臘哲學從自然哲學的本原論推向本體論，成為後來希臘哲學乃至整個西方哲學發展的邏輯起點。❷

---

❶　參看 E. Zeller, *The Pre-Socratic Schools,* Vol. 1, p. 555。

第一節　齊諾菲尼斯

一、生平和著作

　　齊諾菲尼斯（Xenophanes，約西元前 570–前 470）出生於希臘東方小亞細亞西岸伊奧尼亞十二個殖民城邦之一的科羅封。青年時代就因該地遭波斯軍隊入侵而逃離家鄉流浪各地，以後正像他自己所說的那樣在各地漫遊並享有高壽：「自從我的思想在希臘土地上漫遊以來，六十九年已經過去，但是在這以前直到我出生時，還有二十五年，關於這一點，我是會說出真話的。」❸接著在意大利西西里的扎克勒和加塔納度過了他的一生，被認為是伊利亞學派的先驅。❹他和當時同齡的畢達哥拉斯一樣，將哲學從希臘東方殖民城邦傳播到其西方的殖民城邦，並一起形成和東方伊奧尼亞學派相對立的意大利學派。

　　齊諾菲尼斯以在貴族們舉行的宴會上吟誦荷馬和海希奧德等人的史詩，或他自己創作的詩篇為生。生平著有《哀歌》和《諷刺詩》，均佚，僅存下四十一則殘篇，是探討其學說的主要依據；此外，柏拉圖、亞里士多德、艾修斯、辛普里丘、克雷芒和第歐根第·拉爾修等，對他的生平和學說也有所記載和評論。但也正像 E. 策勒所指出的那樣，這兩類記載有區別，因此需要審慎對待。❺

---

❷　汪子嵩:《希臘哲學史》，第 1 卷，第 523 頁。

❸　《DK》: 21B8.

❹　Clement, *Stromateis*, I. 64.21, 或 《DK》: 21A8.

❺　E. Zeller, *The Pre-Socratic Schools*, Vol. 2, p. 558.

二、從一元神學走向一元形而上學

正像我們在前面的緒論中所指出的那樣，神話是哲學的史前史，哲學與神話有聯繫但又有本質上的區別，但其擺脫這種史前史有一個漫長的過程，泰利斯就認為「萬物都充滿著神」，即便是阿納克西曼德作出了進一步的努力，作出了「第一次企圖剝掉上帝這個觀念的一切神話外衣的嚐試」，但是他提出的物質性本原「阿派朗」，畢竟還沒有最終擺脫「神性」（希 to theion）這種屬性。 ❻

但是，希臘神話不僅在宇宙起源的幻想涵義中，而且在倫理解釋的涵義中，不斷地經歷著由多神論向一神論進展，這點也體現在齊諾菲尼斯的學說中，成為從一元神學向一元形而上學過渡的典型代表。這點，是通過他對傳統宗教神話，特別是荷馬等的神人同形同性神話的批判體現的。

他在《諷刺詩》中講到：從最初的時候起，所有的人都向荷馬學習；但是，荷馬和海希奧德把人間認為是無恥醜行的一切（偷盜、奸淫、彼此欺詐）都加在神靈身上。以致，凡是人們幻想著的神是誕生出來的，穿著衣服，並且有著與他們同樣的聲音和形貌。 ❼ 循此，他就進行反駁道：不同種族就會有不同形像的神：

> 埃塞俄比亞人說他們的神皮膚是黑的，鼻子是扁的；色雷斯人說他們的神是藍眼睛、紅頭髮的。 ❽

---

❻　W. 文德爾班：《哲學史教程》上卷，第 56 頁。

❼　參看殘篇 10、11、14。

❽　《DK》：21B16.

以致動物也可以有與牠們的形像相似的神，假如牛（馬）、和獅子有手，並且能夠像人一樣用手作畫和塑像的話，牠們就會各自照著自己的模樣，馬畫出和塑出馬形的神像，獅子畫出和塑出獅形的神像了。

正是在批判這種傳統的神人同形的宗教神話意義上的神，就進一步排除神對人類事務的干預，指責神並未給予人以任何恩惠；「神並沒有從一起頭就把一切秘密指點給凡人」，而是人通過自身的努力，獲得美好事物的：「是人們探索著逐漸找到更好的東西的。」 ❾

這種對傳統信仰的神的批判，應該說是相當深刻的；正因為這樣，W. 文德爾班說齊諾菲尼斯將他的新學說，從東方帶到西方時，「給它抹上徹底的宗教色彩」時，❿ 看來是缺乏根據的。

倒是柏拉圖在〈智者篇〉中，揭示了包括齊諾菲尼斯在內的這種新學說的本質，將萬物歸結為「一」：

> 我們的伊利亞團體，開創於齊諾菲尼斯，甚至更早，在他們的神話中，把我們叫做萬物的東西，解釋為「一」。⓫

亞里士多德在《形而上學》中記載得更具體而系統：

> 巴門尼得斯是在探討原理的一，而美利梭斯是在探討質料的一。因為一個說這東西是有限的，另一個則說是無限的。在這些人中齊諾菲尼斯是第一個提出了一的人（有人說巴門尼得斯

---

❾　《DK》：21B18.

❿　W. 文德爾班：《哲學史教程》上卷，第 53 頁。

⓫　Plato, *Sophistes,* 242D.

是他的學生）……他凝視整個的天，說一就是神。 ⑫

實際情況正是這樣，他是在批判傳統神學的基礎上，提出了形而上本體意義上的理性神學，儘管還保留著神的名稱，但它已完全不同於傳統宗教意義上的神。因此，有的學者稱這種學說為「構成性神學」(Constructive theology)。⑬ 根據他本人的殘篇等，作為「一」的神有如下特徵：

㈠超乎諸神和人

在殘篇 23 中講到：「有一個唯一的神，是諸神和人類中間最偉大的；他無論在形體上和思想上都不像凡人。」作為一的神，它在本質上既不同於人也不同於擬人化的神，實質上這是形而上意義的神。它，正像辛普里丘所記載的那樣，意指整個宇宙：「唯一的宇宙就是神。」所以說它是唯一的，因為它比任何東西都更加有力；由於，如果有若干個存在，那麼力量就一定會為這些存在平均分有，但它卻比任何東西都更高超，它的力量是高於一切的。⑭

㈡它相當於思想

他在殘篇 24 和 25 中，實質上是將「唯一的神」說成是思想：「神是全視、全知、全聽的。」「神毫不費力地以他的心靈的思想力左右一切。」要是說，他本人就這種思維存在同一觀「闡述不清」的話，那麼辛普里丘將這點詮疏得就非常清楚：「他還說過存在思維著一切。」⑮ 在齊諾菲尼斯看來，神、一、存在、思維是同一的。

---

⑫　Aristotle, *Metaphysics*, 986^{b}20–25.

⑬　K.-R.-S., *The Presocratic Philosophers*, p. 169.

⑭　Simplicius, *Physics*, 22.22.

⑮　同⑭。

(三)神靜止不動

他在殘篇 26 中講到神是永恆靜止不動的:「神永遠保持在同一個地方, 根本不動, 一會兒在這裡一會兒在那裡動來動去對他是不相宜的。」辛普里丘並還就此記載下其論證: 他也同樣地否定了運動和靜止, 因為不動的就是非存在, 非存在不會變成別的東西, 別的東西也不會變成非存在; 相反地, 運動則屬於多, 因為這樣就有了一物轉化為另一物。同樣, 當他說存在保持同一狀態不變時, 也不可以把它了解為與運動相反的靜止, 而應當了解為既不運動又不靜止的穩定狀態。 ❻

(四)唯一的神不生不滅

辛普里丘在其《物理學》中談到, 齊諾菲尼斯的作為唯一宇宙的神, 不是產生出來的; 因為, 產生出來的東西應當或者從同類的東西生出, 或者從不同類的東西生出; 可是齊諾菲尼斯認為, 同類的東西不能有產生同類的東西的作用, 因為既有理由說這個產生那個, 也有同樣的理由說這個為那個所產生; 而另一方面, 如果存在是從不同類的東西產生的, 那它就是從不存在的東西生出; 這樣也就證明了它不是產生出來的, 而是永恆的。 ❼正因為這樣他認為:「世界不是產生出來的, 而是永恆的、不可毀滅的。」 ❽

由此可見, 齊諾菲尼斯的作為存在的唯一的神, 只是徒具神的名稱, 實質已經沒有宗教神學意義的了; 上述種種屬性, 由巴門尼得斯的存在論繼承下來並加以發展, 並徹底清除其宗教神學的殘餘。

---

❻ Simplicius, *Physics,* 22.22.

❼ 同❻。

❽ Aëtius, *Placita,* II. 4.11.

三、宇宙生成

儘管，齊諾菲尼斯認為，作為一、存在、宇宙的神是不生不滅、靜止、不動，既非無限也非有限；將此理論貫徹到底也就不可能有處於生滅的世界。但根據他在《論自然》的記載，他除了上述的有關作為唯一宇宙的神外，他還承認作為或然性的「意見」：「把意見當作或然性的東西吧！」❿正像亞里士多德所說的那樣，「他的闡述不清」，他在殘篇 34 中講到：真正說來，從來沒有，也決沒有任何人認識諸神以及我所說的一切事物；因為，即使有人偶然說出了極完備的真理，他自己也不會知道的，「因為決定一切的只是意見。」

結合他在同一《論自然》，以及古代的一系列有關記載來考慮，儘管他認為作為本體（不是本原）的一，神是不生不滅，但是作為意見，世界還是有生滅，此意見世界與作為一的神沒有聯繫，它不是像伊奧尼亞學派的「水」、「阿派朗」、「氣」和「火」，是派生萬物的本原。

他強調水和土的作用。在殘篇 27、29 和 33 中相繼聲稱：一切都從土中生，一切都歸於土；一切出生和生長的東西都是土和水；即使是人，也都是從土和水中生出來的。

在宇宙天體中，特別重視太陽及其作用。在殘篇 31 中聲稱：太陽在大地上面巡邏，溫暖著大地。肯定太陽對大地上萬物生長的積極作用，太陽對於產生是有益的，是世界以及世界上各種生物的良好維持者。❷並將許多天文、氣象的變化，歸因於太陽，太陽的熱是產生一切氣象的主要原因，它吸引海裡的濕氣，形成了雲，雲積

---

❿　殘篇 35。

❷　Aëtius, *Placita*, II. 20.8.

厚了，只要它不散而為風，便下起雨來了。㉑而且，太陽處於持續的熄滅和再形成中。㉒太陽向著無限前進，但是由於距離的緣故，所以才顯得好像在旋轉。㉓

認為星辰是從火雲生出來的，白天熄滅，晚上又重新燃起。㉔

上述齊諾菲尼斯的一系列思想，巴門尼得斯剔除了其中神學殘餘後，幾乎全部加以繼承，並通過理論上的系統論證而加以發展。

第二節　巴門尼得斯

一、生平和著作

巴門尼得斯（Parmenides，約西元前 515–前 445）是伊利亞學派第二代代表人物，該學派的奠基人。出身伊利亞當地顯貴世家，曾從政為該城邦立法，後轉入哲學研究。傳說他是齊諾菲尼斯的學生，但又深受畢達哥拉斯學派影響。以致有的學者竟認為他屬於該學派。並又深刻影響了柏拉圖：巴門尼得斯作為「邏輯的發現者」,「是畢達哥拉斯的一個支派，而柏拉圖本人則從意大利哲學獲得了他的靈感的主要來源。」㉕根據傳記資料的記載，巴門尼得斯曾與阿枚尼雅和畢達哥拉斯學派的狄奧開塔交朋友，後者引導他進入智慧生

㉑　Aëtius, *Placita,* III. 4.4.

㉒　Aëtius, *Placita,* II. 24.4.

㉓　Aëtius, *Placita,* II. 24.9.

㉔　Aëtius, *Placita,* III. 13.14.

㉕　F. M. Cornford, *Greek Religious Thought.* 轉引自羅素：《西方哲學史》上卷，第 58 頁。

活。❷

巴門尼得斯生前曾用六韻步 (Hexameter) 詩體撰寫被名為《論自然》的詩篇，基本上由塞克斯都・恩披里柯、普羅克洛和辛普里丘等保存了下來。大體上是由「序詩」、「真理之路」和「意見之路」三部分組成。根據德國著名古典學者 H. 第爾斯 (H. Diels) 的研究，現存「序詩」是完整的（編為殘篇 1），「真理之路」保存下十分之九（編為殘篇 2－殘篇 8 的第 52 行），而「意見之路」僅保存下十分之一左右（從殘篇 8 的第 53-61 行轉入意見部分，殘篇 9－殘篇18 是「意見之路」部分，殘篇第 19 似是總結「意見之路」部分）。

「序詩」實質上是了解巴門尼得斯整個哲學思想的嚮導。它按照當時詩作的傳統，在女神的指引下，駕著駟馬高車尋求知識，女神告誡他：

你應當經驗一切：既有不可動搖的圓滿的真理，又有不包含真實信念的凡人的意見。意見雖然不含真理，你仍然要加以體驗，因為必須通過全面的徹底研究，才能制服那種虛幻之見。

毫無疑問，巴門尼得斯是古希臘偉大哲學家之一，❷但是對他的哲學的本質的理解有著根本對立的論斷。一般認為他的哲學是唯心主義，但是 J. 伯奈特劇烈反對這種論斷：「巴門尼得斯不是像有些人認為的那樣是『唯心主義之父』，恰恰相反，所有的唯物主義都是建立在他的實在觀上的。」❷我們就遵循他自己的「真理之路」和「意

❷　D. L., IX. 3.21.

❷　W. 文德爾班：《哲學史教程》上卷，第 57 頁。

❷　J. Burnet, Early Greek Philosophy, p.182 關於 being 的中譯名，近來有學

見之路」的劃分，探討他的哲學。就其整個體系而言，本體論、認識論、真理觀三者是相統一的，存在和非存在、思想和感覺、真理和意見三對範疇，是彼此相對應的。

二、本體：存在和非存在

隨著巴門尼得斯的存在論的提出，標誌著古希臘哲學研究的重心，由本原轉向本體的研究，並給以後整個西方哲學的發展以巨大影響。

巴門尼得斯是第一個將「存在」當作最高的哲學範疇。「存在」（希 estin, to on，英 being）兼有「有」、「在」、「是」的三合一的意義。這是我們首先要注意到的。巴門尼得斯認為「存在」和「非存在」是根本對立的。一個是：「存在是存在的，它不可能不存在」，這是通向真理之路；另一個是：「存在是不存在的，非存在必然存在」，這是一條不可思議的道路。他的結論是在殘篇 8 開頭所說的：

者（如汪子嵩師，以及已故的陳康和王太慶先生等），他們認為漢語的「存在」和「是」的含義是不同的。只有用「是」和「不是」構成的肯定和否定命題，方可用以辨別「真」和「假」。巴門尼得斯正是由此提出認識的兩條路線。亞里士多德也由此制定邏輯學，提出了「作為是的是」（即「作為存在的存在」）這門學問，即哲學。哲學的任務不但要研究和「是」與「不是」關聯的最普遍的範疇，而且要研究矛盾律和排中律這樣的公理。這些研究對象，用「是」和「不是」表述，比較清楚，而用「存在」和「非存在」來表述，不但不容易說明它們之間的關係和聯繫，也難以表達亞里士多德原來的思想，他是將「是」和「不是」與「真」和「假」聯繫起來，只有在「是」和「不是」聯繫的肯定和否定命題中，才能確定真假。所以他們認為只有將 being 譯為「是」，才可以正確理解西方哲學重視邏輯和科學的傳統精神。詳見汪子嵩、王太慶：《關於「存在」和「是」》，《復旦學報》，2000 年第 1 期，第 21–36 頁。

「現在只留下一條途徑可以言說，這就是存在是存在的。」根據他的殘篇，「存在」範疇有以下基本特徵：

㈠「存在」是「一」，不生不滅的

「存在是不生不滅的，……存在不是過去存在，也不是將來存在，因為它一直是現在這樣，作為單一的、連續的整體而存在；你能為它找到什麼樣的創始呢?」（殘篇 8 第 5–8 行）

就巴門尼得斯而言，他所探討的存在論，不再是本原而是本體問題，所以對「存在」而言，它既不是派生萬物的本原，也不是被本原所派生的某種東西，它本身就是不生不滅的。它正像齊諾菲尼斯的「唯一的宇宙」不是產生出來的。亞里士多德在《形而上學》中就指出他提出：「『存在』以外並無『非存在』存在時，想到了『存在』必然是一，沒有任何別的東西存在。」❷❾正像辛普里丘在《〈物理學〉注釋》中所說的：「巴門尼得斯論『存在』是『一』。」❸⓿但也正像辛普里丘所記載的那樣，巴門尼得斯對作為「一」的「存在」講得不多。它正像齊諾菲尼斯的「一」，不是無限的，所以沒有開始、中間和終結，否則就成了非存在。❸❶

㈡「存在」是連續的、不可分的

正因為「存在」是完整的、單一的、連續的整體，所以它必然是不可分的：「存在還是不可分的，因為它是完全一樣的，它不會這裡多些，那裡少些，因而妨礙存在聯繫在一起，毋寧說存在是充滿的、連續的，存在和存在是緊緊相聯的。」（殘篇 8 第 22–25 行）正像他自己所說的，這點是憑藉「理性」（希 nous，心靈）才能把握的，

---

❷❾　Aristotle, *Metaphysics*, 986ᵇ29–31.

❸⓿　轉引自 W. K. C. Guthrie, *A History of Greek,* Vol. II, p. 3。

❸❶　Simplicius, *Physics,* 22.22.

因為，既然存在是一，就不能將存在和存在的聯繫割開，否則就會導致「存在的秩序瓦解」，而且「也不能使它們聚合在一起。」它正像齊諾菲尼斯所講的「一」那樣，是沒有開始、中間和終結；否則就會成為多，成為非存在。

正由於「存在」是連續的、不可分的，所以實質上也就是否認了虛空；❷ 也正由於否定了虛空，也必然導致否定運動。

㈢「存在」是不動的

正因為「存在」是連續的、不可分的整體，在「存在」以外不可能另有可以供其運動的虛空，而存在又是有限的，所以從根本上來講運動就是不可能的。他在殘篇 8 第 26–31 行中，就此進行論證：

> 存在被強有力地鎖在有限的範圍內，它沒有開始和終結，因為生成和毀滅已經被真正的信念趕得很遠了。存在自身靜止在同一個地方，永遠停留在那裡，因為強大的必然性將它牢牢地鎖在有限這一範圍內，使它在各個方向都一樣。

在這點上，巴門尼得斯的作為「一」的「存在」，不同於齊諾菲尼斯的「一」。後者的「一」，既非有限也非無限，既非運動也非靜止，處於穩定狀態。❸

在這點上，倒是柏拉圖在〈泰阿泰德篇〉中，道出其真諦所在，認為巴門尼得斯等，所以認為「存在」是不動的，因為他們認為「存在」是自我等同的：巴門尼得斯等「他們堅決主張整個『存在』是一，並且自己包含著自己，並無運動的餘地。」❹

---

❷　W. K. C. Guthrie, *A History of Greek Philosophy,* Vol. II, p. 33.

❸　Simplicius, *Physica,* 22.22.

㈣「存在」像圓球是有限定的

巴門尼得斯接著又用形象化的語言來描述「存在」像圓球是有限定的：

> 由於有一個最邊遠的界限，存在在各個方向都是限定的，很像一個滾圓的球體，從中心到任何一個方向都相等，因為它不可能在某一方向大一點或小一點。還因為沒有一個非存在阻止存在各個方向相等，也沒有一個存在比另一個存在少些，原因是存在是完全不受侵犯的，因為它在各個方向都和自己相等，所以它和邊界的距離相等。㉟

認為「存在」是像個球體，純屬是形象化比譬意義上的解釋，不能因此認為他將「存在」說成就是「一個滾圓的球體」，而只是說「像」一個滾圓的球體。巴門尼得斯之所以以球體來描述「存在」，這是與古希臘人的傳統觀念有關的，因為他們將圓形、球體看作為是最完美的，而球體總是有限定的，否定就不是最完美的。

這點，可以引柏拉圖的〈蒂邁歐篇〉的宇宙學為佐證。其中講到：神將這宇宙（世界）造成為一個獨一無二的、旋轉不已的圓球；由於具有超絕的性能，這圓球能夠自己同自己做伴當，而不需要再有什麼夥伴和朋友。㊱實際上，巴門尼得斯的「存在」，已經完全排除了神的干預，它純屬是「理性和智慧」的抽象的產物。

㈤生滅、位置和變化，都是沒有內容的名稱

㉞　Plato, *Theaetetus*, 180E.

㉟　殘篇 8 第 42–49 行。

㊱　Plato, *Timeaus*, 34.

巴門尼得斯在論證「存在」範疇告一段落後，在殘篇 8 第 34–41
行中就對此加以「概括」。㊲聲稱只有存在可以被思想、被表述，只
有存在才有實在的名稱：

> 所謂思想就是關於存在的思想，因為你決不可能找到一種不表
> 述存在的思想。在存在以外，沒有也決不會有別的東西。因為
> 命運將存在作為一個不動的整體拴在一起了。因此，凡人們在
> 他們的語言中加以固定的，自以為真的東西不過是空洞的名
> 稱，如生成和毀滅、存在又不存在、位置的改變、色彩的變化
> 等。

巴門尼得斯是極端形而上、反辯證法意義上的理性主義，他只承認
永恆不變不生不滅不動的存在，這種「存在」，實質上是純理性思維
的產物。實質上他所講的「存在」，也就是思想；正因為這樣，他強
調：「思維與存在是同一的」，「思想與思想的目標是同一的。」循此
出發，他將處於運動、生滅、變化中的可感客觀世界看作是非存在，
看作為是非實在的，所以只是「空洞的名稱而已」，或者說它是「沒
有內容的名稱。」㊳他的這種觀點，主要是針對赫拉克里特斯的。

接著討論巴門尼得斯的「非存在」觀。

在現存殘篇中，他並沒有像對「存在」範疇那樣系統討論「非
存在」範疇，但從其他有關殘篇中可以得悉，他所講的與「存在」
相對立的「非存在」，指的是可感意見領域，指的是伊奧尼亞學派所
致力於討論的，由本原所派生的現實世界。首先，他所講的「非存

㊲　W. K. C. Guthrie, *A History of Greek Philosophy,* Vol. II, p. 39.

㊳　同㊲。

在」，並非意指虛無、烏有。其次，根據序詩、殘篇4、7、8等的記載，「非存在」意指「黑暗居所」、耳聞目睹、被真正的信念趕跑的「生成和毀滅」。也就是說，「非存在」是與「存在」相反的，其基本特徵是：有生滅的、可分的、非連續的、運動著的東西，因而是不能憑理性思維來認識和表述的。即現實的現象世界，或柏拉圖所講的可感世界。

巴門尼得斯的這種「存在」和「非存在」絕對對立和彼此分隔的本體學說，預示著柏拉圖的理念論，絕對對立和彼此分離的可知的理念世界和可感的感覺世界。但柏拉圖不同於巴門尼得斯的存在論的是，他致力於將它們彼此聯繫和結合起來，並認為可感世界是由理念世界派生的。

三、認識：思想和感覺─真理和意見

㈠思想和感覺

與本體論上的「存在」和「非存在」的對立，在認識論上相應的是思想和感覺、理性和感性的對立。正是在這種認識論中，提出著名的命題：思想（思維）與存在是同一的。

塞奧弗拉斯特在其《論感覺─知覺》中講到，關於感覺，有兩種主要觀點：有些人認為，感覺是同類相知；有些人則認為，感覺是異類相知。巴門尼得斯等認為感覺是同類相知，但他並沒有對此作出清楚的解釋，存在冷和熱兩種元素，思想是由於熱佔優勢，因為「來自於熱的則更善良更純潔，它並不需要某種均衡。」[39]他自己是這樣說的：

---

[39]　Theophrastus, *On Sense-Perception*, I.

因為在任何情況之下，心靈（努斯）對它那些多方迷誤的器官的混合狀態的關係是怎樣，心靈對人所起的作用就是怎樣。因為在人身上思想的東西是同一的，就是他的各種器官的性質，所有的人都是如此，個別的人也是如此。因為，思想是更完善的東西。**⑩**

由此可見，巴門尼得斯是將思想看作是比感覺「更完善的東西」。根據 E. 策勒在《前蘇格拉底學派》中的概述，巴門尼得斯認為：非存在的感性世界是屬於「黑暗的居所」，反之，存在－思想－真理三者一致的世界則是光明世界。**⑪**巴門尼得斯在認識論上的基本特徵是：理性和存在相對應，感性和非存在相對應。但他本人並未將這種觀點進行具體申述。而深受其影響的柏拉圖在〈國家篇〉，對之作出了進一步明確的闡述：

意見和知識都直接指向不同的對象，各自遵循它自己的作用。……知識的天然對象是存在。**⑫**
人的靈魂就好像眼睛一樣。當他注視被真理與存在所照耀的對象時，它便能知道它們了解它們，顯然是有了理性 (nous)。但是，當它轉而去看那暗淡的生滅世界時，它便只有意見了，模糊起來了，只有變動不定的意見了，又顯得好像是沒有理性了。**⑬**

---

⑩　殘篇 16。

⑪　E. Zeller, *The Pre-Socratic Schools,* Vol. II. p. 594. 並參看 Aristotle, *Metaphysics,* 986^{b}17, 以及 *De Generatione et Corruptione,* 318^{b}6。

⑫　Plato, *Republic,* 477B。

就巴門尼得斯來說，在認識論上同柏拉圖一樣是對象主義者 (objectivist)，理性、知識與存在，感覺、意見與非存在是彼此相對應的。是彼此同一或一致的。

　　思想（思維，希 noein）與存在是同一的。❹

也就是說，只有存在是存在的，非存在是並不存在的，是不能加以表述或設想的。❺或者像 J. 伯奈特所理解了的那樣：「能夠思想的東西與能夠存在的東西是同一的。」❻這點，他在殘篇 8 第 33–34 行中，闡述得十分清楚：

　　思想和思想的目標是同一的；因為你決不能遇到一個思想是沒有它所表達的存在者的。

也就是說，「思維與存在是同一的」這個命題的實質是：「存在必須是本身被思維。」❼即存在之所以存在，思維和存在之所以同一，是

❹　Plato, *Republic,* 508D.

❹　殘篇 3。按有的編目序列是殘篇 5。

❺　E. Zeller, *The Pre-Socratic Schools,* Vol. II., p. 584.

❻　J. Bunet, *Early Greek Philosophy,* p. 173.

❼　W. K. C. Guthrie 在其《希臘哲學史》第 2 卷第 42 頁提到這種解釋，但他本人不同意這種解釋，認為它是「詭辯的結論」。F. M. 康福德同樣也反對這種解釋，聲稱：巴門尼得斯在任何地方都沒有認為存在和思維是一回事，但當時也沒有一個希臘人認為巴門尼得斯的這則陳述意指：「A 存在」意指與「A 思維」是一回事。(F. M. Cornford, *Plato and Par-*

以存在之被思維為前提，正因為這樣，巴門尼得斯的存在論，無論從本體論還是從認識論上來講，是先期希臘哲學中的第一個典型的唯心主義者。

巴門尼得斯的這個著名命題，在當時和以後並未受到重視，直到德國古典哲學興起，才作為世界的可知與否引起高度重視。康德將思維和存在絕對地對立起來，承認「自在之物」在人的意識之外獨立存在，但認為「自在之物」是不可認識的。也就是說，思維和存在沒有同一性。黑格爾批判了這種觀點，認為思維和存在是統一的，世界是可知的；思維和存在之間既有差別和對立，又是同一（統一）的，其統一的基礎是思維。因為，對黑格爾來講，存在本身就是思維的產物，是絕對觀念發展到一定階段的表現。以後，恩格斯在《路德維希・費爾巴哈和德國古典哲學的終結》中，將思維和存在的同一性確定為哲學基本問題的一個方面。指出，思維和存在的關係問題，除了何者是第一性，即何者是本原外；還有另一方面，即思維和存在的同一性問題。以對這個問題的不同回答，劃分成可知論和不可知論。

(二)真理和意見

巴門尼得斯正是在存在和非存在、思想和感覺的絕對對立的基礎上，進而討論真理和意見問題。在討論之前，首先要指出，不能拿今日所理解的真理和謬誤的對立，去理解巴門尼得斯的真理和意見的對立。

現存巴門尼得斯的殘篇，是由「真理之路」和「意見之路」兩

---

menides: *Parmenides' Way of Truth and Plato's Parmenides,* Translated with an Introduction and a running Commentary, p. 34n.1. 我們不同意他們的解釋。

部分組成的，而「意見之路」中的大部分篇幅，是討論傳統自然哲學中的宇宙生成論和宇宙學問題。

　　就巴門尼得斯而言，真理和存在、思想是一致的，而意見是和非存在、感覺相一致的。所謂「真理」（希 aletheia，英 truth），原意為「真實的」、「實在的」東西，希臘哲學家將它同 episteme（知識、認識）聯繫起來；而「意見」（希 doxa，英 opinion），兼有漢語中「見解」、「看法」、「觀點」等含義。直到巴門尼得斯的存在論，它們才獲得真正認識論上意見的含義。

　　他在「序詩」中，就將意見之路同在女神指引下的真理之路對立起來：

　　　　領你上這條路的不是惡煞（因為這條路離開人們的道路確實很遠），而是公平正直之神。所以你應當經驗一切：圓滿真理的不可動搖的核心，以及不含任何可靠真理的凡人們的意見。意見雖然不含真理，你仍然要加以體驗，因為必須通過全面的徹底研究，才能制服那種虛幻之見。**❹❽**

也就是說，憑藉「思想」（理性），以「存在」為對象獲得的才是「真理」，反之，憑藉「感覺」以「非存在」為對象獲得的只能是「意見」；但是為了「制服」那種作為「虛幻之見」的意見，不但要研究「真理」，而且同時還要研究「意見」，只有這樣，才能確立對「圓滿真理的不可動搖的核心。」巴門尼得斯在運動、生滅、變化的可感非存在世界之外之上，生造出一個永恆、不變、不動、不生不滅的存在世界是錯誤，離開了感覺感性─意見來談思想─真理，當然是錯誤

---

❹❽　殘篇 1。譯文根據《古希臘羅馬哲學》，第 50 頁。

的。但是他注意到，不能因此而不探討作為對立面的意見的觀點，那是值得重視的，的確也只有探討了作為「虛幻之見」的意見，才能牢固樹立對「圓滿真理的不可動搖的核心」，反之也然。實質上，理性認識是建立在感性認識基礎上的；回過頭來，也只有理解了的東西，才能更好地感受它。

其錯誤的實質，在於將一般和個別、抽象和具體、本質和現象、理性和感性、統一和多樣、一和多等彼此割裂開來，形而上地對立起來；從而導致出現兩個彼此分離和對立的世界，一個是真實的存在世界，一個是幻的非存在的現象世界。也正因為這樣，先期希臘哲學中，除了素樸唯物辯證的哲學形態外，又開始出現相對立的唯心形而上的哲學形態；它們之間的對立和鬥爭，對以後整個西方哲學的發展具有深遠的影響。正因為這樣，巴門尼得斯的哲學思想，在整個西方哲學的發展中佔有重要地位。

第三節　齊　諾

一、生平和著作

齊諾（Zeno，約西元前 490–前 426）是巴門尼得斯的學生和密友，伊利亞學派第三代的主要代表之一，「辯證法的創立者。」❹出生並終生住在伊利亞（今意大利那不勒斯附近）。熱愛伊利亞，被公認為是有智慧的人，積極參加和死於反僭主的政治活動。曾和巴門尼得斯一起赴雅典，傳播他們的學說。

在哲學上和政治上都是傑出的人物，和赫拉克里特斯一樣蔑視

---

❹　亞里士多德語，見 D. L., IX. 5.25。

有權勢的人。撰有著作《反詰難》(*Epicheiremata*)，繼承巴門尼得斯運用形式邏輯的同一律、矛盾律和排中律的做法，從對方所主張的前提出發，推論出兩個彼此自相矛盾的結論，以證明它的前提是虛假的。後人稱之為歸謬法（反證法），但是，齊諾的論證，遠不止是歸謬法，正像柏拉圖在〈斐德羅篇〉中所指出的那樣，它有「二律背反」的含義：「他有一種說話的技巧，使聽眾覺得同一事物既像又不像，既是一又是多，既是靜止的又是運動的。」❺⓿

　　齊諾自覺地意識到他的目的，是保衛巴門尼得斯的存在論的那些論證，反對另一些取笑他的人，他們企圖指出許多可笑的和矛盾的結果來，說它是從對於一的肯定中得出來的，而他的目的是以其人之道還治其人之身加以批駁：

> 我的答覆是說給那些擁護多的人聽的，我有意把他們的攻擊還給他們自己，指出他們假定多存在的那種看法如果推論下去，看來要比假定一存在更加可笑。❺❶

這種方法的特徵，正像柏拉圖所揭示的那樣：巴門尼得斯說「一切是一」，並對這點作出了卓越的證明；齊諾則說「沒有多」，並提供了說服性很強的證據來代巴門尼得斯說話。巴門尼得斯「肯定統一」，而齊諾「否定雜多」，因此本質上是相同的：

> 你們用這種辦法欺騙大家，使人們以為你們說出了不同的話，而其實你們說的是一回事。❺❷

❺⓿　Plato, *Phaedrus*, 261D.

❺❶　Plato, *Parmenides*, 128D.

齊諾本人的著作《反詰難》已佚失，僅保存下四則殘篇，但由編纂家們輯錄的柏拉圖、亞里士多德、辛普里丘等的三十則有關記載，也是研究其思想的可貴依據。

齊諾的保衛巴門尼得斯的存在論的論證，集中在批駁雜多和運動。

二、反駁雜多的論證

根據亞里士多德的學生歐德謨斯(Eudemus，西元前四世紀後半葉)的記載，齊諾將一等同於存在:「齊諾曾經認為，如果有人向他解釋一是什麼，那麼他也就對存在的東西的性質作出了說明。」[53]

現存齊諾四則殘篇中，有三則是反駁雜多論證一的。

第一，如果存在是雜多，那麼它在數量上會既是有限又是無限，因此是不可能成立的。

齊諾聲稱，如果存在是多，那麼存在既會是無限小，又會是無限大。說它們是無限小，因為「多」是單位的集合，而單位是不可分的；既然是不可分的，就是沒有量度(大小)的；因為它沒有量度，無論加之於某物，或從某物中減去，都不會影響其大小。所以，它們是無限小，小到等於零。同時，「多」又會是無限大，因為所謂「多」就是有量度，既然有量度那就是無限可分的；因此，如果有雜多，它們就是由無限數的量，或無限量的數組成的。但是，這是不可能的。

第二，如果存在是雜多，那麼存在一定會在體積上有規定性，

[52] Plato, *Parmenides,* 128B.

[53] Simplicius, *Physica,* 97.12.

或者是有限的，或者是無限的，但這是不可能的。

齊諾聲稱，如果存在著雜多，那麼就既會是大又會是小，大可大到其體積無限，小會小到沒有體積。再如果存在著的雜多東西沒有體積，那麼它就不會存在了。即使將它加到某種存在的東西上，也不會使它更大，因為沒有體積的東西，即便有所增加，它也不會使體積有所增加。所以，即便體積有所增加，也依然等於零。同樣，如果將它取走，那麼另一事物也不會減少，正如相加並不會因此而增加那樣。由此可見，無論是相加或相減都依然是等於零。

此外，如果存在是雜多，那就一定會有某種廣度和厚度，部分之間互相會有距離；循前面推論，其部分仍有體積，仍然含有某個部分，而且將不會有這樣一個部分會是最後的部分。「所以，要是存在著雜多，那麼它必然既是大又是小，小會小到沒有體積，大會大到無限。」❺❹ 既然會導致到自相矛盾的結果，所以存在只能是一而不能是多。

正是亞里士多德在《形而上學》中深刻地揭示出，這種「一」實質上就是「虛無」：如果一本身是不可分的，那麼根據齊諾的假定，它就是虛無。因為一個東西如果增加一些並不變大，減少一些並不變小，他便肯定沒有這個東西，這顯然是假定了存在的東西就是一個有空間上的大小的東西。如果一個東西有大小，那就是有體積的；因為有體積的東西在空間中的每一度都有存在。❺❺ 因此齊諾的論證是不可能的。並指出齊諾的「思辨並不嚴密。」❺❻

---

❺❹　殘篇 1 和 2。

❺❺　Aristotle, *Metaphysics,* 1001^{b}9–15.

❺❻　同❺❺。

三、反駁運動的論證

正因為存在是一而不是多，它既不是無限又不是有限，所以也就從根本上否認了虛空，否認了運動的可能性。

在現存四則殘篇中，齊諾唯有一則殘篇 4 反駁運動：「運動的東西，既不在它所在的地方運動，又不在它所不在的地方運動。」

由亞里士多德在《物理學》中保存下來的，齊諾反駁運動的四個論證。並指出這些論證都是錯誤的，揭示其根本錯誤所在於：「齊諾認為時間是由「現在」組成的，而空間是由和物體大小相等的空間組成的。」 ㊲

㈠第一個論證，兩分法 （希 dichotomy， 英 bisection）

齊諾認為運動不存在的理由是：「位移事物在達到目的地之前，必須先抵達一半處。」 ㊳

齊諾的這個論證的錯誤在於，他主張一個事物不可能在有限的時間裡通過無限的事物，或者分別地與無限的事物相接觸。亞里士多德就此指出：「既不能在有限的時間裡通過無限的量，也不能在無限的時間裡通過有限的量；而是：時間無限，量也無限，量無限，時間也無限。」 ㊴ 所以他的論證是不可能成立的。

齊諾的這種論證運動不可能的根本錯誤在於，他只看到運動時經歷的時間和空間的間斷性的一面，沒有看到它們又有連續性的一面。因此，亞里士多德當時就深刻地指出：「一切量都是連續的，⋯⋯

㊲ 參看亞里士多德：《物理學》，張竹明譯，第 191 頁，北京商務印書館，1982 年版。

㊳ Aristotle, *Physics,* 239^{b}11–13.

㊴ Aristotle, *Physics,* 233^{a}33–35.

既然時間是連續的，量也就是連續的。」❻

　　㈡第二個論證，阿奇里斯追不上烏龜

　　意指：「一個跑得最快的人永遠追不上一個跑得最慢的人。因為追趕的人必須首先跑到被追的人跑的出發點，因此跑得慢的人必然永遠領先。」❻

　　實質上，這個論證和第一個兩分法論證是一回事，其區別只在於：在分劃那個量時這裡用的不是兩分法。由論證所得到的結論是：跑得快的人不可能趕上跑得慢的人。正像亞里士多德所揭示的那樣，這個結論是根據與兩分法同樣的原理得到的。但是，齊諾認為在運動中領先的東西不能被追趕上的這種觀點是錯誤的。由於在它領先的時間內是不能被趕上的，但是，如果齊諾允許跑得快的人能越過所規定的有限的距離的人，是能夠趕上跑得慢的人。❻

　　㈢第三個論證，飛矢不動

　　正像亞里士多德所記載的那樣，這個論證，「它是從時間是由瞬間的總和這個假設中得出的。如果不承認這個假設，就不會得出這樣的結論。」❻

　　齊諾是這樣論證的：如果每一件東西在佔據一個與它自身相等的空間時，那麼它就不能動了。

　　齊諾的這種論證，同他認識不到時間是由不可分割的「瞬間」組成的，空間同樣也是由不可分割的最小的單位組成的；飛矢不過是在某一瞬間處在和它自身長度相等的空間上，是不動的。但要承

❻　Aristotle, *Physics,* 233ᵃ12–14.
❻　Aristotle, *Physics,* 239ᵇ14–16.
❻　Aristotle, *Physics,* 239ᵇ15–30.
❻　Aristotle, *Physics,* 239ᵇ31–32.

認空間是連續的，那就不能說飛矢於此一瞬間在這一點上，彼一瞬間在那一點，因為這樣就等於說空間是非連續的。因此，齊諾的論證，同樣是不能成立的。

　㈣第四個論證，運動場

　亞里士多德是這樣記載的：「運動場上運動物體的論證：跑道上有兩排物體，大小相同，數目相同，一排從終點排到中間點，另一排從中間點排到起點，它們以相同的速度作相反的運動，齊諾認為這裡可以說明：一半時間等於一倍時間。」❽圖示如下：

$$A_1 A_2 A_3 A_4$$
$$B_1 B_2 B_3 B_4 \, -\!\!\to$$
$$\leftarrow\!\!- \, C_1 C_2 C_3 C_4$$

圖1

$$A_1 A_2 A_3 A_4$$
$$B_1 B_2 B_3 B_4$$
$$C_1 C_2 C_3 C_4$$

圖2

其中 A 指靜止的一排物體，B 指從起點到終點運動的物體，C 指從終點到起點的物體。圖 1 指三列物體在運動開始前的位置。圖 2 指三列物體在運動結束時的位置。

　亞里士多德指出，齊諾的這項論證的錯誤在於：用於比較的兩列物體，一列是靜止的，另兩列卻是朝相反的方向作同速的運動，所以時間就不一樣了。正像現在正在運行的火車越過車站，它對車站說，從車站這一頭到另一頭，所需的時間是 t；它對另一列從對面開來的火車來說，越過同樣長度的距離所需的時間就完全不一樣了，即它們所憑藉的參考系是不一樣的。

---

❽　Aristotle, *Physics,* 239[b]33–240[a]1.

以上，就是哲學史上齊諾否定運動的四個著名詩論。其中第一、二兩個是一對，假定時間和空間是無限可分的；第三、四兩個是一對，假定時間和空間不是無限可分的。它們是由不可再分的「瞬間」和量度組成的。第一、二對論證同第三、四對論證合在一起，又構成一對二律背反。

第四節　美利梭斯

美利梭斯（Melissus，鼎盛年約在西元前 444–前 441 年間）和齊諾一起是伊利亞學派的第三代代表人物，出生於愛琴海的薩莫斯島。曾積極參與當地的政治活動，受到本邦人的敬重，曾指揮薩莫斯的艦隊打敗雅典伯里克利率領的艦隊，從而粉碎了雅典人對薩莫斯的封鎖。

在哲學上是巴門尼得斯的學生，並熟悉赫拉克里特斯的學說。[65]致力於維護巴門尼得斯的學說，批判恩培多克利斯的四根說、原子論的虛空說、阿納克西曼德的憑藉凝聚和稀散從無定限體（「阿派朗」）導出世界的主張，以及赫拉克里特斯的學說等。在修正、補充和發揮巴門尼得斯的學說方面，起了特殊的作用。

生前撰有著作《論自然或存在》或《論非存在或自然》，已佚，僅存十則殘篇。此外值得重視的是托名亞里士多德的論文《論美利梭斯、齊諾菲尼斯和高爾吉亞》，其中美利梭斯的部分，同現存殘篇內容大體一致，因而也是探討其思想的重要依據。

---

[65]　第歐根尼·拉爾修曾記載到他曾與赫拉克里特斯討論問題，從兩人的生卒年代來看，這是不可能的。赫拉克里特斯去世時，美利梭斯可能尚未出生。見 D. L., IX. 4.24。

美利梭斯的基本觀點是，認為存在：「它是永恆、無限、唯一、完全齊一的」。⑥其基本內容如下，其中若干處修正、補充和豐富了巴門尼得斯的觀點，並進一步完善了巴門尼得斯的論證方法。

一、存在唯一

正像辛普里丘在有關亞里士多德的《物理學》的注釋中提到的那樣：「巴門尼得斯論存在是『一』的詩句不多」。⑥而美利梭斯可以說是在殘篇5、6、8⑵和9中集中論證「一」。聲稱：如果存在不是唯一的，它就會與另一個東西對立而造成一種限制；如果存在是無限的，它就是唯一的，因為如果存在是兩個東西，這兩個東西就不能是無限的，而是彼此對立互為界限的；如果有多數事物，那麼我們就會認為我們的視覺、聽覺和思想都是正確的；但是，顯而易見，我們的視覺是錯誤的，事物繁多這個外觀是錯誤的。⑥由此得出結論存在唯一：

> 如果它存在，它就應當是一。而如果它是一，它就不能具體積。如果它有厚度，它也就有部分，那就不再是一了。⑥

由此可見，美利梭斯的「存在唯一」和巴門尼得斯的「存在是一」的觀點是完全一致的，但美利梭斯論證得更具體了，並明確地與認識論上否定感性認識的純理性主義結合在一起。

---

⑥　殘篇7之⑴。
⑥　Simplicius, *Physics,* 144.26.
⑥　殘篇5、6、8之⑵、8之⑸。
⑥　殘篇9。

二、存在永恆、無限

　　巴門尼得斯尚未徹底擺脫傳統觀念的影響，用感性語言來描述存在，將存在比作球形，從而認為它是有限的。這是其學說的致命弱點，因為，從承認存在有限出發，就必須得承認多和虛空，即承認非存在的存在，這樣也就會導致自我否定其存在論。美利梭斯不僅肯定存在不生不滅是永恆的，而且強調其是無限的。

　　他是這樣論證的：首先，存在是永恆的。存在過的東西在過去和未來都永遠存在，因為它如果是產生出來的，它在產生之前必然不存在；如果它不曾存在，它在任何條件下都不能從虛無中產生出來。❼❶其次，存在是無始無終，是無限的。因為，存在不是產生出來的，現在、過去和未來都永遠存在，所以它沒有開始和終結，而是無限的；因為，如果它是產生出來的，就有一個開始，必須有一個時候開始產生，以及有一個終結，必須有一個時候終止產生；如果它並未產生和終結，而是過去、未來、現在永遠存在，那它就是既沒有開始也沒有終結的；然而一個東西如果不是全體，那是不可能永遠存在的。❼❶反之，任何有開始和終結的東西，都不是永恆或無限的。❼❷

　　存在永恆觀是美利梭斯整個論證體系的出發點。它是美利梭斯提出的新概念，既克服了巴門尼得斯存在論，又克服了齊諾論證的致命弱點。巴門尼得斯的存在是沒有時間性的，正因為這樣導致齊諾在時間量度上，只承認有現在，不承認有過去和將來，從而出現

----

❼⓪　殘篇 1。
❼❶　殘篇 2。
❼❷　殘篇 4。

了遭到亞里士多德所批判的悖論。

三、存在不生不滅、不變、不動

　　美利梭斯反證生滅和變化是不可能的。聲稱，存在不能在任何一個時候消滅、增長和變化，也不能感到痛苦或悲哀；因為，如果它感到這些，它就不再是唯一的了；如果，它成了別的東西，存在的東西就不再是齊一的，而應該是曾經存在而消滅的東西，和不曾存在而產生的東西了。如果它在一萬年中會有絲毫的改變，它就一定會在永恆的時間中完全消滅。正因為這樣，所以變化是不可能的。由於早先的形構並不消滅，不存在的形構也不產生；既然沒有東西新增，也沒有東西失去，也不會變成別的東西，那麼它在變化之後怎樣還能算是存在物呢？因為，如果它變成了別的東西，它就是已經變化了。❼❸

　　正因為這樣，也就沒有虛空、沒有運動。因為，虛空就是無，無的東西是不存在的。因此，存在物也不能運動；因為，它不能向任何地方移動，它是充實的。因為，如果有虛空，它就向虛空中移動了；既然沒有虛空，也就沒有可供移動的空間。由此得出結論，正因為存在不是空虛的，所以它就應該是充實的；既然存在是充實的，它就是不動的。❼❹

　　由此可見，從本體論上來講，美利梭斯「存在唯一」和巴門尼得斯的「存在是一」是完全一致的，並在論證上克服了巴門尼得斯和齊諾的某些不徹底或不完備之處，所以至少和齊諾一樣，對伊利亞學派作出了傑出的貢獻。尤其值得注意的是，他從認識論上揭示

---

❼❸　殘篇 7 之⑵、⑶。
❼❹　殘篇 7 之⑺、⑻、⑼、⑽。

了肯定非存在的存在，肯定生滅、變化、虛空的根源，在於受到感覺的影響，而視覺是錯誤的，人們憑藉知覺，才認為「一切都在改變和變化」。㊄所以他像巴門尼得斯一樣強調理性、強調真理：

> 顯而易見，我們的視覺是錯誤的，事物繁多這個外觀是欺人的。因為，沒有比實際存在的真理更有力的。㊅

但是，即便是像亞里士多德那樣偉大的哲學家，也並不是總能公允和全面評價包括美利梭斯在內的伊利亞學派學說的歷史地位和作用，尤其是對美利梭斯的評價，更其是有失公允。例如，他認為美利梭斯的「一」是「質料的一」，所以是有限的，而巴門尼得斯的「一」是「定義的一」，所以是無限的。㊆實際上，按亞里士多德本人的形式質料說來判斷，他們師徒兩人的「一」，都是沒有質料的純形式。他在《物理學》中揭示伊利亞學派存在論是錯誤的：美利梭斯和巴門尼得斯的存在論的前提是錯誤的，結論又是不合邏輯的，美利梭斯的論證更為粗劣，沒有提出像樣的疑難問題。如果存在是一這一荒謬說法可以接受，那這一段的其餘的說法，也就跟著可以接受了。㊇這點無疑是正確的，但與此同時，沒有進一步指出他們在推動前期希臘哲學，由本原說推向本體論的轉化的巨大歷史意義。此外，亞里士多德只肯定巴門尼得斯的宇宙有限論，而否定美利梭斯的無限論，並得出結論：「因此必須認為巴門尼得斯的說法

㊄　殘篇 8 之(4)、(5)。
㊅　殘篇 8 之(5)。
㊆　Aristotle, *Metaphysics*, 986^b19–21.
㊇　Aristotle, *Physics*, 185^a9–12.

比美利梭斯的說法合理。」⑲亞里士多德的這種論斷無疑是片面的。正是他本人分析齊諾的否定運動之所以錯誤，由於只承認有限，因此導致在時間量度上只承認「現在」，不承認「過去」和「將來」，所以陷入二律背反；而美利梭斯由於承認存在無限論，從而克服了齊諾的缺點。當然他們在否認虛空、否認運動，將「存在」看作是純思想，都是錯誤的。

小　結

　　伊利亞學派形成於西元前六世紀至前五世紀意大利半島南部古希臘殖民城邦伊利亞，它標誌著先期希臘哲學，由米利都學派和赫拉克里特斯的以研究自然哲學、研究本原為主，轉向以本體或存在、本質為哲學研究的中心問題。該學派前後一百年左右經歷了三代。第一代的齊諾菲尼斯為這個學派作了理論準備，以「神」的形式表述了不動的、無生滅的「一」，但並不否認變和多。第二代的巴門尼得斯是這個學派的奠基人，以哲學範疇「存在」代替齊諾菲尼斯的「神」，認為「存在」是不動的「一」，將「多」和「運動」從真理之路中排除出去。以存在和非存在、思想和感覺、真理和意見三對範疇為中心，用邏輯論證的方法，系統地闡述了有關存在的學說，從而確立了該學派的體系，並在他周圍聚集了一批信徒，從而正式形成學派。但是其學說，受到當時持常識觀點的普通人以及其他哲學學派的批評。接著，以齊諾和美利梭斯為代表的第三代，用純粹的邏輯論證進一步論證了以巴門尼得斯為代表的存在論的基本觀點。齊諾用四個悖論（兩分法、阿奇里斯趕不上烏龜、飛矢不

⑲　Aristotle, *Physics,* 207ᵃ16–17.

動、運動場）揭示，在「多」和「動」的範疇中包含了有限與無限、間斷性和非間斷性等之間的矛盾；以此表明，要是承認「多」和「運動」，那麼碰到的困難要比承認「一」與「靜止」要大得多。這些論證，促進了後世的本體論、邏輯學、辯證法和理性主義認識論的發展。稍後於齊諾的美利梭斯在新的條件下，修正、補充和豐富了巴門尼得斯的存在論。由於該學派最終不能超越他們自己提出的「存在」和「非存在」這對最一般哲學範疇之間的僵硬對立，因此該學派也就自行趨於消亡。但是他們提出的學說，體現人類的認識從具體到抽象，並進展到最高抽象的發展歷程中的一個重要階段，直接影響了以德謨克利特為代表的原子論和柏拉圖的理念論。對整個西方哲學的發展有深遠的影響，以後西方哲學的發展，都直接或間接與這個學派提出的存在論有關。

第六章 恩培多克利斯

在西元前五世紀後半葉的自然哲學家中，這裡首先討論意大利西西里島的恩培多克利斯。

希臘人早在西元前八至前六世紀殖民時代，在南意大利和西西里建立了不少殖民城邦，史稱大希臘。西元前六至前五世紀期間，這裡盛行代表貴族勢力的僭主政制。但在西元前467年，敘拉古、阿克拉伽、希墨拉等城邦相繼發生了反對僭主政制的起義，取得勝利後大多實行奴隸主民主政制。其中，敘拉古和阿克拉伽是農業、手工業較為發達的富庶城邦，較早成為南部希臘文明的中心，民主派在這裡也較早得勢。為西元前五世紀後半葉自然哲學家開道的，正是該地民主派政治家恩培多克利斯。

第一節 生平和著作

恩培多克利斯（Empedocles，約西元前492-前432）是西西里島南部的阿克拉伽(Acragas)人。該地原是希臘本土阿里亞人在西元前582年建立的一個殖民城邦。當時約有人口二十萬，規模宏偉，實力雄厚，在西西里島上僅次於敘拉古，就是在整個希臘世界也卓有地位。是該島農業和海外貿易中心之一，又是風景秀麗的一座著

名的文化古城。當地工商業繁榮，為發展科學思想提供了良好條件；由於傳統，奧菲斯和畢達哥拉斯盟會的宗教思想也影響深遠。

恩培多克利斯出身當地顯貴世家，政治上屬於民主派，其祖父恩培多克利斯、父親梅通 (Meton) 和他本人，都是深受民眾擁戴的民主政制領導人，「亞里士多德稱他為自由之冠，他討厭任何種類的統治制度。」❶ 但因此也就遭到政敵們的怨懟，他們乘他外出訪問奧林匹亞時，設法阻止他回國，以致他客死伯羅奔尼撒。

他的一生活動充滿著兩重性。一方面，他是一個傑出的信賴經驗觀察的科學家，對於自然現象進行了大量的觀察。在生物、生理和醫學方面有突出貢獻，成為南意大利醫派的主要奠立者。他的元素論哲學正是建立在這種經驗科學知識的基礎上的。

但他卻又是一個「教士人物、預言家……奇蹟的創造者。」❷ 他也以此自鳴得意：「我漫行在你們中間，我是一位不朽之神，而非凡人。」❸ 熱衷於傳授種種巫術以製造奇蹟，聲稱：經過他的傳授，人們：「便能夠平息那橫掃大地、摧毀田園的不倦的風的力量……最後，你還能使死人從地下復生。」❹

在恩培多克利斯的思想體系中，科學思想和宗教迷信觀念是交織在一起的，這一切在他的《論自然》和《淨化篇》中都得到充分的反映。

---

❶ D. L., VIII. 2.63.

❷ W. 文德爾班：《哲學史教程》上卷，第 47 頁。

❸ 31B112.

❹ 31B111.

第二節　本原：四根——「愛」和「爭」

　　恩培多克利斯的哲學，面對的是伊奧尼亞學派和伊利亞學派的對立，致力於「居間調和」這兩個根本對立的學派。❺關於靈魂不朽、輪迴轉世、淨化等觀點，顯然受畢達哥拉斯學派的影響，但其有關世界的形成的科學理論的主要之點又很少有與該學派有共同之處，只是在細節上受到他們的影響。❻從其主導思想方面來講，更多地認同於伊利亞學派，尤其是得益於巴門尼得斯。❼亞里士多德的學生、有關古希臘先期哲學家思想的最可靠資料依據的來源的塞奧弗拉斯特，就肯定地說他是一個非常欽佩巴門尼得斯的人，並且在寫詩的時候效法了他。❽哲學史家也肯定了巴門尼得斯對他的決定性的影響：「恩培多克利斯的哲學，更多地得益於伊利亞學派，尤其是巴門尼得斯。從巴門尼得斯得出其第一原理，決定了其往後的全部發展，即否定變化和衰敗。」❾但也不能像 C. 里特爾 (H. Ritter) 那樣簡單地將他列入伊利亞學派。因為，他在變易領域的思想模式，更接近於赫拉克里特斯，從而迫使人們承認，「赫拉克里特斯的學說對恩培多克利斯及他的體系有決定性的影響。恩培多克利斯的自然哲學的整個傾向，使我們想起這位愛菲斯的哲學家。」❿這就顯

---

❺　W. 文德爾班：《哲學史教程》上卷，第 59 頁。E. 策勒也有相類似的見解（詳見其《前蘇格拉底學派》下卷，第 195–202 頁）。但是 J. 伯奈特不同意這種觀點（詳見《早期希臘哲學》，第 227–275 頁）。

❻　E. Zeller, *The Pre-Socratic Schools,* Vol. 2., pp. 191–4.

❼　E. Zeller, *The Pre-Socratic Schools,* Vol. 2, p. 195.

❽　D. L., VIII. 2.51–77.

❾　E. Zeller, *The Pre-Socratic Schools,* Vol. 2, p. 195.

示出恩培多克利斯的哲學思想的複雜性和折衷性。

他在本原問題上，折衷於伊奧尼亞學派的物質性本原說和巴門尼得斯的存在論之間。

㈠提出以火、氣、土、水為代表的四根說

你首先要聽著，一切事物有四種根：照耀萬物的宇斯〔火〕，哺育萬物的赫拉〔氣〕，以及埃多涅烏 (Aidoneus)〔土〕和涅斯蒂 (Nestis)〔水〕，它們讓自己的淚水成為變滅事物的生命泉源。⓫

但是，他將這四種根看作為類似巴門尼得斯的「存在」，徹底地看作為不僅永恆，沒有開端，也不毀滅，而且是均勻的，在質方面是不可變化的。⓬並且以巴門尼得斯的「存在」來論證其四根本原說，認為它們是不生不滅的：

這些傻子們！他們的思想只是鼠目寸光，因為他們相信一個不存在的東西能夠產生，一個存在的東西能夠完全死去滅盡。⓭因為，既然從根本不存在的東西裡不可能產出任何東西來，所以根本不能說存在的東西能消滅，也不會聽見這種話的。因為存在的東西永遠存在，不管人們是把它放在什麼地方。⓮

⓾　E. Zeller, *The Pre-Socratic Schools,* Vol. 2., p. 202.

⓫　《DK》: 31B6.

⓬　W. 文德爾班：《哲學史教程》上卷，第 59 頁。

⓭　《DK》: 31B11.

⓮　《DK》: 31B12.

正因為這樣，他堅持：「任何變滅的東西都沒有真正的產生，在毀滅性的死亡中也並沒有終止。」❶❺所以，水、氣、火、土四種元素「不是產生出來的元素。」❶❻

也就是說，四根或四種元素，從絕對意義上講是不存在生滅的，就其整體來講，像巴門尼得斯的「存在」一樣永遠是一：「在全體中既沒有空虛，也沒有過剩。」❶❼

(二)萬物又是從四根中派生或流射出來的

要知道從一切生成的事物裡都發生流射。❶❽

恩培多克利斯又將永存、不變、不動的四根和赫拉克里特斯的「萬物皆流」說折衷地結合起來，認為四根固然是不變的，但是通過它們的結合和分離，卻可以派生出處於變易中的萬物，他稱這種學說為「兩重的道理」：

我要告訴你一個兩重的道理。在一個時候，一個個別的存在物由多數事物結合長成，另一個時候，這個存在物又分解了，由一個東西成為多數事物。既然變滅的事物的產生是雙重的，它們的消滅也是雙重的。因為萬物的結合既形成而又破壞一個東西，另一個剛生長出來的東西當元素分離時又解體了。……所以，就一從多中產生，多又從一的分解中產生而言，事物是產

❶❺　《DK》: 31B8.
❶❻　《DK》: 31B7.
❶❼　《DK》: 31B13.
❶❽　《DK》: 31B89.

> 生的而又並不是不變的。可是，就經常的變化從不停止而言，
> 事物是始終處在不可動搖的存在循環之中。 ⑲

也就是說，恩培多克利斯在採納巴門尼得斯的存在論，堅持四根不生、不滅、不動、永恆存在的同時，又採納伊奧尼亞學派的理論，用「流射」、「結合既形成」、「分解」來解釋萬物從四根的產生和毀滅，這樣也就變相地肯定了巴門尼得斯所貶抑的「意見世界」。從這種意義上來講，他的四根說，既從根本上改造了巴門尼得斯的存在論，又折衷了赫拉克里特斯的「萬物皆流」說。

接著對作為質料的四種元素本身的構造及彼此如何結合派生萬物等，作出了進一步具體的闡述：⑴四元素是粒子化的微小的物質粒子，以不同方式組合起來就構成萬物。萬物是由四元素微粒並排，互相排列在一起而構成的。 ⑳⑵元素有孔道結構，循此組合成萬物。但是這種組合，也只能發生在「那些所含孔道相互對稱吻合的物體之間。」㉑⑶由於四種元素構成的數量上不同的比例，造成在性質和形態上千差萬別的自然物體。例如，肌肉是由於四種元素等量的混合，神經是由火、土和雙倍的水結合而成，骨頭是由兩份水、兩份土和四份火混合成的。 ㉒

㈢「愛」和「爭」是諸元結合、分離派生萬物的原因

恩培多克利斯，一方面接受伊利亞學派的存在論，只承認元素是不生、不滅、不動；另方面又接受伊奧尼亞學派的「萬物皆流」

⑲　《DK》：31B17.

⑳　Aristotle, *On Generation and Corruption*, 334ᵃ26–31.

㉑　Aristotle, *On Generation and Corruption*, 324ᵇ34–325ᵃ3.

㉒　《DK》：31A78.

說，承認處在運動變化中的從四元素派生的現象世界。他是憑藉外在於元素的「愛」和「爭」來溝通這兩個領域的。這對「愛」和「爭」與元素一樣，同樣也是非派生是永恒的：「它們（指愛和爭——引者注）以前存在，以後也將同樣存在，我相信，這一對力量是會萬古長存的。」❷❸其中，「愛」是一種結合的力量，「恨」則是一種分離的力量。❷❹

進而認為，這兩種力量不是彼此均衡的，要是這樣，萬物的生、滅、運動就不會出現；而是由於這兩種彼此對立力量中某種力量的佔優勢與否，使四種元素不斷結合或分離，由此呈現四元素構成的萬物，就處於經常發生的生滅變易之中。

恩培多克利斯在肯定四元素為萬物的本原的同時，又提出「愛」和「爭」是促使四元素派生萬物的原因，它們與四元素一樣是不生不滅但是能動的。實質上，將「愛」和「爭」這對力量，與四元素並列為萬物的本原。亞里士多德在《形而上學》中，將「愛」和「爭」明確地解釋為「運動源泉」，即動力因：恩培多克利斯應用「愛」和「爭」兩種原因，雖然比阿納克撒哥拉斯應用「心靈」（「努斯」）；讓「愛」來分離事物，讓「爭」來結合事物，所以：

> 恩培多克利斯與他的前輩相反，他第一個以分開的方式來講這個原因，不提出一種運動源泉，而提出兩種不同的、相反的運動源泉。❷❺

---

❷❸ 《DK》: 31B16.

❷❹ 《DK》: 31B17.

❷❺ Aristotle, *Metaphysics*, 985ᵃ29–30.

根據亞里士多德的這種精闢的分析，實際情況也正是這樣，恩培多克利斯儘管沒有意識到，實際上是將四種元素看作是「質料」，將「愛」和「爭」看作是「形式」。艾修斯在《意見》中正是這樣進行分析和論斷的：

> 恩培多克利斯承認必然性是一，四種元素是它的質料，爭和愛是形式；他把各種元素和由各種元素混合而造成的世界，以及萬物在唯一的形式下結合而成的球體（希 sphairos），都看成神靈；他把靈魂看成女神，把純粹地分享著靈魂的純粹的東西看成男神。㉖

由此可見，艾修斯儘管用亞里士多德的形式質料說的術語來解釋恩培多克利斯的本原說，但確是揭示了它的本質。一方面是贊成伊利亞學派，主張作為質料來理解的四元素的永恆存在及其不變不動性，但反對伊利亞學派的否定可感意見世界的現實性；另方面贊成赫拉克里特斯的肯定「萬物皆流」的可感世界的現實性，但又反對赫拉克里特斯的火本原說，堅持四元素是構成同樣事物、產生同樣事物的永恆不變的本原。這種學說，實質上是預示著柏拉圖的理念論。其突出的特點，是在不變不動永存的質料（四元素）和生滅變動的可感意見世界，另行設置了「愛」和「爭」，以此作為動力、形式、原因，來解釋四元素的派生可感意見世界；它實質上又預示亞里士多德的形式質料說。這裡可以清楚地看出，恩培多克利斯的本原說實質上是二元論的，在這點上，既不同於伊奧尼亞學派和伊利亞學派，也不同於後來的柏拉圖和亞里士多德。

㉖　Aëtius, *Placita*, I,7.28.

第三節 同類相知——流射說

恩培多克利斯憑藉流射說來探討其認識理論，這裡主要依據塞奧弗拉斯特在其《論感覺》來闡述其認識論。❷⁷

恩培多克利斯的出發點是萬物皆發出流射：「要知道從一切生成的事物裡都發生流射。」❷⁸由此可見，他將認識論的討論是放置在由本原（四根、「愛」和「恨」）所派生的現實可感的意見世界。聲稱，不僅動物、植物、大地和海，而且石頭、銅和鐵都不斷放射出許多流；因為任何事物都是由於無休止射流的不斷運動，而耗損和消亡的。具體情況是這樣的：

首先，將「流射」和「通道」相結合，來說明感覺、知覺的形成。知覺是由於有一些各自與一種感官的通道相配合的「流射」。正因為這樣，一種感官是不能判斷另一種感官的對象的；因為有些感官的通道對感覺對象太寬，而另一些感官的通道對感覺對象太窄，所以這些感覺對象或者是根本不能通過。也就是說，只有與感官通道相配合的「流射」，才能產生感覺。總之，「感覺是由於對孔道的適應而產生的。」❷⁹

其次，視覺等的產生。眼睛的內部是由火構成的，而眼睛的周圍則是土與蒸氣，由於眼睛的精細，所以火能夠像燈籠裡的光一樣

---

❷⁷　有關的部分收入 J. Burnet, *Early Greek Philosophy,* pp. 246–248。這裡根據北京大學哲學系外國哲學史教研室編譯：《古希臘羅馬哲學》，第 77–79 頁。

❷⁸　《DK》: 31B89.

❷⁹　《古希臘羅馬哲學》，第 79 頁。

通過土與蒸氣。火與水的通道是安排得一條隔著一條的；通過火的
通道，我們看到發光的對象，通過水的通道則看到黑暗的對象；每
一類對象都各自與一類通道相配合，各種顏色是由「流射」帶給視
覺的。聽覺是由「外面的聲音造成的」，當語言所推動的空氣在耳朵
內部鳴響時，便產生了聽覺。嗅覺是由呼吸的作用而產生的，所以，
嗅覺最靈敏的人的氣息造成最強烈的運動，而且最濃的氣味來自最
輕最細的物體。

其次，同類相知。鑒於只有一些各自與一種感官的通道相配合
的「流射」，感覺是由於對孔道的適應而產生的，所以他進而提出同
類相知說。正像亞里士多德在《論靈魂》中所指出的那樣，恩培多
克利斯的這種學說是建立在元素靈魂說的基礎上的，恩培多克利斯
認為靈魂是由諸元素合成，而每一元素各可認為是某一靈魂：　❸⓿

通過土我們看見土，通過水而認識水，
通過氣認識神聖的氣，通過火認識毀滅一切的火，
通過愛認識愛，通過爭認識爭。　❸❶

由此得結論：「思想是從相同的東西而來，無知是從相異的東西而
來，這就等於說，思想與知覺是相同的，或者幾乎是相同的。」❸❷
最後，以「同類相知」來解釋聰明與否。人主要是以血液來思
想的，因為在血液裡面，身體一切部分各種元素都十分完全地混合
在一起。正因為這樣，凡是身體中各種元素均等地混合在一起的人，

---

❸⓿　　Aristotle, *On the Souls,* 404^{b}11–12.

❸❶　　恩培多克利斯殘篇，轉引自 *On the Souls,* 404^{b}13–15。

❸❷　　Theophrastus, *De Sensus*，見《古希臘羅馬哲學》，第 79 頁。

以及身體中各種元素的間隔不太遠也不太小或大的人,都是最聰明
的,具有的知識也最多。反之,情況與此相反的人便是愚蠢的。 ❸

由此可見,恩培多克利斯的以「同類相知」——流射說為特徵
的認識學說,基本上是唯物主義的,認識來自外界同類元素和主體
同類感官元素相互作用而產生的。當然帶有明顯的機械論特徵,但
畢竟與他的四根說是一致的,是其有機的組成部分。

第四節 宇宙演化

恩培多克利斯正是以其二元論的本原說來闡述其宇宙演化和
宇宙學的。以「愛」和「爭」作為動力,引起四元素的相互作用,
出現以三個階段為一個周期地循環進行的。

㈠「愛」佔主導地位

當「愛」的力量佔到統治時,整個宇宙是一個球體,將一切東
西都混合在一起,「愛」處在球體中心,形成一種漩渦運動,將四元
素結合在一起;爭的力量只能潛處在球體的外層邊緣。其時,一切
都混合在一個球體中混沌一團。正因為這樣,沒有紛爭和衝突,也
就沒有日月、天地和江河等等的區別。這也不是一朝一夕形成的,
而是「當衝突到達漩渦的最深處,愛到達漩渦的中心時,這一切便
在愛中間結合起來形成一個統一體,這並不是一下造成的,而是一
個從另一個而來,自願地結集在一起。」❸

㈡「爭」的力量逐漸崛起而佔到優勢主導地位

當「爭」從外層邊緣逐漸侵入球體,將「愛」的力量壓向球體

---

❸ 同 ❸。

❸ 《DK》:31B35.

中心，這時由於「愛」和「爭」的交互作用，從而造成四元素從原先絕對混合中分化，化生出世界萬物，形成日月、天地、星辰和江河大海等。當「爭」的力量繼續增長擴展到整個球體，將「愛」壓縮到球體的中心點。結果，原先由「愛」的力量結合成的一切物體解體，導致諸元素彼此分離而分別各自聚集在一起。這時，由諸元素結合成的各種物體都不存在了，只剩下彼此分離而各自集合在同類四元素中的某一元素。

㈢「愛」的力量重新崛起

當「爭」被「愛」再次被推向邊緣時，原先被推向分離的諸元素又重新結合起來，又形成另一個世界。進展到「愛」的力量又逐漸達到新的頂峰，這樣原來各自分離的元素又絕對地混合在一起。這樣又回復到最初第一階段的絕對和諧、混沌的神聖的球體。這樣，才又開始一個新的週期。

第五節　神、靈魂及其淨化

恩培多克利斯是先期希臘哲學家中，宗教神學色彩最為濃厚的哲學家，較之畢達哥拉斯也有過之而無不及。自稱「我是一位不朽之神，而非凡人。」[35]能授人以巫術，它不僅能呼風喚雨，而且「還能使死人從地下復生。」[36]這裡分別討論他的有關神、靈魂和輪迴以及淨化的觀點。

㈠神

恩培多克利斯的有關神的觀點是相當蕪雜的，貫穿他的《論自

---

[35]　《DK》：31B112.

[36]　《DK》：31B11.

然》和《淨化篇》中的神，有以下兩種見解：⑴由四元素構成的神，相當於精靈。有生有死，只是壽命比凡人長。❸❼實質上指原先的凡人而其靈魂已獲得淨化，其主要特徵是「獲得豐富的神聖知識的人。」❸❽⑵相當於希臘宗教神話中的人格化的諸神，他們不具形體，「要我們將這個神置於我們眼前，或者用我們的手去把握他，那是不可能的，那樣做只是人心通常的信仰途徑。」❸❾它指「有權威和榮譽的神，由於分有了那些不朽者的神灶和聖餐，因而全無人的悲痛和怠倦。」❹⓿是永生的。

㈡靈魂和輪迴轉世

恩培多克利斯的靈魂觀念，同樣也是蕪雜的。在《論自然》中，更多地傾向於從四元素混合的意義上來界定靈魂。它相當於前期希臘哲學家們所理解的那種具備認知活動能力的精神意識。他明確地肯定人的感覺、情感和思想活動都有其生理基礎。它的活動與外界環境和事物的作用相聯繫的。在《淨化篇》中所講的靈魂，則是宗教、唯心主義上的獨立精神實體，它主要在宗教、道德領域中發生作用。

正是在後面這種宗教和道德領域中發生作用的靈魂，是不朽的，是受制於輪迴的。正像普魯塔克所記載的那樣：「靈魂是從別處到這裡來的。他就客氣地稱這種生成是寄居。這是種最為文雅的稱呼。但實際上，靈魂是被神的命令和法律所驅逐的完全的流浪漢。」❹❶自稱：「也是個眾神斥逐的漂泊者。」❹❷要是一旦被血污染或

---

❸❼　《DK》：31B21.

❸❽　《DK》：31B132.

❸❾　《DK》：31B133.

❹⓿　《DK》：31B146,147.

者因爭吵而發下虛偽的誓言,「就要三萬個春秋遠離這至福的生活。」❹ 也就是說陷入輪迴。他自稱也曾經歷過輪迴:「我確實變成過童男或少女,灌木、小鳥和啞口的海魚。」❹ 因此,只有憑藉淨化,才能享受至福生活。

㈢淨化

恩培多克利斯認為人是靈魂托身的最高形式,他只能憑藉淨化滌除罪惡才能重返與諸神同在的至福世界。這就需要憑藉種種淨化,才能達到。

綜合其有關言論,大體有三類淨化方式。第一類是實施種種禁忌。禁忌吃肉、豆類和月桂。這可能是鑒於遭受輪迴的靈魂,寄居於動、植物中。正因為這樣,他猛烈抨擊當時希臘盛行的血祭儀式,認為它是親骨肉互相殘殺:「難道你們不願終止這可惡的殘殺,寧肯因愚笨莽撞而彼此吞蝕、耗盡?」❹ 第二類是「戒絕邪惡」。強調在日常行為中不可為非作歹,心靈不要被邪惡弄得狂亂,否則將墮入犯罪的深淵:「因此,你們是被邪惡弄得心神狂亂了,你們那負荷著罪孽的靈魂將不能忍受。」❹ 第三類是知識的淨化。在恩培多克利斯看來,人與神的區別的標誌在於知識的高下:諸神就是「那些獲得豐富的神聖知識的人;而那些可幸的不幸的芸芸眾生,在他們心裡只有對於諸神的模糊、朦朧的意見。」❹ 因此,人要獲得拯救重返幸

---

❹ Plutarch, *On Exile,* 17, 607D. 根據苗力田主編:《古希臘哲學》,中國人民大學出版社,1989 年版,第 138 頁。

❹ 《DK》: 31B115.

❹ 同❹。

❹ 《DK》: 31B117.

❹ 《DK》: 31B136. 見苗力田主編:《古希臘哲學》,第 137 頁。

❹ 《DK》: 31B145.

福世界，只有憑藉知識才能真正淨化靈魂，這些人是先知、詩人、
醫生和王子：

　　到頭來，他們作為先知、詩人、醫生和王子

　　來到這世俗的人中間，

　　由於分有了那些不朽者的神灶和聖餐，

　　因而全無人的悲痛和怠倦。❹⓼

從其靈魂淨化觀來看，是深受畢達哥拉斯學派和奧菲斯教影響的。

小　結

　　恩培多克利斯面對伊奧尼亞學派和伊利亞學派的對立，提出其
調和折衷的二元論哲學，具有濃厚的宗教神秘主義的特徵。

　　在本原問題追隨巴門尼得斯的存在唯一，認為構成萬物的四根
（元素）本身是不生不滅不動；但同時又追隨赫拉克里特斯的「萬
物皆流」、即巴門尼得斯所否定的可感的意見世界；提出「愛」和「爭」
作為動力，以解釋從四根中「流射」出處於生滅運動中的現實世界。
並以此來闡述其帶有周期循環特徵的宇宙演化和生成，當「愛」佔
到主導時，四根混合成為混沌一團的球體；當「爭」佔到主導時，
四根分離流射出萬物；當「愛」再次佔到主導時，又返回混沌一團
的原狀，構成一個周期。這種學說影響了柏拉圖的理念論和亞里士
多德的形式質料說。在認識論領域，提出建立在「流射」基礎上的

---

❹⓻　　《DK》：31B132.

❹⓼　　《DK》：31B147.

同類相知說，肯定人的知覺來自外界一些各自與主體感官的通道相配合的流射，但將感性知覺和思想相等同。

就其有關神、靈魂及其淨化的學說而言，恩培多克利斯是先期希臘哲學家中宗教神學色彩最濃厚的哲學家，既肯定由四元素構成意義上的神，又肯定宗教神學意義上人格神存在。信仰靈魂不朽輪迴轉世，以及各種宗教禁忌和巫術，信仰通過實施種種禁忌、戒絕邪惡和提高人的認知，靈魂就可以得到淨化而重返至福世界與神同在。

第七章　阿納克撒哥拉斯

　　面對伊奧尼亞學派同伊利亞學派的對立，阿納克撒哥拉斯提出與恩培多克利斯相類似的二元論折衷體系，但彼此有明顯的區別。恩培多克利斯的自然哲學，只是構成其整個神秘主義體系中的一個組成部分，雖則是其重要組成部分，但也只是循此試圖解釋一起組成整個宇宙的兩個世界中的一個世界；而阿納克撒哥拉斯則徹底排除神秘主義因素，遵循伊奧尼亞學派自然哲學的理性之路前進。❶

第一節　生平和著作

　　阿納克撒哥拉斯（Anaxagoras，約西元前 500–前 428）出生於希臘在小亞細亞的殖民城邦克拉佐門尼，是恩培多克利斯和留基伯的同時代人，被認為是米利都學派「阿納克西米尼斯的哲學」的追隨者，❷學問淵博，名列當時傑出的數學家和天文學家。❸

---

❶　根據 E. 策勒就塞奧弗拉斯特和辛普里丘《物理學》(27.2) 的記載作出的綜述，見 E. 策勒：《古希臘哲學史綱》，翁紹軍譯，山東人民出版社，1992 年，第 64 頁。

❷　第歐根尼・拉爾修認為阿納克撒哥拉斯是阿納克西米尼斯的學生，從生卒年代上看是不可能，這裡根據 J. 伯奈特的解讀，見其 *Greek Philos-*

他出身當地顯貴世家，又饒於資財，但他品性高尚，甘於清貧，將遺產分贈給親屬，擺脫一切，從事對自然的研究，不介入政治活動，二十歲時就移居當時希臘世界政治、文化中心的雅典，住了有三十年之久。❹出生早於恩培多克利斯，但是「哲學活動進行得比較晚。」❺

來到雅典居住達三十年之久（西元前 460-前 430），依然迴避政治，潛心研究學問，顯示出他是第一位自覺而又審慎的純思辨的思想家，將認識世界看作是生活的任務和目的，並充分相信由此帶來的道德影響，顯示出一種建立在經驗和觀察基礎之上的認識能力與一種思辨能力的恰當結合。❻

阿納克撒哥拉斯定居雅典三十年期間，正是雅典在整個希臘世界中的地位日益上升和日趨繁榮昌盛時期，其中後來的一段時期（西元前 444-前 429 年）正是最為光輝的伯里克利時代。根據柏拉圖的記載，他與伯里克利的關係極為密切：

伯里克利……除掉他的天才以外，他還有自然科學的訓練。因為，他從阿納克撒哥拉斯受過教，這位就是一個自然科學家，

ophy, Part I, p. 78。

❸　E. Zeller, *The Pre-socratic Schools,* Vol. 2, p. 326.

❹　D. L., II. 3.5–13.

❺　Aristotle, *Metaphysics,* 984ᵃ12–13. 對這句話，J. 伯奈特認為可以有兩種解釋，一是意指阿那克撒哥拉斯的著作發表得比恩培多克利斯晚，另一種是意指前者的成就不如後者。詳見 J. Burnet, *Greek Philosophy,* Part I, p. 76。

❻　詳見 E. Zeller, *The Presocratic Schools,* Vol. II, pp. 321–329.；E. 策勒：《古希臘哲學史綱》，第 64 頁。

傳授給伯里克利一些玄奧的思想，引他窮究心物的本質。因此，伯里克利能夠把這方面的訓練應用到修辭術方面去。 ❼

由此可見阿納克撒哥拉斯對伯里克利有巨大影響，並成為其集團的重要人物和核心成員，同正在興起的有智者派等積極參加的啟蒙運動的重要代表，對以伯里克利為代表的雅典民主政制的發展作出了貢獻，對雅典之所以成為希臘世界文化中心作出了貢獻。但也因此遭到對方和堅持傳統思想的保守集團的反對。

隨著西元前 432 年，奧拉克蘭的祭司第奧匹特 (Diopeithes) 的提案在立法會議上得以通過：「凡不接受宗教者，凡傳播天文學說者應交付審判。」 ❽ 伯里克利的政敵乘機在伯羅奔尼撒戰爭爆發前不久掌權時，就告發阿納克撒哥拉斯宣傳「太陽是燃燒的石頭」和私通波斯人，借以打擊伯里克利；以致他幾乎被處死刑，由於伯里克利的傾力救援才得以逃離雅典，避居蘭薩庫斯 (Lampsacus) 創立自己的學派，在當地享有盛譽，於西元前 428 年去世。

生前作為一個真正的伊奧尼亞人，用散文撰寫了《論自然》， ❾ 當時曾正式發表，現僅剩下若干重要殘篇被保存下來。

第二節　本原：「種子」── 「努斯」

在萬物本原問題上，阿納克撒哥拉斯和恩培多克利斯同樣面對著伊奧尼亞學派和伊利亞學派的對立，都一致認為一種嚴格意義上

---

❼　Plato, *Phaederus*, 270A.

❽　見 E. 策勒：《古希臘哲學史綱》，第 65 頁。

❾　E. Zeller, *The Pre-socratic Schools*, Vol. 2, p. 329.

的生成和消滅以及事物的任何質變，都是不可能的，並因此同樣對
此作出二元論的回答，但其具體內容卻又是不一樣的。他既不指名
的批評了四根說，聲稱：「頭髮是怎樣會從非頭髮產生，肉是怎樣會
從非肉中產生的呢？」⑩ 又不同意他以「愛」和「爭」來作為動力，
以解釋基質本身結合和分離與由之發生的運動。循此提出種子－努
斯說，其根本特徵是「第一個將努斯加在物質上面。」⑪

一、種　子

　　阿納克撒哥拉斯在萬物本原問題的出發點上，接受巴門尼得斯
的存在論的基本觀點：「存在不能從非存在產生，也不能變為非存
在。」從而強調「在全體中並存著萬物」，⑫ 即宇宙萬物在其總量上
是不增不減、不生不滅的；是常住不變的：

　　　全體是不能減少也不能增加的，因為多於全體是不可能的事；
　　　全體是始終如一的。⑬

古代的記載也肯定了他的出發點正是這樣，亞里士多德認為他「接
受了自然哲學家的共同意見，認為無中不能產生出有來。」⑭ 艾修斯
也有相類似的記載：「他認為事物從虛無中產生或消滅為虛無是完
全說不通的。」⑮

---

⑩　《DK》：59B10.

⑪　D. L., II. 3.5.

⑫　《DK》：59B5.

⑬　《DK》：59B6.

⑭　Aristotle, *Physics*, 187^{a}29.

　　正是在這種認識下，阿納克撒哥拉斯提出「種子」（希 spermata，英 seeds；或「要素」希 chremata，英 elements）或「同素體」（希 homoeomeries）為本原。它有如下的特徵：

　　㈠「種子」是物質、質料、基質

　　阿納克撒哥拉斯明確地認為，「種子」是非派生的絕對存在意義上構成形形色色萬物的質料，即使是具有靈魂的生物，也是由「種子」組合成的：

> 在一切複合的事物中，包含著多數的、多方面的質料和萬物的「種子」，這些「種子」具有各種形式、顏色和氣味。人就是這樣組合起來的，一切具有一個靈魂的生物也是這樣組合起來的。這些人同我們一樣擁有所居住的城市和所耕種的土地，他們也同我們一樣有太陽、月亮和其他的星辰，他們的土地供給他們許多各種各樣的植物，他們把其中最好的收集到家裡來賴以生活。⓰

不僅我們生活於地球上的一切，而且其他天體及其一切都是作為質料的「種子」組合成的。在殘篇 9 中進一步闡述了這種質料意義「種子」本原觀：「這些質料由於速度的力量而旋轉，並且彼此分開。產生力量的是速度。」⓱並以他的高度想像力設想這種速度，認為它與現今人類世界中任何事物的速度都不一樣，都不相似，「是一種完全不同的速度。」⓲艾修斯更其明確地將這種「同素體」（即「種子」）

⓯　《DK》: 59A46.

⓰　《DK》: 59B4. 見《古希臘羅馬哲學》，第 69 頁。

⓱　《DK》: 59B9.

理解為構成萬物的物質性本原，而「努斯」則是動力因：「斷言『同類體』是存在物的本原。……『同素體』是物質，安排宇宙的『努斯』是動力因。」❶

(二)「種子」是無限多

作為構成萬物本原的質料來理解的「種子」的根本屬性是它的無限性。要是說，阿納克撒哥拉斯由於接受巴門尼得斯的存在論而提出種子本原說，那麼他又將阿納克西曼德的「阿派朗」(「無限」)以及阿納克西米尼斯的「氣」，都作為「種子」的本質屬性，從而將對立的兩類本原說結合了起來。就阿納克西曼德而言，「阿派朗」作為物質本原，是一種質的規定性；而阿納克撒哥拉斯的「種子」，不僅在質，而且在量上都是無限的。它不僅在質的規定性上是無限的，而且在其數目多少、大小上都是無限的。這點，在其現存的第一則殘篇上就作出了明確的闡述：

> 最初萬物混在一起，數目是無限多，體積是無限小。因為小正是無限的。當萬物混在一起時，由於微小，是不能把事物分清的。氣和以太這兩種無限的物質壓制著其他的一切。因為在全部物質中，這兩種物質在數目和體積上是最佔優勢的。❷

這樣，他在接受了巴門尼得斯和以阿納克西曼德、阿納克西米尼斯為代表的本原說，並改造了他們並加以具體化，將作為「一」的存在改造為多，將具有質的規定性的「阿派朗」和「氣」，改造為質和

---

❶　同❶。

❶　《DK》: 59A6. 見《古希臘羅馬哲學》，第 67–68 頁。

❷　《DK》: 59B1.

量的統一體的「種子」或「同素體」。氣和以太，是從作為數量上無限的物質「種子」中分離出來的。㉑

（三）「種子」或「同素體」是至小和至大的統一體

阿納克撒哥拉斯不僅認為作為本原的「種子」是質和量相統一的無限體，並對這種無限體作出了進一步的闡述，就其小而言是至小（即無限小），就其大是至大（即無限大）：

> 在小的東西中是沒有最小的東西的，總是還有更小的東西。因為決不可能使存在物不復存在。在大的東西中也總是有更大的東西。大的東西的數量也和小的東西一樣無限。每一件事物既是大而又小。㉒

這樣，他的種子本原說，就將一和多、無限大和無限小統一了起來。他在殘篇 6 中就明確地申述了這種觀點，聲稱：既然大的和小的都同等地有許多的部分，這樣看來，也就是一切中包含著一切；這樣也沒有什麼奇怪，一切是分有著一切。既不能有最小的東西，那麼事物就不能孤立起來，獨立地存在著，萬物現在也應該是混合的，和最初一樣；「在萬物中包含著許多根本的質料，無論是由原始混合中分出的大的東西或小的東西都是一樣的。」㉓

正因為這樣，萬物都是從「種子」或「同素體」中產生出來的，可感的頭髮，只能從作為同素體的那種同素體中產生出來，可感的肉，只能從作為同素體的那種肉中產生出來。㉔因為，萬物既不能

㉑　《DK》: 59B2.

㉒　《DK》: 59B3.

㉓　《DK》: 59B6.

從虛無中產生出來，也不能歸於虛無。我們吃的食物，從表面上看好像是單純齊一的，譬如水和麵包，可是從這食物卻長出頭髮、筋腱、血管、肌肉、神經、骨骼和其他一切肢體來。「因此應當承認，在我們所吃的事物中並存著一切事物，因而一切事物都由它而增長。」㉔所以在水和麵包中，便含有血液、神經、骨骼等等的發生部分。關於這點，盧克萊修 (Lucretius，約西元前 98–前 55) 在其《物性論》中闡述得更具體。聲稱，阿納克撒哥拉斯的作為「萬物本原」的「同素體」，意指：骨頭是許多小骨頭合成，肌肉由許多小肌肉合成，血液由許多混合在一起的血滴造成，金子由許多小金片造成，土由土的部分造成，火由火的部分造成，水由水的部分造成，「其餘一切他也認為是這樣造成的，他不同意物體中有空隙，也不承認物體的分割有一個限度。」㉖

　㈣「種子」或「同素體」通過「混合」或「分離」產生萬物

　　阿納克撒哥拉斯認為宇宙的「種子」或「同素體」，無論從質或量其總量是不變或不生不滅的，「全體是不能減少也不能增加的，因為多於全體是不可能的事；全體是始終如一的。」㉗由此認為，宇宙萬物是「種子」或「同素體」混合或分離的結果：「希臘人在說到產生和消滅時，是用詞不當的，因為沒有一件東西產生或消滅，而只是混合或與已經存在的事物分離。因此，正確的說法是不說產生而說混合，不說消滅而說分離。」㉘亞里士多德在《形而上學》中，對

㉔　《DK》: 59B10.

㉕　Aëtius, *Placita,* I.3. 或 《DK》: 59A46.

㉖　Lucretius, *De Rerum Natura,* 870–880.

㉗　《DK》: 59B5.

㉘　同㉗

此也正是這樣記載的：

> 阿納克撒哥拉斯「他說本原的數目無限；因為他說一切事物都
> 是同素體造成，這些同素體具有著水或火的形式；萬物的生滅
> 只是由於結合和分離，此外並無其他意義的生滅，萬物是永恆
> 存在的。」❷❾

接著，阿納克撒哥拉斯提出以「努斯」作為動因來解釋這種混
合和分離。

二、努　斯

阿納克撒哥拉斯另行提出的，與「種子」相並列的另一本原是
「努斯」（希 nous），原意為「理智」（英 intelligence、intellect）或
「心靈」（英 mind），以此來解釋萬物之從「種子」或「同素體」的
分離或其相混合。它在其哲學體系，有如下諸特徵。

㈠「努斯」是獨立於「種子」或「同素」的另一精神性本原

阿納克撒哥拉斯聲稱「努斯」不同於萬物，「心靈則是無限的，
自主的，不與任何事物相混，而是單獨的，獨立的，自為的。」❸⓿並
對這種觀點進行了理論上的論證，聲稱：因為如果「努斯」不是自
為的，而是與某種別的東西相混，那麼它就要分有一切事物，那彼
此就要相混、相包含；這樣其他事物就會妨礙心靈，「使它不能同在
獨立自為的情況下一樣好地支配一切事物。因為，心靈是萬物中最
稀最純的，對每一件事物具有全部的洞見和最大的力量。」❸❶萬物彼

---

❷❾　Aristotle, *Metaphysics,* 984ᵃ12–16.

❸⓿　《DK》：59B12.

此相包含，但是「只是不包含『努斯』的一部分。」❸

　　第歐根尼・拉爾修更其是明確指出，阿納克撒哥拉斯第一個提出與物質本原相提並論的精神性本原「努斯」的：「第一個把『努斯』加在物質上面。」❸這種論斷可能來自亞里士多德，後者在《論靈魂》中，從整個先期希臘哲學的發展圖景揭示出，阿納克撒哥拉斯的「努斯」和靈魂是同類的、是萬物的本原、是純存在：

　　　　阿納克撒哥拉斯似乎認為靈魂和「努斯」不同，但他宣稱這兩
　　　　者是一種自然物，此外他認為「努斯」是所有事物的最根本的
　　　　本原，說它是唯一簡單的未被混合的純粹的存在。❸

由此，哲學史家 W. K. C. 格思里認為，「努斯」即便不完全就是精神性的，也是極其接近於精神性的，在有機生命世界是與靈魂相等同的生命的原理。❸

　　㈡「努斯」是推動「種子」、萬物的分離和混合的動因，安排現存事物的原因

　　阿納克撒哥拉斯接受巴門尼得斯的存在論，肯定作為質料物質本原構成萬物的同素體的種子，是不生不滅不動，只能外在它而又同時並存的「努斯」的作用，才能運動而造成分離和混合，而且這種運動是有序的：

---

❸　同❸。

❸　《DK》: 59B11.

❸　D. L., II. 3.5.

❸　Aristotle, *On the Souls,* 405ª14–16.

❸　W. K. C. Guthrie, *A History of Greek Philosophy*, Vol. II , p. 279.

這個永恆的「努斯」，確乎現在也存在於其他一切事物存在的地方，以及周圍的物質中，曾與這物質相連的東西中，和業已與它分離的東西中。❸

當「努斯」開始推動時，在運動中的一切事物就開始分開；「努斯」推動到什麼程度，萬物就分開到什麼程度。而這個渦旋運動和分離作用，同時又造成了事物的更強烈的分離。❸

由此可見，阿納克撒哥拉斯是有意識地將「努斯」看作是獨立於物質本原「種子」（「同素體」）的另一精神本原，它們同時並列共存，永生不滅；但是，「種子」是被動的物質本原，「努斯」是能動的精神本原。這是本原觀上的典型的二元論。

阿納克撒哥拉斯還進一步把「努斯」解釋為安排萬物有序運動的目的：「將來會存在的東西，過去存在過現已不復存在的東西，以及現存的東西，都為『努斯』所安排。」❸亞里士多德也正是從他自己的目的論觀點出發，指名阿納克撒哥拉斯採納了這種看法：「『努斯』既在動物中，也在整個自然中，乃是秩序和一切條理的原因。他這樣說時，與前輩的隨便亂談比起來，顯得是一個明白人。」❸結果正像艾修斯所揭示的那樣，阿納克撒哥拉斯的「努斯」是動力因：「『同素體』是物質，安排宇宙的『努斯』是動力因。」❹但是，阿

---

❸　《DK》: 59B14.

❸　《DK》: 59B13.

❸　同❸。

❸　Aristotle, *Metaphysics*, 984^{b}16–20.

❹　Aëtius, *Placita*, I. 3. 即《DK》: 59A46。

納克撒哥拉斯還沒有逕直將這種作為動力因的「努斯」觀貫徹到底，即沒有將它看作為是目的因，以致使蘇格拉底和柏拉圖深深感到遺憾。**④**

由此可見，阿納克撒哥拉斯可以說是西方哲學史上第一個比較自覺地提出二元論的哲學家，「種子」（或「同素體」）是物質本原，「努斯」則是作為動力因的精神本原；它們分離而又並存，都是不生不滅永存的，由於「努斯」的作用，才造成「種子」的混合和分離，從而形成整個宇宙及其中包括人在內的萬物。

第三節　異類相知

根據塞奧弗拉斯特的觀點，希臘哲學家中關於感知理論，有兩組成為鮮明對比的理論。第一組用相似理論、即同類相知的理論來說明感知，其代表人物有巴門尼得斯、恩培多克利斯和柏拉圖，第二組用相反理論、即異類相知的理論來說明感知，其代表人物有阿納克撒哥拉斯、赫拉克里特斯和他們的學派。就阿納克撒哥拉斯而言，他的觀點是：

> 阿納克撒哥拉斯認為，感覺由相反者生成。因為，相同者是不受相同者影響的……。同樣，一件東西的熱和冷不是由類似的東西使我們感知熱和冷，也不能通過同樣的東西來認識甜和苦，而是根據每一個的缺乏由熱感知冷，由鹹感知甜，由苦感知甜。因為，他說一切都內在於我們之中了，……一切感知都伴隨著痛苦。這從他的假設中似乎是可以推出的，由於接觸，

---

④　Plato, *Phaedo*, 96D–98C.

一切不同的東西引起痛苦。這種痛苦由於時間的延長和感覺的加強而變得清楚明顯。　❷

由此可見，阿納克撒哥拉斯在感知領域內，是堅持了唯物的、素樸的反映論，認為由於彼此相異之客體相互作用，才產生感知。在堅持素樸反映論這點上，阿納克撒哥拉斯和恩培多克利斯是一致的。

　　但是，作為理性主義者的阿納克撒哥拉斯，在肯定理性、肯定理性和感性認識有本質區別上，是有別於恩培多克利斯；後者並未將兩者區別開來，更未認識到理性認識的獨特作用和意義。

　　首先，感性認識和理性認識，不僅彼此有區別的，而且彼此是對立的。塞克斯都·恩披里柯在其《畢洛學說綱要》中提到：「我們把思想的東西和感覺的東西相對立。」 ❸引阿納克撒哥拉斯的論點為依據：「因為雪是凝結了的水，而水是黑的，所以雪也是黑的。」這種觀點顯然是錯誤，是與「雪是白的」這個論點相對立的。這種對比的說法，正像阿納克撒哥拉斯在自己的一則殘篇裡所說的那樣：「由於感覺的軟弱無力，我們就不能辨別真理。」 ❹

　　其次，人之所以區別於野獸，在於人具有理性。阿納克撒哥拉斯認為，人在體力和敏捷上不如野獸，但人由於有了理性，所以比野獸強：「可是我們卻使用我們自己的經驗、記憶、智慧和技術。」❺根據亞里士多德在《動物的構造》中的記載，阿納克撒哥拉斯似乎

❷　Theophrastus, *De Sensus,* XXVIII. 根據苗力田主編：《古希臘哲學》，第152–153 頁。

❸　Sextus Empiricus, *Outline of Ryrrhonism,* I. 33.

❹　《DK》: 59B21.

❺　《DK》: 59B21b.

認識到，人之所以擁有理性因而勝於野獸，這是由於人具有作為工具的手：阿納克撒哥拉斯認為人類具有手，正是他們所以是一切動物中最為明智的原因；人這動物正是一切動物中最擅長於習得多方面技藝的。**⑯**

其次，理性認識所以優於感性認識，因為只有理性才能把握一般、本質。阿納克撒哥拉斯在其一則殘篇中講到，只有憑藉理性才能認識本原的本質：

> 在食物中便含有血液、神經、骨骼等等的發生部分，這些部分只能為理性所認識；因為不能把一切都歸結到感官，感官只是給我們指出水和麵包由這些物質構成，而只能憑藉理性才能認識到這些物質包含著部分。**⑰**

也就是說，憑藉感官只能認識到食物是由血液、神經、骨骼等構成的；但是，只有憑藉理性才能認識到滲透這些構造的是「同素體」這種物質本原。也就是說，感覺只能認識個別、特殊，只有理性才能把握共性、一般、本質。這點，這則殘篇是講得不清楚的；但是，亞里士多德在《論靈魂》中明確地指名談到，阿納克撒哥拉斯將努斯和思維聯繫起來：

> 就像阿納克撒哥拉斯所說的那樣，由於「努斯」能思維一切，為了居於支配地位，亦即為了認識，它必須是沒有被玷污的；因為雜入了任何異質的東西都會阻遏和妨礙它，所以「努斯」

---

⑯ Aristotle, *Historia Animolium*, 687ª2–24.

⑰ Aetius, *Placita*, I. 3. 即《DK》: 59A46.

除了接受能力外，並無其他本性。在靈魂中被稱為「努斯」的
部分（我所說的「努斯」是指靈魂用來進行思維和判斷的部分）
在沒有思維時就沒有現實的存在。❹

這裡亞里士多德揭示阿納克撒哥拉斯的「努斯」、理性認識的特徵在
於它能進行思維和判斷，這就與作為感官的直觀區別了開來。當然，
阿納克撒哥拉斯（這裡的亞里士多德也同樣如此）將理性認識和感
性認識、「努斯」和感官完全分割開來和對立起來，那是完全錯誤的，
理性認識只能依靠來自感官接受外界事物的作用而獲得的感性認
識，然後憑藉思維活動上升而獲得，離開了感性認識，不可能有天
賦的理性認識；阿納克撒哥拉斯之所以將它們分割開來和對立起
來，這是由於他在本原問題上堅持二元論相聯繫；但是他畢竟明確
地提出了理性認識和感性的區別，以及理性認識的根本特徵，是值
得肯定的貢獻。

小　結

　　處於同時代的阿納克撒哥拉斯和恩培多克利斯，同樣面對著伊
利亞學派和伊奧尼亞學派的對立，兩人同樣採取二元論觀點來調處
和折衷該兩派的對立，但由於所處的具體文化背景的不同，彼此在
本原說的具體內容上又有顯著的區別。從根本上來講，阿納克撒哥
拉斯的哲學是理性主義的，從而成為正在興起啟蒙思想的有機組成
部分，推動了以伯里克利為代表雅典黃金時期文化的形成。
　　阿納克撒哥拉斯在本原說上，與恩培多克利斯一樣從巴門尼得

---

❹　Aristotle, *On the Souls,* 429^{a}18–25.

斯的不生不滅不變不動的存在唯一出發，以「種子」（即「同素體」）為物質本原，並將阿納克西曼德的「阿派朗」和阿納克西米尼斯的「氣」的屬性歸諸「種子」這種被動的、質料（或基質）意義上的本原；與之同時，接受赫拉克里特斯的「火」和「邏各斯」觀另行設置與「種子」並存的動力因意義上的精神性能動本原「努斯」，由於它的安排，才產生宇宙萬物的結合和分離。從根本上排除了神的干預，堅持宇宙萬物的總量及其萬物間固有的質的區別都是常住不變的，宇宙萬物都是由於「努斯」的機械的安排而呈現結合和分離而已。

接著，以這種機械論的二元論本原說，貫徹到「異類相知」的認識論，以素樸的唯物的反映論來解釋由於彼此異類的主客體相互作用而形成感性認識。與之同時，由於純淨「努斯」的思維和判斷作用而呈現的理性，才能獲得對真理和本質的認知。他將感性和理性認識分割和對立起來是錯誤的，但意識到兩者間的區別和對立的一面是應該肯定的。

以恩培多克利斯、特別是以阿納克撒哥拉斯為代表的二元論的出現，標誌著先期希臘哲學的發展進入轉折時期；由於這種二元論是調和折衷的產物，它是不穩定的，其內在理論是充滿矛盾的，它的兩極分化是必然的；隨之，出現以德謨克利特為代表的成熟的唯物主義哲學體系，以蘇格拉底、柏拉圖、亞里士多德為代表的唯心主義哲學體系。從而促使整個希臘哲學的發展，進入其輝煌的黃金時期。

第八章　原子論

　　當希臘先期哲學發展到以恩培多克利斯和阿納克撒哥拉斯為代表的折衷的二元論時，進入新的轉折時期；同時由於人類在自然領域和社會領域又積累了大量的認識成果；這時就出現了「源於同根的兩條平行路線就發展成為德謨克利特的唯物主義和柏拉圖的唯心主義」。❶他們各自提出和制定了包括一切的、自身完整的體系，在此基礎產生了亞里士多德的偉大體系。德謨克利特同柏拉圖和亞里士多德，發展了古代最有價值的思想，是古代希臘哲學的三個偉大的代表人物。

　　由留基伯所創立和由德謨克利特所發展的原子論，在柏拉圖以前是希臘哲學成就的「王冠」，❷它由於克服了伊利亞學派的內在矛盾，從而比較完美地實現了伊奧尼亞唯物主義哲學的目的。它積極地總結了伊利亞學派和恩培多克利斯、阿納克撒哥拉斯哲學的成果，又克服了後兩人的折衷主義。❸

---

❶　W. 文德爾班：《哲學史教程》上卷，第 139 頁。

❷　G. S. Kirk, R. E. Raven & M. Schofield, *The Presocratic Philosophers,* 2rd Edition, 1983, p. 433.

❸　這是 G. S. 基爾克等的觀點，見上引書第 433 頁。但 E. 策勒認為原子論是折衷主義：「原子學說是介於赫拉克里特斯派和伊利亞派關於生成和

第一節　留基伯和德謨克利特

留基伯和他的弟子德謨克利特是原子論的兩個著名代表，前者由於可靠的傳記資料失傳，因此連是否確有其人都成為有爭議的「留基伯問題」。以致德謨克利特完全遮掩了他的光輝，但在亞里士多德著作裡，他們兩人是經常相提並論的。❹我們也循此討論原子論。

留基伯 (Leucippus，約西元前 500–約前 440)，傳說他是米利都人或愛利亞人，至於說他是巴門尼得斯或芝諾的學生，❺從生卒年代來核實都是不可能的。主要著作有《大宇宙系統》和《論心靈》，均佚失，僅留下一則殘篇。

德謨克利特 (Democritus，約西元前 460–約前 370) 是原子論的奠基人，是希臘本土東北端色雷斯地區阿布德拉人，該地和雅典在文化和學術上有密切的聯繫，以文化、經濟發達著稱。

存在的兩種極端看法之間的第三個折衷的體系。」(見《古希臘哲學史綱》，第 69 頁。)

❹ 參看 E. 策勒:《古希臘哲學史綱》，第 69 頁。根據著名的波尼茲 (Bonitz) 編的《亞里士多德著作索引》，其中指名提到兩人處不下百處，其中德謨克利特遠多於留基伯。一般希臘哲學史家都以德謨克利特為主要代表討論原子論哲學。唯獨 J. 伯納特反其道而行之，在其《早期希臘哲學》一書第九章，僅以留基伯為代表討論原子論，後來在其另一著作《希臘哲學》第一部分中，在第 11 章中接著蘇格拉底僅簡略地討論了德謨克利特，其內容也僅限於認識論和倫理行為理論，依然將構成原子論的基本學說歸諸留基伯。見該書第 193–201 頁。

❺ Simplicius, *Physics,* 28.4. D. L., IX. 7.31.

　　他的漫長一生跨越兩個世紀，他的童年正值希波戰爭結束，希臘和雅典進入以伯里克利為代表的奴隸主民主制的黃金時期。出身顯貴家庭，其父曾與波斯國王澤爾士相交往。從小受到良好而全面的教育，熱衷於追求真理，曾到埃及、埃塞俄比亞、波斯、印度等地，正像他自稱的那樣，積累了無比豐富的知識：「在我同輩人中，我漫遊了大地的絕大部分，探索了最遙遠的東西，我看見了最多的地方和國家，我聽見了最多的有學問的人的講演，而在勾劃幾何圖形並加以證明方面，沒有人超過我，就是埃及的所謂土地測量員也未能超過我。在那裡作客時，我已年近八十歲了。」❻根據特拉敘魯（Thrasyllus，約西元 36 年去世）編定的德謨克利特著作目錄，其中十五組共七十種著作，幾乎涉及和囊括了當時人類所知的一切知識部門，因此被認為是與亞里士多德一樣，是古代最為博學的哲學家。這些著作都已佚失，僅留傳下來其真偽有爭議的二百十六則道德格言。在當時就享有盛譽，被認為是「傑出的偉大人物。」❼馬克思和恩格斯也讚揚他是：「經驗的自然科學家和希臘人中第一個百科全書式的學者。」❽他所從事和積累的經驗科學知識，從而才有可能制定「包括一切的、本身完整的體系」，❾和柏拉圖和亞里士多德一起成為「第一批創立體系的天才思想家。」❿而且又有不同於柏拉圖和亞里士多德兩人的特點：「致力於抽象思維，明澈如鏡，熱衷於問題

---

❻ Eusebius, *Praeparatio Erangelica*, X. 472.

❼ Cicero, *De Natura Deorum*, I. 43.120.

❽ 馬克思、恩格斯：《德意志意識形態》，《馬克思恩格斯全集》，第 3 卷，第 146 頁。

❾ W. 文德爾班：《哲學史教程》，上卷，第 138 頁。

❿ 同❾。

簡化，言簡意賅。」⑪

第二節 本原：原子—虛空

　　原子論在本原問題上的出發點，同恩培多克利斯和阿納克撒哥拉斯一樣，都是針對以巴門尼得斯為代表的伊利亞學派的存在論，認為：存在必然是一，而且是不能被運動的；因為虛空不存在，而如果沒有分離存在的虛空，存在就不能被運動；再者，存在也不是多，既然沒有什麼分離它們的東西。由此理論出發，他們超越並否認了感覺，認為人們應服從理性，所以，他們斷言宇宙是一，且不能被運動。循此，他們認為他們的觀點是真理。

　　亞里士多德在《論生滅》中指出，上述伊利亞學派的理論，雖然似乎是邏輯地推出來的，但就事實而言，主張這種觀點卻屬胡言亂語，「因為沒有一個瘋子會從他的感覺出發認定火與冰是一；只有在好的和出於習慣顯得是好的事物之間，有些人才由於瘋癲看不出什麼差異。」⑫肯定原子論提出的回答才是正確的：

　　但最系統、且適於一切物體的理論，是由留基伯和德謨克利特提出的，他們將符合自然的存在作為本原。⑬

亞里士多德肯定的這種與感覺一致的「理論」就是原子—虛空本原說。

---

⑪　W. 文德爾班：《哲學史教程》上卷，第 140 頁。

⑫　Aristotle, *De Generatione et Corruptione,* 325ª4–24.

⑬　Aristotle, *De Generatione et Corruptione,* 324ᵇ35–325ª2.

留基伯和德謨克利特認為萬物的本原是「充實」（希 pleon，英 plenum）（即原子）和「虛空」，前者就是「存在」，後者就是「非存在」，存在是充實的、堅固的，非存在則是虛空的。因而他們認為，「存在」並不比「非存在」更是實在，因為，充實並不比虛空更為實在。❹第歐根尼・拉爾修進一步肯定了亞里士多德的上述記載：德謨克利特認為，「宇宙的本原是原子和虛空。」❺

「原子」（希 atomos，英 atom），原意指「不可分割」。德謨克利特等並未指名提出「原子」這個範疇，只是循傳統提出「存在」、「充實」、「有」等。它是在巴門尼得斯的「存在」、恩培多克利斯的「根」、阿納克撒哥拉斯的「種子」，以及畢達哥拉斯學派和齊諾的不可分割的最小量度等的基礎上提出的範疇。它具有無比豐富的內涵，並克服了它們的內在的矛盾。以下簡述作為萬物本原的原子和虛空的基本內涵。

一、原　子

原子的基本內涵。

㈠原子：充實和至微小

亞里士多德在其已佚失的著作《論德謨克利特》中講到：

德謨克利特……用這些名字來稱呼位置：「虛空」、「無物」、「無限」。而每個單獨的原子他都叫做「東西」、「充實」、「存在」。他認為它們非常之小以至於不能為感官所感知。它們有各種各樣的形式和形狀，在體積上互不相同。這樣他就能從它們之中

---

❹　Aristotle, *Metaphysics,* 985ᵇ4–9.

❺　同❹。

（通過增加它們的體積）創造出能被眼睛和其他感官所感知的
事物，正如從元素中一樣。 **⑯**

也就是說原子的體積極其微小，其內部絕對充實而無空隙；正因為
這樣，它們是堅不可入、不可再分割的粒子；也正因為這樣，它們
又是看不見、感知不到的，而且數目又是無限多的同質的構成萬物
的終極基本單元。

㈡原子同質，但有四種不同屬性：形狀、次序、排列和大小

作為構成萬物的物質本原，原子和恩培多克利斯的「根」（元素）
和阿納克撒哥拉斯的「種子」是一樣的；但它們之間又有根本區別，
「根」（元素）有水、氣、火、土四種，種子有無限多種，而其性質
和內部包含的成分更是無限多樣的。但是無限多的原子，彼此卻是
同質，藉其形狀、次序和排列上的差異而構成萬物：

> 他們〔留基伯和德謨克利特〕說，這種差別有三種——形狀、
> 次序和位置。因為他們說，存在只在「狀態」、「接觸」和「方
> 向」上有不同；而形態就是形狀，互相接觸就是次序，方向就
> 是位置；如 A 和 N 是形態上不同，AN 和 NA 是在次序上不同，
> H 和 I 是在位置上不同。 **⑰**

艾修斯還提到原子間還有大小的區別：「德謨克利特說〔原子〕有兩
種〔屬性〕：大小和形狀。」 **⑱** 由於不同大小、形狀的原子，按不同

---

⑯ Simplicius, *De Caelo,* 295, I, 見苗力田主編：《古希臘哲學》，第 162 頁。

⑰ Aristotle, *Metaphysics,* 985[b]16–19.

⑱ Aëtius, *Placita,* I. 3.18, 根據《古希臘羅馬哲學》，第 99 頁。

次序、位置的組合，從而構成無限數量的物體和宇宙，其所以有大小和形狀的不同，是由於其在於「疏散和密集」的程度不同，其內部是「充實」而沒有間隙的。原子至小而數量至多，形狀千差萬別，所以僅憑其排列次序和位置不同，就足以構成萬物。

　　㈢原子不生不滅，處於永恆自動中

　　原子本身是不生不滅、「充實」的實體，即以現代力學的概念來說是「剛體」，具有特定大小和形狀的原子，其內部又是「充實」而沒有間隙或虛空的，不會由於外力的作用而變動其大小和形狀。也就是說，作為個體的原子本身是無變動，絕對不變的，保持著質的穩定性。但它又是處於永恆運動中。歐塞比烏在其有關狄奧尼修著作的注釋中就此作出比較全面的概述：

　　　　有些人把某種不可毀壞的、極小的、數目上無限的微粒叫做原
　　　　子，並且承認有某種無限的空的空間，他們說這些原子在虛空
　　　　中任意移動著，而由於它們那種急劇的、凌亂的運動，就彼此
　　　　碰撞了，並且，在彼此碰在一起時，因為有各種各樣的形狀，
　　　　就彼此勾結起來了。這樣就形成了世界及其中的事物，或毋寧
　　　　說形成了無數的世界。❶❾

原子論者認為原子這種不生不滅的物質本原，具有自動的本性，毋需外力的推動就處於永恆運動中，這就從根本上克服了巴門尼得斯的存在論，以及阿納克撒哥拉斯和恩培多克利斯二元論的缺點；因為，他們的本原固然是不生不滅的，但或者根本不動，或者必需憑藉外在的「愛」和「爭」或「努斯」來推動，這樣必然導致外因論

───────────

❶❾　《古希臘羅馬哲學》，第99頁。

或神學目的論。

德謨克利特等不但承認原子的永恆運動，而且認為這種自動的運動帶有必然性。亞里士多德在《動物的生成》中指出：「德謨克利特無視目的因〔最後因〕，將自然界的一切歸結為必然性。」❷這點，第歐根尼‧拉爾修記載得更具體：

> 一切事物都是根據必然性發生的，漩渦運動是產生一切事物的原因，他〔德謨克利特〕稱之為必然性。❹

德謨克利特之堅持運動的必然性，無視目的因，正是他的體系的優點所在；但是在肯定必然性的同時，沒有承認或提出偶然，又是其不足之處。這正像伊壁鳩魯後來所指出原子在虛空中有三種運動：⑴直線式的下落；⑵偏離直線；⑶由於原子互相排斥而引起的運動。德謨克利斯只承認⑴、⑶兩種運動；而伊壁鳩魯則同時還承認⑵，由於承認這種原子偏離直線的運動，表明他像德謨克利特那樣在承認必然運動時，還承認偶然運動，這就克服了宿命論，才能解釋人類行為中的意志自由、反對迷信、反對命運。❷

二、虛　空

德謨克利特等在肯定原子是本原的同時，堅持「虛空」也是本原。

亞里士多德在《論生滅》中指出，在留基伯等以前的伊利亞學

---

❷　Aristotle, *De Generatione Animalium*, 789^{b}2–4.

❹　D. L., IX. 7.45.

❷　詳見范明生：《晚期希臘哲學和早期基督教神學》，第 131–133 頁。

派，由於只相信存在唯一、不動，因為他們沒有將虛空看作是存在的組成部分，所以不能有虛空中的運動，又因為沒有任何東西把事物分離開，所以也就不能有雜多；但是留基伯等卻肯定虛空的存在：

> 他也不取消事物的產生、消滅、運動和雜多。像這樣說了與現象相符合的話，並且對那些由於沒有虛空就不能有運動因而確立了存在的統一性的人作了讓步之後，他說虛空是非存在，並且在存在之中絲毫沒有什麼非存在。因為真正的存在是絕對充滿的。❷❸

亞里士多德這裡所說的「讓步」是不確切的，那是從他自己的體系出發而得出的偏見；實際上，這正是原子論的偉大貢獻，認為作為個體是內部「充實」的實體，不存在間隙，而在諸原子之間才有「虛空」，而且「虛空」從根本上講也是存在，其實在性並不比作為另一本原的「存在」更少實在性；這點，亞里士多德在《形而上學》中講得非常明確：

> 留基伯和他的夥伴德謨克利特說充滿和虛空是最根本的元素。他們主張一個是存在，另一個是非存在，這就是說，充滿和堅實就構成存在，虛空和疏散就構成非存在（這就是為什麼他們主張存在並不比非存在更實在的理由，因為虛空並不比實體不實在）：這兩者是一切事物的質料因。❷❹

---

❷❸　Aristotle, *De Generatione et Corruptione*, 325ᵃ25–29.

❷❹　Aristotle, *Metaphysics*, 985ᵇ5–10.

就亞里士多德本人的四因說來講，將「非存在」（虛空）和存在都歸結為質料因那是錯誤的，那是曲解原子論的原子本原說；因為作為存在的原子，本身就是自動和主動的，即包含亞里士多德的動力因，它是原子所固有的本質屬性，而虛空則是其藉以運動的場所。

留基伯和德謨克利特所提出的「虛空」範疇，實質上是哲學史第一次提出的空間範疇。是克服伊利亞學派和阿納克撒哥拉斯等的二元論而獲得的劃時代的積極成果。那是在此以前所有哲學家都未曾提出過或正確地解決過的。泰利斯的「水」、阿納克西曼德的「阿派朗」、阿納克西米尼斯和赫拉克里特斯的「火」都是內在永恆能動的，但是他們都沒有意識到這些物質本原的運動場所問題。

第三節　靈　魂

原子論者將唯物的原子本原說貫徹到底，將靈魂看作是火原子或圓球狀微粒，並且是生命之源。

原子論接受前人的靈魂觀，肯定運動是靈魂最顯著的第一特點，因為他們相信自身不能運動的東西決不可能產生運動，所以他們認為靈魂是某種能運動的東西；並在此基礎上推動了這種靈魂觀。

德謨克利特循此認為，靈魂是某種火和熱；由於形狀和原子是無限的，他便說這種球形的原子是火和靈魂，它們就像空中浮動的塵埃，在穿越窗戶的陽光照射下被顯示出來。正像亞里士多德所揭示的那樣，留基伯也持相類似的觀點，將靈魂看作為是球狀的原子，是生命之源：

他們把這種球形的原子叫做靈魂，因為這種形狀最容易穿過任何物體，並且由於它們自身的運動而引起它物的運動，他們認為是靈魂將運動賦予生物的。他們還認為呼吸是生命最本質的東西，因為四周的空氣對軀體施加壓力，擠壓出在生物中產生運動的原子，因為它們自身從來就沒有靜止過，當其他同樣的原子進入呼吸時，所引起的不足就從外面得到補充；通過阻止周圍空氣的凝固和僵化，它們防止了存在於肉體中的原子的溢出；動力有了這種能力就能生存。㉕

這裡，原子論者將靈魂和生命現象歸諸火原子或圓球形原子的運動，並揭示了其運行的機制，可以說達到了到他們那時為止的唯物的靈魂——生命觀的最高成就。徹底排除了宗教神學的干預。

接著，以這種唯物的靈魂觀去闡明理性。德謨克利特就認為「靈魂和理性是完全同一的」，是同一樣東西，這是由於：「靈魂是由最根本的、不可分的物體形成，它是由於它的精緻和它的形狀，是能動的；因為，他說，球形的形狀是最易動的，而理性及火的形狀就正是這樣。」㉖

繼承亞里士多德主持呂克昂的塞奧弗拉斯特，幾乎持相類似的觀點。指名提到德謨克利特的思想觀是：思想「它是當靈魂在體質很平衡時產生的」。㉗但是，如果覺得很熱或很冷，思想就亂了。也就是說，德謨克利特「顯然他是把思想歸之於身體的體質的。」㉘也

㉕　Aristotle, *De Anima*, 404ᵃ7–16.

㉖　Aristotle, *De Anima*, 405ᵃ8–12.

㉗　這是塞奧弗拉斯特引證的德謨克利特本人的原話。

㉘　Theophrastus, *On Sense-perception*, §58.

就是說，德謨克利特是將思想與靈魂、體質、原子的變動相聯繫起來的。

至於德謨克利特是否將其原子本原說貫徹到對神的解釋中去，現有的資料並不是記載得很清楚的。有的記載則傾向於將神同火聯繫起來：「德謨克利特認為神靈是和天上的火同時形成的，照齊諾說這些神靈本性和天上的火相似。」❷⑨西塞羅則認為德謨克利特對神的本性問題「似乎沒有一個很確定的意見。」因為他：一方面他認為宇宙間充滿了許多有神的性質的幽靈，另一方面他又主張宇宙中那些心智的本原就是神，認為存在著一些有生命的幽靈，能對我們有害或有用。❸⓪西塞羅的記載是模稜兩可的，即可以解釋作神是由原子構成（因為心智歸根結蒂是由原子構成的），但由於他能干預或決定人的禍福，那就與傳統的神，在本質上沒有什麼區別。這種神學上的不徹底性，由以後的伊壁鳩魯和盧克萊修所克服。❸①

第四節　流射影像說

德謨克利特將其原子本原說貫徹到認識論，接受恩培多克利斯等的流射說的同時，又將他們「同類相知」說和「異類相知」說改造成為更為合理的影像說，從而制定了前期希臘哲學中最有代表性

---

❷⑨ 德爾圖良 (Tertullianus，約 160–225)：《論自然》，第 2 卷第 2 節。根據《古希臘羅馬哲學》，第 105 頁。

❸⓪ 西塞羅：《神性論》，第 1 卷第 43 章第 120 節。根據《古希臘羅馬哲學》，第 105 頁。

❸① 詳見范明生：《晚期希臘哲學和基督教神學》，第 140–144 頁，第 202–204 頁。

的素樸唯物反映論——流射影像說。

前面已討論過，德謨克利特認為由原子構成的靈魂，有感覺和理性（理智）兩種功能。其中遍佈全身的靈魂原子具有感覺的功能，而靈魂中的特殊部分的努斯（心靈）則是思想的器官。正像艾修斯所記載的那樣：「靈魂有兩個部分，理性（努斯）位於心，非理性部分瀰散於全身；一說德謨克利特主張理性在於腦。」❸❷

德謨克利特認為，一切認識都來源於客觀外界物體對身體的作用，從而刺激了身體中的靈魂原子。正因為這樣，他肯定「顯現於我們感官的必然是真實的。」但是，作為認識主體的身體也並非純粹是消極被動的，所以客觀物體作用於身體時，也受身體所制約，而身體狀況又是受周圍環境條件影響的。正像前面提到過的塞奧弗拉斯特的有關記載：當靈魂處於溫度合適的狀態時，會產生思想；如果處於太冷或太熱的狀態時，思想就錯亂了。這樣，靈魂也就不能真實地思想。

德謨克利特比較具體地討論了整個認識過程的機制。

根據有關記載表明：「德謨克利特也主張有流射，並且認為相類的流向相類的，以及一切東西都向虛空運動。」❸❸他的具體主張是：磁石和鐵是相類似的原子構成的，但磁石的原子則更精細；磁石比鐵較鬆並且有更多的空隙；磁石的原子既由上述原因而更活動，就更容易向鐵移動。因為，運動是永遠趨向相類似的東西的。穿進了鐵的孔道時，它們就因為本身很細而鑽進鐵的微粒中，並使這些運

---

❸❷　Aëtius, *Placita,* IV. 4.6.

❸❸　Alexander Aphrodisieasis, *Quaestiones,* II. 23，參看《古希臘羅馬哲學》，第 100–101 頁。W. K. C. Guthrie, *A History of Greek Philosophy,* Vol. 2, p. 426.

動起來，至於鐵的原子，則向外擴散而流向磁石，因為它具有類似的性質並包含更多的空隙。由於鐵原子很多的流出和它們的運動，鐵本身也就被拖向磁石，磁石則並不向鐵移動，因為鐵沒有磁石那樣多的空隙。❸

由此可見，德謨克利特較之恩培多克利斯等，將流射現象闡述得更為具體，他進而提出的影像說，正是建立在這種原子流射理論上的。其基本思想，正像塞奧弗拉斯特在《論感覺－知覺》這部著作中所記載的那樣：

照德謨克利特說，視覺是由影像產生的。❸

具體主張是這樣，視覺並不是直接在瞳孔中產生的，而是在眼睛和對象之間的空氣，由於眼睛和對象的作用而被壓緊了，就在上面印下了一個印子。因為，從一切物體上都經常發射出一種波流。然後，這空氣由此取得了堅固的形狀和不同的顏色，就在濕潤的眼睛中造成了影像。因為，很緊密的東西是不能接受東西的，而濕潤的東西則能被穿透。因此，柔軟的眼睛比堅硬的眼睛視力更強；只是眼睛外面的膜必須愈薄愈堅固愈好，而眼睛裡面則要很柔軟，使眼睛裡面的脈絡很直、很空、很濕潤，以便腦子和腦膜能很順當地接受影像。❸

由此可見，德謨克利特的這種流射影像說，從原子一虛空本原說出發，由於吸收了當時生理學上（特別是視覺生理學）的成果，

---

❸ 同❸。

❸ Theophrastus, *On Sense-perception*, §50.

❸ 同❸。

克服了恩培多克利斯的「同類相知」和阿納克撒哥拉斯的「異類相知」的局限性，從而將唯物的反映論推向新的發展階段。

不僅以影像說來解釋聽覺，並且以此來解釋思想。根據艾修斯的記載，德謨克利特認為思想也是憑藉影像產生：

> 留基伯、德謨克利特和伊壁鳩魯主張感覺和思想是由透入我們之中的影像產生的；因為若不是有影像來接觸，就沒有人能有感覺或思想。**㊲**

德謨克利特熱衷於追求真理，聲稱：「只找到一個原因的解釋，也比成為波斯人的王還好。」**㊳**並討論了真理的標準問題，認為有三種真理標準：(1)現象是對可見事物的了解的標準；(2)概念是研究的標準；(3)情感是應當選擇者和應當逃避者的標準。並得出追求何種真理的標準：「凡是合乎我們本性的是應當尋求的，凡是違反我們本性的是應當避免的。」**㊴**由此可見，德謨克利特所追求的不是抽象的真理，而是與人的本性、即人性直接有關的真理。

儘管以德謨克利特為代表的這種流射形象說，體現前期希臘哲學中唯物的反映論的最高成就。由於受到當時種種條件的限制，至少顯示出兩種主要的缺點：

㈠由於提出兩種認識形式，從而將感性認識同理性認識對立起來

㊲　Aëtius, IV. 8.10.

㊳　《尤西比烏注狄奧尼修》，XIV. 27.4, 根據《古希臘羅馬哲學》，第 103 頁。

㊴　Sextus Empiricus, *Adverus Mathematicos,* VII. 7.140.

德謨克利特認為有兩種形式的認識：真理性和闇昧的認識。視覺、聽覺、嗅覺、味覺和觸覺等感性認識是闇昧的認識，但是真理性的認識（實質上也就是理性認識）比闇昧的認識優越。因為，當闇昧的認識在最微小的領域內不能再看，不能再想，不能再嗅，不能再嚐，不能再觸摸，而知識的探求又要求精確時，「於是真理性的認識就參加進來了，它具有一種更精緻的工具。」❹德謨克利特揭示和肯定理性認識和感性認識的區別，這點是應該肯定的；但他將它們兩者割裂和對立起來，並把感性認識貶低為闇昧的認識則是錯誤。實質上，理性認識有賴於流射自客觀事物而獲得的正確的影像，即來自感性認識，在此基礎上才能上升為高於感性認識的理性認識。

(二)由於主張「從俗約定」而導致不可知論

德謨克利特在一則殘篇中貶低感性認識、貶低現象的地位：「顏色是從俗約定的，甜是從俗約定的，苦是從俗約定的，實際上只有原子和虛空。」❹亞里士多德的有關記載表明這種觀點確是德謨克利特所堅持的：「德謨克利特說顏色並不是本身存在的，物體的顏色是由於〔原子〕方向的變化。」❹這裡顯示出德謨克利特的自相矛盾，一方面認為色、香、味是約定俗成的，也就是說是主觀的，沒有客觀實在性；另方面又肯定色、香、味是由具有客觀實在性的原子和虛空所構成的。亞里士多德在《論生滅》中也正是記載到他的這種導致自相矛盾觀點：「德謨克利特主張黑色相應於粗糙的原子，白色相應於光滑的原子，他也把各種滋味歸因於原子。」❹也正是亞里士

❹　Sextus Empiricus, *Adversus Mathematicos*, VII. 7.139.

❹　殘篇 125。根據 J. 伯奈特的編序，見 *Greek Philosophy*, Part I, p. 197。

❹　Aristotle, *De Generatione et Corruptione*, 316ª1–3.

多德在《形而上學》中，指名提到德謨克利特的這種觀點，由於同
一個人對同一個對象有不同的感覺印象，從而導致到否認該對象的
客觀性：

> 他們說有許多動物從同樣的對象得到和我們根本不同的印象。
> 甚至每一個人對同一對象似乎也不是永遠有同樣的感覺印象。
> 要決定其中哪些是真哪些是假是不可能的。因為這一些並不比
> 另一些更真，一切都是同等地真的。所以德謨克利特說：或者
> 什麼都不是真的，或者真理對我們還仍舊隱藏著。❹❹

這種觀點就有可能導致不可知論。

　　但應該指出，正由於德謨克利特意識到認識過程的複雜性，意
識到認識對象和認識的主體並不永遠是一致的，所以得出了上述的
一些矛盾的看法，正像塞奧弗拉斯特所記載的那樣，他對這種矛盾
現象，實際上是作出了科學的分析：「感覺者在身體結構上，隨他們
的狀況和年紀而變化，因此很清楚，他們的身體狀況是他們的感覺
影像的一個原因。」❹❺

第五節　宇宙生成和宇宙論

　　以德謨克利特為代表的原子論，認真地探討了宇宙萬物生滅的

---

❹❸　Aristotle, *De Generatione et Corruptione,* 根據《古希臘羅馬哲學》，第 102
　　頁。

❹❹　Aristotle, *Metaphysics,* 1009^{b}8–14.

❹❺　《DK》: 68A135.

原因，並闡明其原理，從而對前期希臘哲學的宇宙生成和宇宙學作出卓越的貢獻。亞里士多德在其《論生滅》這部重要著作的開頭，在列舉先期哲學家恩培多克利斯、阿納克撒哥拉斯以及柏拉圖的有關觀點後得出結論：一般地說，除德謨克利特之外，沒有一個人不是以皮毛膚淺的方式來探討這每個問題，但是「德謨克利特似乎不僅探究了這所有的問題，而且從一開始就按自己的方式作出了區分。」❹實際情況正是這樣，德謨克利特將其原子—虛空本原說和必然性理論徹底地貫徹到宇宙萬物的生滅演化和宇宙學，顯示出理論上和邏輯上的徹底性。

德謨克利特認為原子本身是無限數的永恆、不生、不滅、非創造的堅實的實體，在虛空中處於永恆自動的漩渦運動，這種運動是遵循著它固有的必然性，通過同類相聚，由於漩渦運動的分離作用，形狀大小相同的原子在虛空中彼此結合起來，形成火、氣、水、土等物質元素，進而結合成萬物。

德謨克利特將原子、虛空、運動及其生滅的理論貫徹到底，認為時間是永恆的、不生不滅的：

> 如果說時間是運動的數或者本身就是一種運動，那麼，既然時間是永恆的，運動必然也是永恆的。……德謨克利特正是以此為根據證明：不可能所有的事物都是產生而成的，因為時間就不是生成的。❹

也就是說，宇宙萬物有生滅，而其本原的原子—虛空，及其本質屬

---

❹ Aristotle, *De Generatione et Corruptione*, 315^{a}35–^{b}1.

❹ Aristotle, *Physics*, 251^{b}13–17.

性的時間和運動都是永恆的、非派生的、不滅的。

　　德謨克利特正是在這種思想的指導下，探討宇宙萬物的生滅。聲稱，一切事物都是無限數的，並且互相轉化，全體是虛空的，其中充滿了許多物體，當這許多物質處在虛空中彼此混合時，就形成無數個世界。星體就是由這些物體的運動和凝聚而產生的，太陽循著一個更大的圓周環繞月球運動；地球則由於一種旋轉運動而被留置於中心，它的形狀是鼓形的。這是由於宇宙是無限，其中一部分是充實的（充滿的），一部分是空虛的。由無限數原子構成的元素以及元素所造成的世界也是無限數的，並且世界又不斷再分解為元素。作為由此而派生的無限個世界是這樣形成的，在無限中的某一部分，有許多不同形狀的物體在廣闊無垠的虛空中彼此結合起來，它們聚集在一起，就形成一個漩渦，由於這種漩渦運動，它們彼此衝撞，並且按照各個方向轉動，這樣就被彼此分開，而相似的物體就和相似的結合起來了。由於它們的數目之多而不能保持平衡，最輕的物體就像過了篩似的被拋向外面的虛空中，而其餘的就留在中心，更緊密地結合起來，成了最初的一團球形的東西。這球形的一團最初像一層殼包著各種各樣的物體。這些物體由於來自中心的推動力而旋轉，並且又在外面形成了一個小的殼，而隨著和這漩渦的接觸，新的物體又永遠不斷地依附於這個小的殼。

　　至於地球、太陽、月球、星辰以及日、月蝕等是這樣形成和出現的。地球是這樣形成的；由於原子的漩渦運動而被拋向中心的物體就留在那裡，而外圍像一個殼的部分由於外面物體的流入而不斷增大，並且在漩渦運動中，把它所接觸到的物體都粘上了。在這些物體中，有些粘在一起就形成緊密的一團，最初是潮濕而泥濘的，後來就乾了，並且被捲入整個的大漩渦運動之中。然後，要是它們

燃燒起來，就產生了星辰。太陽的圓形軌道是在最外層，月球的軌道最接近地球，而其餘星辰的軌道則介乎兩者之間。一般說來，一切天體，由於高速度運動，所以都是燃燒著的，太陽是被星辰燃燒著的。月球只有一點微弱的火。❹當地球轉向南方的時候，就有了日蝕和月蝕；而鄰近北方的地帶則永遠覆蓋著冰雪。日蝕是罕見的，而月蝕是經常發生的，這是由於它們的軌道不等的緣故。❹

正像第歐根尼・拉爾修所記載的那樣，德謨克利特認為這一切都是由必然性而產生的，因為這一切都是來自渦漩運動，它是一切事物形成的原因。❺但是，他沒有將這種必然性說清楚：「正如世界有產生一樣，世界也有成長、衰落和毀滅，這些都是依照著一種必然性，這種必然他沒有說得很清楚。」正像亞里士多德所記載的，德謨克利特等將這種必然性上升為方法論，認為它是符合自然的原則：「留基伯和德謨克利曾經有方法地藉一個唯一的原因、用一條和自然符合的原則來解釋一切。」❺

綜上所述，由於其內在的有機統一，從整體上來看，德謨克利特宇宙生成和宇宙學理論超越了其他前期希臘哲學家，儘管在某些細節上不如時間上晚於他的畢達哥拉斯學派的菲羅勞斯。

---

❹ D. L., IX. 7. 31., 又根據普魯泰克的記載，德謨克利特認為月球本身不發光，而是其面向太陽的一面，被太陽所照亮。見其《論月球的軌道》，第 16 章。

❹ D. L., IX. 7.45.

❺ D. L., IX. 7.32.

❺ Aristotle, *De Generatione et Corruptione,* 324^{b}35–325^{a}1.

第六節　倫理思想(52)

儘管亞里士多德根本沒有理會德謨克利特的倫理學，將這一哲學學科的討論從蘇格拉底開始；但是，德謨克利特的倫理學的內容還是比較系統和豐富的。正是他第一個將人看作是小宇宙（希 mikros kosmus，英 microcosm）(53)，將其倫理學看作是其自然哲學、即原子論的有機組成部分；(54)有的哲學史家認為德謨克利特的倫理學甚至比其認識論更令人感到興趣。(55)

一、德性和幸福

作為與早期智者和蘇格拉底同時代的啟蒙思想家，德謨克利特更其強調追求幸福，並將其與對德性問題的探討緊密地聯繫在一起。

蘇格拉底整個倫理思想是建立在理性基礎上的：「德性即知識。」德謨克利特也同樣如此，而且將思、言、行三者都在智慧（知識）的基礎上統一了起來：「從智慧中引伸出這三種德性：很好地思想，很好地說話，很好地行動。」（殘篇 9）並與蘇格拉底一樣，將德性建立在知識的基礎上的：「對善的無知，是犯錯誤的原因。」（殘

(52) 關於德謨克利特倫理思想的殘篇編序，依據《古希臘羅馬哲學》。為統一譯名等原因，個別譯文略有更動。

(53) 殘篇 13：「人是一個小宇宙。」

(54) 持這種主張的有馮·弗里茨 (Von Fritz) 和 G. 弗拉斯托斯 (G. Vlastos) 等，詳見 W. K. C. Guthrie, *A History of Greek Philosophy,* II. pp. 49–68。

(55) J. Burnet, *Greek Philosophy,* Part I, p. 199.

篇 61）正因為這樣，他強調人的行動要受理性的指導：「人們比留意身體更多地留意他們的靈魂，是適宜的，因為完善的靈魂可以改善壞的身體，至於身強力壯而不伴隨著理性，則絲毫不能改善靈魂。」（殘篇 122）

儘管，德謨克利特的德性理論同蘇格拉底一樣是建立在理性、知識基礎上的，但並沒有像蘇格拉底那樣對德性本身進行形而上學的探討，未曾探討德性的抽象定義，只是強調「應該做好人或傚效好人。」（殘篇 17）從其殘篇來看，要成為好人，大體要具備這樣一些德性：

㈠在財富和物質享受上要適度和知足

在這點上與後來的亞里士多德有共同之處。它的出發點是：「恰當的比例是對一切事物都好的，不論豪富或赤貧在我看來都不好。」（殘篇 80）聲稱在擁有財富（即私有財產）上要適度，不要貪得無饜：「如果對財富的欲望沒有饜足的限度，這就變得比極端的貧窮還要難堪。因為最強烈的欲望產生出最難當的需要。」（殘篇 154）這是由於：「不正當的獲利給道德帶來損害。」（殘篇 155）而且貪得無饜結果反而得不償失：「不正當的獲利的希望，是失利的開始。」（殘篇 156）所求適可而止，即便清貧也和富足相當：「如果你所欲不多，則很少的一點對你也就顯得很多了，因為有節制的欲望使得貧窮也和富足一樣有力量。」（殘篇 219）要是貪得無饜就會做出違法的事來，眼睛不要盯著比你更富足的人，而是要時刻關注生活貧困的人，只有這樣，才能生活得愉快。這是由於那些貪圖財富並且被別人看作很有福氣而又無時無刻不想著錢財的人，就會被迫不斷地投身於某種新的企圖，並陷於貪得無饜，終於做出某種為法律所禁止的無可挽救的事情來。因此不應該追求這一切，而應該滿足於自己所有

的，並且把自己的生活和那些更不幸的人去比一比；想想他們的痛苦，你就會因自己有比他們較好的命運而慶幸了。因此，「如果接受了這一原則，你就能生活得更愉快，並且驅除了生活中不少的惡：嫉妒、仇恨和怨毒。」（殘篇126）由此得出結論：「中等的財富比巨大的財富更可靠。」（殘篇10）

(二)崇尚正義

正義（希 dike，英 justice）在整個希臘哲學中，從來就是一個重要範疇，阿納克西曼德將它同本原「阿派朗」及其派生宇宙萬物問題聯繫起來：「各種存在物由它產生，毀滅後又復歸於它，都是按照必然性而產生的，它們按照時間的程序，為其不正義受到懲罰，並且相互補償。」❺❻ 而德謨克利特主要貢獻在於將正義範疇應用到倫理學。❺❼ 將正義同義務聯繫起來：「正義要人盡自己的義務，反之，不正義則要人不盡自己的義務而背棄自己的義務。」（殘篇 191）一切言行都要以合乎正義與否為依歸：「所有使我們損害一切正義的東西，應該不惜任何代價加以除去。這樣做的人將在任何情況下享受更大的安寧、公正、保證和幸運。」（殘篇 193）正因為這樣，要應該盡一切力量來捍衛正義：「應該盡一切力量來保護那身受不正義而聽任不正義之舉得逞之人。這樣一種態度是合乎正義並且勇敢的，而相反的態度則是不合乎正義並且懦怯的。」（殘篇 196）正因為這樣，不正義的人是不幸的：「行不義的人比遭受這不正義行為的人更不幸。」（殘篇 22）由於正義行為是符合法律的，所以行正義的人永遠是無憂無慮的，反之則陷入煩惱：「豪爽的人永遠做正義的並為法律所許可的事，他是不論白天黑夜都輕鬆愉快、勇往直前並且

---

❺❻ 阿納克西曼德 DK12B1.

❺❼ F. E. Peters, *Greek Philosophical Terms: A Historical Lexicon*, p. 39.

無憂無慮的。但對那蔑視正義並且不盡自己的義務的人，當他想起某種錯處來時，這一切都只有使他煩惱。他總是在憂慮，並且自己折磨自己。」（殘篇 109）

應該說，德謨克利特意識到正義範疇在整個倫理德性中的重要地位和作用，但畢竟還只是剛剛開始；也只有待當蘇格拉底和柏拉圖對此進行更其深入全面探討後，才確立起它在倫理德性中的崇高地位。正是亞里士多德對此作出理論上的總結，將正義看作是最偉大的德性：正義自身是一種完滿的德性，它不是籠統一般的，而是與他人相關的；正因這樣，在各種德性中，人們認為正義是最主要的，比星辰更加光輝，正如諺語所說的，正義集一切德性之大成。它之所以是最完滿的德性，「是由於有了這種德性，就能以德性對待他人，而不只是對待自身。」❸儘管德謨克利特還沒有達到這樣認識高度，但前面引證的殘篇，特別是殘篇 191 中或多或少地蘊含了這層含義。尤其值得肯定的，正是他開始將這個原先用於自然哲學中的範疇，轉而應用於倫理學。

㈢德性行為的目的在於幸福，而幸福在於淡泊寧靜

德謨克利特在倫理德性問題上，既不是禁欲主義，也不是縱欲的享樂主義者，而在於追求第歐根尼・拉爾修所記載的那種「寧靜」。他在討論到德謨克利特的必然觀後，就緊接著指出德謨克利特主張生活幸福的目的在於「寧靜」：

> 生活的目的是靈魂的寧靜，這和某些人由於誤解而與它混同起來的快樂並不是一回事。由於這種寧靜，靈魂平靜地、安泰地生活著，不為任何恐懼、迷信或其他情感所擾。他也把這種狀

---

❸　同❺。

態叫做「幸福」以及許多別的名稱。❺

德謨克利特的這種淡泊寧靜的幸福觀，正是建立在其靈魂觀上的：「凡期望靈魂的善的人，是追求某種神聖的東西，而尋求肉體快樂的人則只有一種容易幻滅的好處。」（殘篇 15）聲稱：「人們通過享樂上的有節制和生活的寧靜淡泊，才得到愉快。」（殘篇 126）因此，他反對在生活中的大起大落，因為赤貧和豪富慣於變換位置，並且引起靈魂中的大騷擾；從而使靈魂從這一極端到另一極端動搖不定，那是既不穩定又不愉快。這種靈魂的淡泊寧靜，不同於晚期希臘哲學中伊壁鳩魯學派和斯多亞學派所追求的那種哲人理想：不動心意義上的心靈的寧靜。❻不僅不是只關心自己，而是要關心別人的疾苦：「毋寧應該把眼光導向那些生活貧困的人，並且想想他們的痛苦，這樣你所能支配的這點財富就會顯得很大很可羨慕了，並且不會再因為永遠想要更多而給自己的靈魂帶來傷害了。」（殘篇 126）要過淡泊寧靜的生活，一方面，固然不應該擔負很多的事，不應該擔負超乎他的能力和本性的事（殘篇 10）；另一方面，要能平靜地忍受由於疏忽而犯的過錯，這才是「靈魂偉大的一種標誌。」（殘篇 23）

二、德性修養和規範

德謨克利特除了對德性本身及其所追求的目的有所探討外，對人的德性規範、修養和行為準則等也有所探討。

當時，在智者和蘇格拉底之間，在德性是否可教問題上展開著

---

❺　D. L., IX. 7.45.

❻　詳見范明生：《晚期希臘哲學和基督教神學》，第 136–137 頁。

劇烈的爭論，幾乎成為當時探討德性問題的出發，因為它涉及到德性是天賦的，還是後天通過教育等可以獲得，它成了當時唯物主義和唯心主義間的鬥爭在倫理領域的具體表現。德謨克利特並不完全排斥天賦稟性的客觀性，但是他更其強調教育和後天的修養。

德謨克利特聲稱：「本性和教育有某些方面相似：教育可以改變一個人，但這樣做了它就創造了一種第二本性。」（殘篇 12）正因為他在肯定天賦的同時，又重視教育，所以強調要將兩者結合起來：「適當的教育和天然的稟賦教會人思想。」（殘篇 118）甚至認為後天的努力甚至是決定性，能改變人的本性：「大部分天性不能幹的人由於練習而變成能幹。」（殘篇 177）「父親的智慧是對兒子最有效的誡命。」（殘篇 143）由此可見，德謨克利特是更其傾向於認為，包括德性在內的稟性是可塑的，是後天可以獲得和培養的，在這個問題上決非是先驗論者。正因為這樣，E. 策勒的論斷：「德謨克利特同時又是一種十足唯心主義倫理學體系的創立者。」❻ 就未必是公正的客觀的。

下面具體概述德謨克利特在有關德性規範、修養和行為準則等方面的具體主張。

首先，從維護奴隸主階級的根本利益出發，強調國家利益高於一切：「國家的利益應該放在超乎一切之上的地位上，以使國家能治理得很好。」（殘篇 187）正因為這樣，他就認為，人們彼此就不應該讓爭吵過度以致失去正義，也不應該讓暴力損害公共的善。因為一個治理得很好的國家是最可靠的庇護所，其中有著一切；如果它安全，就一切都安全；如果它被毀壞，就一切都被毀壞了。正因為這樣，他強調舉國上下團結一致才能克敵致勝：「只有團結一致，才

❻　E. 策勒：《古希臘哲學史綱》，第 73 頁。

能把偉大的事業和戰爭引導到好結果，否則就不能。」（殘篇 185）
關鍵是他所擁戴的國家是民主政制的國家，所以他的這種國家至上
的觀點，應該說在當時條件下是有進步意義的，是從維護民主政制
的根本利益出發的。他甚至宣稱即便是民主國家中，貧窮也是心甘
情願的：「在一種民主制度中受貧窮，也比在專制統治下享受所謂幸
福好，正如自由比受奴役好一樣。」（殘篇 186）

　　其次，正確處理個人利益和公共利益。聲稱：對於好公民來說，
專門去管別人的事而忽略了自己的事是沒有好處的，這樣自己的事
一定就會弄得很糟；但如果有人忽略了公共的事，那麼即使他並沒
有偷盜也沒有做不義的事而使自己犯罪，他也將得到一個壞名聲。
（殘篇 188）但是相比較而言，承擔義務是更其重要的。「在不幸的
處境中完成了義務，是有些偉大的。」（殘篇 20）正因為這樣，義務
是崇高的，有它自身固有的價值：「不是由於懼怕，而是由於義務，
應該不做有罪的事。」（殘篇 19）

　　其次，崇尚法律。德謨克利特在肯定民主政制國家的前提下，
強調公民要奉公守法和崇尚法治。聲稱：「尊敬法律、官長和最賢明
的人，是適宜的。」（殘篇 24）因為只有法律，才能使人幸福，生活
得更好：「法律意在使人們生活得更好。這只有人們自己有成為幸福
的人的願望才能達到；因為對那些遵從法律的人，法律顯得是適合
於他本性的德性。」（殘篇 183）也就是說，他之所以崇尚法律，是
由於法律是和人的德性一致的。正因為這樣，他主張犯法必究、不
應寬恕：「那些犯了當受流放、監禁或刑罰的罪行的人，應該受到懲
處而不應赦免。」（殘篇 197）因為徇情枉法是不合正義的，凡聽任
自己所得利益或喜好的支配而違反法律把他赦免的人，是做了不合
正義的事。

其次，提倡言行一致。德謨克利特強調：應該熱心致力於照德性行事，而不要空談道德。聲稱：一篇美好的言辭，並不能抹煞一件壞的行為；而一件好的行為，也不能為誹謗所玷污。而且更何況「說真話是一種義務，而且這對他們也更是有利的。」（殘篇 160）

其次，崇尚友誼。德謨克利特和蘇格拉底一樣，高度重視友誼，正因為這樣，他認為：「連一個高尚朋友都沒有的人，是不值得活著的。」（殘篇 77）一方面他肯定友誼是建立在感情一致基礎上的：「思想感性的一致產生友誼。」（殘篇 121）他並不諱言友誼和各自的利害關係密切相聯繫的：「在順境中找個朋友是容易的，但在逆境中則極端困難。」（殘篇 84）「一切親人並不都是朋友，而只有那些有共同利害關係的才是朋友。」（殘篇 85）

其次，堅持慎獨潔身自好。德謨克利特不僅提倡奉公守法言行一致崇尚友誼，而且還在德性上嚴於律己：「要留心，即使當你獨自一人時，也不要說壞話或做壞事，而要學得在你自己面前，比在別人面前更知恥。」（殘篇 179）應該將「絲毫不做不適當的事」當作箴言銘刻在自己心上。（殘篇 199）所以，不應該在別人面前比在自己面前更知羞恥，而應該在一個人也看不見時和在大家都看見時一樣不做壞事，而且在自己面前更知羞恥。

其次，崇尚審美和熱愛美好事物。強調愛美是正當的：「追求美而不褻瀆美，這種愛是正當的。」（殘篇 51）但他更其重視的是心靈的美，認為身體的美，要不是與聰明才智相結合，那是某種動物性的東西而已。正是基於這種觀點，將對美的追求提到無比崇高的地位：「永遠發明某種美的東西，是一個神聖的心靈的標誌。」（殘篇 91）並進而肯定對美的文學藝術作品的欣賞，能給人以快感：「大的快樂來自對美的作品的瞻仰。」（殘篇 129）在審美問題上，他更其突出

天賦的作用，那是與他討論其他德性問題上不一樣的：「只有天賦很好的人能夠認識並熱心追求美的事物。」（殘篇　34）。正因德謨克利特熱愛美的事物，崇尚審美活動，肯定文學藝術有它的特殊性，所以他對美的本質，以及文藝創作中的摹仿說和靈感問題等，曾進行過比較系統的探討。

由此可見，德謨克利特對倫理問題進行了系統的探討，所以 E. 策勒說他是「倫理學體系的創立者」，這樣高的評價，他是從未曾給予過其他先期古希臘哲學家的倫理思想的。

小　結

以留基伯和德謨克利特為代表的原子論，在整個希臘哲學的發展過程中起著承前啟後的作用。一方面繼承伊奧尼奧尼亞學派唯物本原說，克服恩培多克利斯和阿納克撒哥拉斯的心（愛和爭、努斯）、物（四根、種子）的二元僵硬對立；批判了伊利亞學派的存在論，從而制定了體現先期希臘哲學中最高水平的素樸唯物論。另一方面，反映和體現古希臘發展進入其奴隸主民主政制最為光輝的時代思潮。從而制定了可以和柏拉圖的唯心主義體系相比擬而又相對立的素樸唯物主義體系，從而極大地豐富和推進了人類的整個認識論進程。

在本原問題上，提出永恆、自動、至微、堅實、無限數的原子（存在）和虛空是本原，隨著原子的不同形狀、大小、序列在空間中經歷永恆時時間的漩渦運動，從而生成無限數個宇宙及其中的萬物，它們處於必然的永恆的生滅過程中。在認識論問題上，主要是總結了體現在阿納克撒哥拉斯和恩培多克利斯的認識理論中的積

極成果，提出流射影像說，肯定人的認識來自客體的流射而在感官上形成的影像，認識到主客體在認識過程中的相互作用、感性認識和理性認識的區別，以及主體在認識過程中的能動性，從而制定了素樸的唯物的反映論。但是由於最終不能將辯證法貫徹到複雜認識過程，未能正確地解釋人在認識過程的主觀能動性，未能克服伊利亞學派在認識問題上的感性認識和理性的僵硬對立，從而顯示出不可知論的傾向。反映啟蒙時期的時代特徵，率先探討了倫理德性問題，制定體現奴隸主民主政制的倫理道德觀，否認人類的德性（本性）是天賦的，主張德性是可教的並受到理性支配；崇尚正義，追求以適度的物質生活和精神生活為目的的幸福。主張積極的德性修養和維護民主政制下的道德倫理規範，熱衷於追求美好事物；致力於探索美的本質、審美以及文藝的本質和創作活動。

原子論對整個希臘哲學的發展具有深遠的積極影響，特別是對近代科學的物質結構學說，以至整個基礎自然科學理論的發展，具有顯著的影響。所以羅素公允地指出：「原子論者的理論比古代所曾提出過的任何其他理論，都更接近於近代科學理論。」❷原子論學說經過了二千三百多年，終於被證實和發展成為一種科學理論，從而充分顯出其恆久的科學價值。

---

❷　羅素：《西方哲學史》，上卷第 99 頁。

第二篇

蘇格拉底

第九章　緒論——雅典的興衰和智者運動

　　西元前六世紀末至前五世紀初希臘經濟政治和文化中心，已逐步從殖民地區轉向希臘本土，雅典成為當時哲學活動中心。整個希臘歷史進入古典時代，它包括希臘城邦制從繁榮到衰落的一百多年，大體上指西元前五世紀到前四世紀四○年代馬其頓統一希臘以前。這時期的希臘哲學已經進入它的鼎盛時期，不但在西方文化發展史上，而且在世界文明發展史上都佔有重要地位。

　　這時期希臘哲學的主要特徵是轉向討論有關人和社會的問題。這時期的哲學主要是智者運動和蘇格拉底—柏拉圖—亞里士多德兩大思潮。這裡集中討論蘇格拉底的哲學，並簡要地介紹智者們的有關思想，因為蘇格拉底的哲學，在許多方面是在與智者們辯論中闡發的。

　　蘇格拉底的一生及其思想，是與雅典的興衰密切相聯繫的。

第一節　希波戰爭和雅典的興盛

　　雅典經過梭倫（Solon，約西元前 638-前 559）領導的改革（西元前 594-前 593），庇西特拉圖（Pisistratus，約西元前 600-前 527）等實施的僭主政制（西元前 560-前 510），以及克里斯梯尼（Cleisthenes，西元前六世紀後期）領導的革命（西元前 509），最終廢除了貴族在原來氏族社會享有的特權，隨著氏族制度最後殘餘的消滅，牢固地確立了嶄新的民主政制的城邦奴隸制國家。上述一系列變革，極大地促進了雅典社會生產力的發展，文學藝術和自然科學等出現了空前的繁榮。

隨後，雅典在對外關係中，積極支持小亞細亞沿岸原希臘的米利都等殖民城邦進行的反波斯的鬥爭，在其積極介入並領導的希波戰爭（西元前 492－前 449）中取得了輝煌的勝利。

也正是在這場戰爭的進行過程中，雅典歷史進入伯里克利（Pericles，約西元前 495－前 429）時代（西元前 462－前 429）。其間，他領導繼續實行政治改革，鞏固奴隸制民主政制。加強對以雅典為盟主一方的同盟的財政軍事控制，使有關的希臘城邦徹底成為雅典的臣屬和工具；通過武力和外交途徑，阻止波斯西進並結束希波戰爭，全力與斯巴達爭霸，從海上陸上防禦斯巴達及其盟邦對雅典及其盟邦的攻擊。這一切都符合新興奴隸主的階級利益。

其間，成立了以雅典為首的提洛同盟，它成為雅典發展海上霸權，建立雅典帝國的工具。特別是西元前 454 至前 453 年，同盟的金庫由提洛移往雅典，於是諸加盟城邦（為數達三百以上）事實上都成了雅典的附屬國，對雅典納貢、服兵役，受雅典派駐駐屯的行政、軍事長官監督，政治、經濟制度和文字等，一律以雅典為準繩。希臘和羅馬是西方古代世界各民族中歷史發展最高的國家，而伯里克利時代則是希臘的內部極盛時期。

長達三十二年的伯里克利時代，不僅是希臘和雅典最繁榮、最強盛的時代，也是雅典民主政治發展到頂峰的時代。伯里克利在對內進一步民主政制方面，進行了以下一系列工作：

第一，鞏固和發展前人的成就，使已經建立起來的民主制完善化，成為正常運轉的國家機構。他擔任首席執政官後，將貴族院原來擁有的司法權分別轉交給陪審法庭和公民大會。並在其他方面進行了一系列改革，以至近代西方民主制度那一套立法、司法、行政的分立，以及對官吏、最高執政官的監督，還有保障公民權利的辦法等等，在雅典的民主政制中已經粗具雛形了。

第二，擴大民主的基礎，採取切實措施，讓廣大基層公民參加政治活動。推行陪審員津貼制度，並大大擴充陪審法庭的人數。由於參加陪審要懂得法庭上辯駁的知識，而任何公民都可能成為原告和被告，因此學習修辭術和辯論術成為時尚，智者運動正是這樣應運興起的。

第三，重視提高全體雅典公民的素質，充分發揮他們的才能，大力扶持學術和文化藝術的發展，將雅典變成「全希臘人的學校」，成為希臘世界文化中心。他不僅採取一系列措施，讓更多公民參與政治活動，而且大力興辦文化事業、實行觀劇津貼，並為外邦人來雅典辦學和傳授知識創造條件，給予切實的保障。當時希臘世界的名人如阿納克撒哥拉斯、德謨克利特、普羅泰戈拉等哲學家，以及悲劇家索福克勒斯（Sophocles，約西元前 496-前 406）、歐里庇得斯（Euripides，約西元前 480-約前 406）、亞里斯多芬（Aristophanes，約西元前 446-前 385）等人都活躍在雅典。雅典人的文化水平從而獲得迅速提高，在政治、經濟、科學、文化各個方面都成為希臘世界的中心。正像蘇格拉底自豪地所說的那樣：

　　雅典屬於最偉大的城邦，是以智慧和強盛聞名於世的。❶

---

❶　Plato, *Apology*, 29D.

蘇格拉底一生七十載，前四十年可以說是在伯里克利時代度過的，後三十年則是在伯羅奔尼撒戰爭和雅典衰落時期度過的。

第二節　伯羅奔尼撒戰爭和雅典的衰落

但是，隨著以雅典為代表的奴隸主民主政制的強大，它的海上勢力（控制愛琴海，霸持海上貿易）的增長，以及向西部的南意大利、西西里島等地的擴張，以及對外積極推行的帝國政策等，日益威脅到以斯巴達為代表的奴隸主貴族政制及其經濟利益。其結果是導致到了以雅典為首推行民主政制的提洛同盟一方，同以斯巴達為首的推行貴族政制的另一方之間，爆發了空前劇烈和殘酷的長達二十八年之久的伯羅奔尼撒戰爭（西元前 431–前 404）。其根源正像當時著名的希臘史學家修昔底德（Thucydides，約西元前 460–約前 400）所指出的那樣，是雙方為了爭奪希臘世界的霸權：

> 斯巴達人之所以決議和約已經破壞，應即宣戰，不是因為他們受了他們的同盟者發言的影響，而是因為他們恐怕雅典的勢力更加強大，因為他們看見事實上希臘的大部分已經在雅典的控制之下了。❷

這場幾經較量，結果以雅典慘敗和向得到波斯支持的斯巴達投降告終。在戰爭進行過程中，雅典的社會生產力遭到極大破壞，人口銳減；民主政制的弊端日益暴露，各派政治力量的鬥爭空前尖銳，

---

❷　修昔底德：《伯羅奔尼撒戰爭史》，中譯本，第 62 頁。

從而陷入危機；傳統的社會倫理道德準則和宗教信仰等，遭到嚴重的破壞。蘇格拉底的後半生，正是在這場戰爭的陰影及其帶來嚴重後果的籠罩下度過的。從而對其學說打下深深的烙印。

（一）社會生產力遭到極大破壞

這場戰爭，主要是在雅典及其所在的阿提卡地區進行的，經過雙方長時期的反覆較量，雅典的社會生產力遭到極大的破壞。

1.工農業生產陷於停頓。隨著農村的被蹂躪，農業生產遭到毀滅性的打擊。正像修昔底德記載的那樣：「雅典遭受了很大的損失。他們失去了全部鄉村；……全部羊群和役畜都喪失了。」❸城市手工業也陷於停頓狀態。不僅原先發達的對外貿易陷於停滯，反過來雅典人的生活資料還要仰仗海外進口來維持：「城內一切需要都必須由海外輸入，現在雅典已經不是一個城市，而只是一個要塞了。」❹

2.人口銳減。在戰爭中，不僅雙方傷亡慘重，在攻佔對方的城鄉後，還動輒對對方的平民進行血腥的大屠殺；加上遭受連綿不斷的瘟疫的打擊，特別是發生在西元前 430 和前 427 年的兩次大瘟疫，造成了民眾和軍隊的大批死亡和人口銳減。伯里克利本人即在其間病死的。據不完全統計，整個阿提卡半島地區的面積是 2,500 平方公里，在戰爭開始時總人口達 31 萬，經過戰爭和兩次瘟疫，到西元前 425 年時人口就銳減至 21 萬 7 千左右。❺

---

❸　修昔底德：《伯羅奔尼撒戰爭史》，中譯本，第 516–517 頁。

❹　修昔底德：《伯羅奔尼撒戰爭史》，中譯本，第 517 頁。

❺　關於雅典的總人口及其組成的統計數字，歷來有不同的估算。這裡根據的是 A. W. 戈姆 (A. W. Gomm) 在 1933 年發表的《雅典人口》一書的研究成果，並參見 *The Oxford Classical Dictionary,* pp. 717–718, "Population (Greek)"。

3.奴隸大量逃亡。在戰爭進行過程中，雙方都出現大量奴隸逃亡的情況，如西元前 425 年，斯巴達的國有奴隸希洛人的逃亡；西元前 413 年，雅典兩萬名奴隸的逃亡。後者對雅典造成很大打擊，因為「這些奴隸中大部分是有技術的工匠」，❻他們佔雅典奴隸的四分之一。

總之，在戰爭中，雅典社會生產力遭到極大破壞和包括奴隸在內的總人口的銳減，從而在極大程度上影響到雅典的生存。

㈡民主政制陷入危機

隨著戰爭的進行，雅典社會的固有矛盾進一步激化了，階級鬥爭、黨爭、各派政治力量的較量，都空前尖銳、複雜、頻繁和殘酷。

1.奴隸主民主派與奴隸貴族之間的保持和爭奪政權的鬥爭頻繁。隨著戰爭的進行，積極參戰的公民和民主政制的代表傷亡眾多，各種政治會社（希 etaireia）的領導權相繼落到其中的貴族手裡；在其右翼代表安提豐 (Antiphon)、庇珊德爾 (Pisander) 等的領導下，於西元前 411 年發動政變，強行廢除了民主政制，建立了寡頭政制。由最富有奴隸主們組成「四百人議事會」，把參加公民大會的人數限制為富裕的五千名全權公民，全部廢除原來由國庫支付的擔任公職的公民的津貼制度；主張立即和斯巴達締結屈辱的和約。但是，由於他們領導的戰爭失利，民怨沸騰，前後不到四個月，就由其中的塞拉美涅 (Theramenes) 代表寡頭黨中溫和派的利益，廢除了「四百人議事會」，建立起所謂「五千人政府」，政權掌握在五千名擁有軍籍的人手裡。不久，隨著雅典在庫梓科 (Cyzicus) 戰役獲勝（西元前 410），奴隸主民主派又重新獲得了政權，恢復了民主政制和陪審法庭以及觀劇津貼制度等，懲處了反對派，從而出現了持續達六年之

---

❻ 修昔底德：《伯羅奔尼撒戰爭史》，中譯本，第 516 頁。

久的所謂「民主恐怖」。但是，這時的民主政制是不穩定的，正像亞
里士多德在《政治學》中指出的那樣，大多數平民容易受少數野心
的蠱惑家（希 demagogue）的煽動和欺騙，政權往往為少數人所篡
奪。西元前 404 年，雅典的軍隊在羊河遭到慘敗，從此一蹶不振被
迫投降，只得承認斯巴達在希臘世界的霸主地位；被迫同意原先放
逐國外的敵視民主政制的人士回國，恢復「祖先秩序」，再次廢止民
主政制，成立了以蘇格拉底的弟子、柏拉圖的近親克里底亞（Critias，
西元前 460–前 403）和卡爾米德（Charmides，歿於西元前 403）為
首的僭主政制。他們在政治上推行軍事獨裁，清除原有政制中的民
主成分，廢除陪審津貼制度，限制全權公民的人數，實行鎮壓民主
力量等一系列恐怖政策。正像亞里士多德後來記載的：「當他們在城
邦內地位比較穩固的時候，他們就不放過任何階級的公民，把富於
資產或門第顯貴或有名望的人都處以死刑，目的是在掃除這些危險
的源泉，同時還想奪取他們的地產；在一個很短的時間內，他們處
死了不下一千五百人。」❼ 僭主們在推行一系列殘酷的大規模恐怖
政策的同時，他們中間又出現了內訌，使國家陷入內戰的深淵，以
致民怨沸騰，因此執政不到八個月也就被推翻了，雅典再次恢復了
民主政制，執行的是比較溫和的政策。但於西元前 399 年，這個民
主政府卻接受了安尼圖斯 (Anytus) 和美勒托 (Meletus) 的誣告，處死
了蘇格拉底。

　　2.貴族和平民之間的矛盾再次激化。原先，隨著梭倫的改革、
庇西特拉圖的僭政和克利斯提尼的革命，貴族和平民之間的矛盾和
階級對立曾有所緩和。但隨著戰爭的推移，破產農民的大量湧入城
市，許多在城市中從事手工業生產的工匠的生產陷於停頓；雅典長

❼　Aristotle, *Constitution of Athens*, 35.4.

期以來依靠進口糧食，受戰爭和運輸的影響而糧價暴漲等等，導致
大批平民生計無著陷於破產，自由民愈益貧困化。估量當時雅典無
產者平民人數超過居民總數一半以上。與之相反，部分富人和貴族，
卻通過戰爭大發橫財，國家用於軍事開支的經費，相當大的一部分
落入承包商、武器作坊主和船主們的腰包；他們乘機兼併農民的土
地，阿提卡的土地大批落入他們手中，從而造成平民和貴族、富商
之間的階級矛盾日益尖銳。柏拉圖在〈國家篇〉中有所記載：

> 任何城邦，不管怎樣小，事實上都分成兩個互相敵對的城邦，
> 一個是富人的城邦，一個是窮人的城邦，它們中的每一個，又
> 分成許多更小的城邦，要是把它們都看作是一個統一的城邦，
> 那是大錯特錯的。 ❽

至於無產的貧民更是熱望革命：

> 我想，他們有的負債累累，有的失去了公民資格，有的兩者兼
> 有，他們武裝了，像有刺的雄蜂，同吞併了他們產業的以及其
> 他富而貴者住在一個城裡，互相仇恨，互相妒嫉，他們急切地
> 希望革命。 ❾

   3.奴隸和自由民，特別是奴隸和奴隸主之間的矛盾進一步激
化。雅典民主政制的根本特徵之一是排除自由民的勞動的奴隸制，
因此，它必然要把雅典國家引向滅亡。戰爭加速了這種進程，在戰

---

❽ Plato, *Republic,* 423A.

❾ Plato, *Republic,* 555D.

爭進行期間，一方面，雙方都把攻陷的城鄉的平民和奴隸變為自己的奴隸，因此奴隸在人口的比例中，反而有所上升；另一方面，交戰雙方又都把誘使對方的奴隸逃亡或反叛，作為打擊對方的一種重要手段；這樣，勢必在客觀上促進奴隸的覺醒。結果，建立在奴隸勞動基礎上的奴隸制失去了原有的相對穩定性，從而陷入深刻的危機。而奴隸的覺醒，又使奴隸主陷於極端的恐懼之中。這種情況，柏拉圖有生動的描述：

> 假設有一個人，他擁有五十個或更多的奴隸。現在有一個神明把他和他的妻兒老小，他的財富、奴隸一起從城市裡用神力攝走，送往一個偏僻的地方，這裡沒有一個自由民來救助他。你想想看，他會多麼害怕，擔心他自己和他的妻兒老小要被奴隸消滅嗎？ **❿**

由此可見，隨著戰爭的進行，奴隸和奴隸主之間的對立已激化至何等程度，奴隸主陷於何等恐懼之中。

(三)傳統的社會倫理道德準則、信仰、法制等陷於解體

隨著梭倫的改革，特別是克利斯提尼領導的革命取得的成功，雅典確立了比較穩固與溫和的民主政制，國內出現了比較安定和統一的政治局面。當時的情況，正像伯里克利所指出的那樣：隨著民主政制的確立，政權掌握在全體擁有公民權的人手裡；在解決私人間的糾紛時，「每個人在法律上都是平等的」； **⓫** 人們不僅關心自己的私事，而且也關心國家事務，把崇尚公職，當作是一項重要的道

---

❿　Plato, *Republic*, 587E.

⓫　修昔底德：《伯羅奔尼撒戰爭史》，中譯本，第 130 頁。

德準則；在私人生活中，是自由和寬恕的；在公眾事務中，是遵守法律的；助人為樂，而不主要是從他人那裡謀求好處；在生活的許多方面，能夠獨立自主，表現得溫文爾雅和多才多藝；崇尚美的東西，而又不流於奢侈；崇尚智慧，而又不流於柔弱；適當利用財富；特別是把保衛自己的城邦，作為每個公民的崇高職責，不惜為它「慷慨而戰，慷慨而死。」❷ 但是，隨著戰爭的持久進行，情況發生了劇烈的變化。戰爭中肆無忌憚的殘暴行為，不僅推行到國與國的關係中，而且推行到國內不同社會集團和黨派中去，肆意洗劫和屠殺被攻陷城邦的民眾。雅典寡頭黨人和僭主們數度通過煽動、蠱惑、暴力等手段推翻民主政制，非法攫取政權，接著是血腥地屠殺政敵和民眾；甚至，連希臘人視為罪大惡極的瀆神事件，當時在雅典也屢次出現。

結果，不可避免地導致傳統的社會倫理準則、信仰和法制等的解體。這幅圖景，正像修昔底德描繪的那樣，任何持溫和觀點的公民，都要遭到兩個極端黨派的摧殘：

> ……結果，在整個希臘世界中，品性普遍地墮落了。觀察事物的淳樸的態度，原是高尚性格的標誌，那時候反而被看作是一種可笑的品質，不久就消失了。❸

以致整個社會流行著互相猜疑和敵對的情緒，以致沒有哪個保證是可信賴的，沒有哪個誓言是不被破壞的；人們對社會進程的前途，感到普遍的絕望，「人們都得到這樣一個結論，以為得到一個永久解

❷ 修昔底德：《伯羅奔尼撒戰爭史》，中譯本，第133頁。

❸ 同(⒓)。

決是不可能的；所以他們對於別人不能信任，只盡自己的力量以免受到別人的傷害。」⓮

　　這種道德上的無恥墮落，政治鬥爭中的爾虞我詐，戰爭中的殘暴行為，對整個社會和城邦前途的喪失信心，在政治上對立的民主派和寡頭派雙方都存在著，而且在他們各自的政治代表身上，表現得最為突出和驚人的厚顏無恥，其中，雙方最醜惡的典型是：民主派的阿爾基比亞德（Alcibiades，約西元前 450–前 404）和寡頭黨的克里底亞。他們恰巧又都是蘇格拉底的最親密的朋友和學生。此兩人都曾參與過前面提到過的瀆神事件，與西元前 415 年雅典城內所有赫耳墨斯神像面部被毀有關。由伯里克利扶養長大的阿爾基比亞德於西元前 420 年出任極端民主派的領袖，儘管在軍事上卓有才能，但他生活奢侈和慣於違法亂紀，出爾反爾，甚至不惜背叛祖國雅典，為斯巴達和波斯出謀劃策，攻打雅典。其品質正像修昔底德記載的那樣：「雖然在職務上，他領導戰事的成績是卓越的；但是他的生活方式使每個人都反對他的為人；因此，他們把國家的事務委託與他，不久就引起城邦的毀滅。」⓯至於克里底亞，不僅參與兩次寡頭政變，並成了後來「三十僭主」政制的主要首領，是當時推行空前殘酷血腥反革命恐怖政策的元兇，甚至不惜殺害和他一起舉事的溫和派寡頭黨人塞拉美涅。由於罪大惡極，被民主政制處死（西元前 403），以後也從未給他恢復過名譽；甚至連作為他近親的柏拉圖，在事過境遷半世紀以後，在撰寫其作為畢生政治實踐總結的第七封書信時，對他仍然抱有極大的反感。

　　總之，雅典這個從氏族社會中直接產生出來的奴隸主民主共和

⓮　同⓭。

⓯　修昔底德：《伯羅奔尼撒戰爭史》，中譯本，第 435 頁。

國，雖然在雅典乃至整個希臘社會的發展過程中，作出過巨大的貢獻；但由於排斥自由公民的勞動，對內殘酷剝削奴隸，對外推行侵略的帝國政策，隨著伯羅奔尼撒戰爭的進行及其造成的嚴重後果，已經破壞了奴隸制度原有的經濟基礎，以及建立在這種基礎上的上層建築和意識形態，尤其是國家機構和法律制度遭到了毀滅性的打擊；奴隸和奴隸主、奴隸和平民、平民和貴族之間的激烈鬥爭，以及各派政治力量之間頻繁的黨爭等實踐證明，無論是民主政制、寡頭政制還是僭主政制，都再也無法緩解這些矛盾，以雅典為代表的奴隸制度和整個社會都陷入深刻危機。

面對這種情況，不同的階級、階層及其政治思想代表，必然會作出不同的回答或抉擇。

蘇格拉底出身平民雕刻師匠家庭，在他身上集中體現了雅典民主政制理想公民的品性，也意識到自己的崇高使命，欲挽狂瀾於未倒，自命為是神賜給雅典的一隻「牛虻」，刻意促使雅典這個迷鈍錯亂的龐然大物重新奮發。在他看來，整個危機是由道德和人性的墮落、社會秩序的混亂造成的，因此拯救雅典的根本出路在於改善人的靈魂和本性，由此才能達到重振道德、改善政治以及復興雅典乃至全希臘的宏圖。結果以身相殉民主政制，從而顯示出崇高的悲劇性。

人類歷史的進程，有它的不依人的意志為轉移的客觀規律，城邦奴隸制已走到歷史盡頭，不是任何人所能挽救的，任憑蘇格拉底、柏拉圖、亞里士多德那樣的偉大思想家也是難以為繼的，它必然要由奴隸制帝國取而代之，這個使命，歷史地落在以亞歷山大為代表的馬其頓帝國身上。

第三節　智者和智者運動⑯

　　隨著西元前五世紀後半世紀，雅典和希臘社會進入古典時期的繁榮時代，希臘哲學的發展也出現了重大的轉折。傳統的以探討萬物本原和宇宙演化為主要內容的自然哲學宣告終結，轉入以研究人和社會為中心的哲學發展的新階段。人們的思想開始從傳統觀念的束縛中解放出來，進入啟蒙時期，出現了一個百家爭鳴的新局面；智者以及與之相對立的蘇格拉底和柏拉圖，正是這種時代精神的產物，而亞里士多德則是其集大成者。

一、智者運動和人本主義的興起

　　其間，隨著商品經濟和海外貿易的拓展，以伯里克利為領袖的民主政制得到進一步發展，並影響到整個希臘世界。以雅典為代表的希臘人，無論在物質生活和精神生活，還是在政治生活領域，都發生了急劇的變化。要求公民們提高自己的素質和文化修養，確立新的教育方式和行為準則，於是在全希臘範圍內出現了一批以傳授辯論和演說、傳授治國安邦技藝為己任的職業教師，這就是智者。

　　智者打破早期自然哲學的狹隘學派界線，使哲學進入公眾的日

---

⑯　從希臘哲學史的分期來講，有兩種代表性的主張。⑴以 E. 策勒為代表，分成三個時期：第一時期前蘇格拉底哲學（以智者告終）；第二時期阿提卡哲學（蘇格拉底及其信徒、柏拉圖、亞里士多德；第三時期希臘化哲學。⑵以 T. 龔珀茨《希臘思想家》）、W. 文德爾班《古代哲學史》）和 N. K. C. 格思里《希臘哲學史》第 3 卷）為代表，將智者和蘇格拉底都一起另行列入啟蒙時期。我們認為第⑵種分期更為可取。

常生活，藉以提高公民的實踐能力。智者們不以建構學說體系為目的，但是在長期的論辯和教學活動中，卻形成以人和社會為中心的具有啟蒙特徵的學說。他們各自並不一定都擁有自己的完整的思想體系，甚至也未必致力於從事理論上的概括和總結，彼此間也未必形成一致的觀點，在某些觀點上甚至還是互相對立的，但是他們屬於同一思潮。

智者們並無一致認同的觀點，但以下這些觀點在他們之中是有代表性的。

在哲學方面，承認客觀存在是「流動的物質」，但從感覺論出發，錯誤地得出主觀唯心主義、相對主義或懷疑主義的結論。在社會政治問題上，各持自然論或約定論觀點，後者佔到優勢，強調人類法優於自然法，認為前者是人類通過努力得到的一種進步，反對把法律看作是由神賜予的，認為法律是人們相互間的約定。主張人人在政治、財富、社會地位上的平等，認為在民主政制下，一切人都有平等的權利；反對奴隸制度，因為神使人生來是平等的，自然沒有使一個人成為奴隸。在道德倫理問題上，提出獨特的主張，認為美德是可以教的，從而否定了人的美德是天賦的、只能來自高貴出身的偏見，否定了美德是偶然出現於特殊人物的特殊品質的觀點；強調美德是已知的、可控制的過程所產生的結果。這一系列觀點，對推進當時的社會組織具有重要的意義。對傳統的宗教觀念也進行了批判，相應地提出了接近於無神論的觀點。例如，普羅迪科等認為，諸神對人類事務不感興趣，諸神也不會因人類犧祭與否而賞善罰惡；有的甚至根本不相信神的存在。他們還教人在辯論中如何使用論據和講話，促進青年一代去批判傳統觀念，用新觀念去取代舊觀念，從而對正處在變革中的雅典社會起到了促進作用。因此被著名

的古典學者 W. 耶格爾 (W. Jaeger) 認為:「對人類史有無可估量的影響。」⑰

　　但也由於他們傾向詭辯和收費授徒等,遭到蘇格拉底和柏拉圖的劇烈抨擊,從而也導致後世對智者們的誤解,特別是智者的末流確實也流於詭辯,因此在歷史上又被稱為「詭辯論者」或「詭辯派」。到西元前四世紀末時,智者的社會作用和社會地位日趨沒落。

　　這個時期,著名的智者有二十多人,其代表人物有普羅泰戈拉 (Protagoras)、高爾吉亞 (Gorgias)、希庇亞斯 (Hippias)、普羅迪科 (Prodicus)、安提豐 (Antiphon)、克里底亞 (Critias) 等。這裡著重介紹其中最有代表性的普羅泰戈拉、高爾吉亞和克里底亞。

二、普羅泰戈拉

　　普羅泰戈拉是最早收費授徒的智者。出生於阿布德拉,熟悉伊奧尼亞學派哲學,可能是德謨克利特的學生和朋友。受到雅典奴隸制民主派領袖伯里克利的高度尊敬,西元前 444 年受託為雅典新建立的殖民城邦制定法律。七十歲左右被指控為無神論者,有關著作被焚毀,本人被迫逃離,在赴西西里途中溺死於海中。主要著作有《真理》、《論神》,以及有關政治、倫理、教育、修辭的著作多種,均佚失,只保存下三則殘篇。

　　普羅泰戈拉是智者運動中的傑出代表,對整個啟蒙思想的形成和發展作出了傑出的貢獻,作為對立面,在相當程度上激勵了蘇格拉底乃至柏拉圖的思想的形成。

　　正是智者運動揭開了啟蒙運動人本主義的序幕,促使人這個主

---

⑰　W. Jaeger, *Paedeia: The Ideals of Greek Culture,* Vol. l: *Archaic Greece, The Minds of Athens,* Oxford, 1947, p. 286.

體開始意識到自己的存在，覺醒到自己的存在，開始與作為客體的整個自然區別和劃分開來。其標誌正是普羅泰戈拉的這個著名命題：

> 人是萬物的尺度，是存在的事物存在的尺度，也是不存在的事物不存在的尺度。❽

關於這則著名的殘篇，歷來有種種不同的解釋。它是一種非常重要的關於知識的學說，其核心思想是：「知識就是感覺。」

一般認為，柏拉圖在〈泰阿泰德篇〉中托名蘇格拉底（實質是柏拉圖本人）同泰阿泰德間，圍繞這則殘篇進行的一場談話中作出的解釋，可能比較符合普羅泰戈拉本人的原意。

意指：事物對於你就是它向你呈現的樣子，對於我就是它向我呈現的樣子，因為，你、我都是人。也就是說，任何個體的人，各自都是萬物的「權衡者」。這裡的「人」（希 anthropos）指的是個體的人的感知和體驗，而不是指整個人類或個人的理性知識或別的什麼東西。

因此，同樣的風在颳著，某個人會覺得冷，另一個人會覺得不冷；或者某個人稍覺得有點冷，而另一個人會覺得很冷。也就是說，不是風本身冷或不冷，而是對於這股風感覺冷的人才是冷，不感覺冷的人就不是冷的。

進而意指，將萬物說成是相對的，不能夠正確地用任何名稱來稱呼任何事物，比方說大或小、重或輕，因大的會是小的，重的會

---

❽　Plato, *Theaetetus,* 152A. 中譯文根據北京大學哲學系外國哲學史教研室編譯：《古希臘羅馬哲學》，第 133 頁。

是輕的；沒有獨立存在的事物或性質，因為萬物都是運動、變化和彼此之間的混合所產生；這種「變化」，人們不正確地把它叫做存在，但是實際上是變化，因為沒有什麼東西是永遠常存的，一切事物都在變化中。⑲所以正像亞里士多德在《形而上學》中所揭示的那樣，對普羅泰戈拉的這種理論來講：

> 除非我們正在感覺，否則冷、熱、甜及一般而言任何可感事物都不會存在。⑳

塞克斯都·恩披里柯則進一步指出，普羅泰戈拉的這種觀點是主觀唯心主義和相對主義的：

> 這句話也可以說成：人是一切對象的標準。他存在㉑時，萬物存在；他不存在時，萬物不存在。結果他只肯定呈現於每個個體的現象並因而引入了相對性。

　　由此可見，普羅泰戈拉的「人是萬物的尺度」這個命題，是主觀唯心主義、感覺主義和相對主義，但是在當時的特定條件下，都是有其特定的含義和積極的歷史作用的。意味著人的主體意識及其在世界中獨特地位的覺醒，意識到人是他自身和整個社會的中心，為約定論（希 nomos）奠定了理論依據。肯定人是他自身和整個社會的中心。正是人為自己制定習俗、法律、倫理規範和城邦的律法

---

⑲　Plato, *Theaetetus,* 152D–E.

⑳　Aristotle, *Metaphysics,* 1047^{a}5–6.

㉑　Sextus Empiricus, *Outlines of Pyrrhonism,* I. 216.

等來約束自己、規範自己，因此也只有人才有權對此進行裁決和褒貶。這樣一來，以往的一切傳統觀念、信仰、風俗習慣、政治法律制度，乃至審美觀點等，都要在個體的覺醒了的人面前辨明自己的合理性，這正是啟蒙思想的根本特徵所在。因此，這個命題，不僅是普羅泰戈拉個人，而且也是整個智者運動的理論基礎和指導思想，是這個運動的實踐的概況。

正是在「人是萬物的尺度」這種觀點指導下，普羅泰戈拉提出了類似無神論的思想：「至於神，我既不知道他們是否存在，也不知道他們像什麼東西。有許多東西是我們認識不了的；問題是晦澀的，人生是短促的。」❷❷

正是在「人是萬物的尺度」這種觀點指導下，普羅泰戈拉強調，人在憑藉自然稟賦的同時，從小就要努力學習：「要想成為有教養的人，就應當應用自然的稟賦和實踐；此外，還宜於從少年時就開始學習。」❷❸ 循此，德性等知識及各種技藝是可以傳授的：「要造船，就要請造船師，所有其他被認為是可教、可學的技藝都是如此。」❷❹「德性是可教的，可以獲得的。」❷❺

也正是在「人是萬物的尺度」這種觀點指導下，借助以神話的形式，將約定說貫徹到社會和城邦等的起源上。聲稱：處於原始狀態的人，雖能自奉衣、食、住和學會講話，但由於散居而沒有城邦組織，「缺乏政治技藝」，易於受到野蠻人侵害或自相侵害。但人有互尊和正義的德性，從而締結彼此的友誼和聯合的紐帶，建立城邦

---

❷❷　普羅泰戈拉，殘篇 4(《DK》B4)。

❷❸　普羅泰戈拉，殘篇 3(《DK》B3)。

❷❹　Plato, *Protagoras,* 319B–C.

❷❺　Plato, *Protagoras,* 324D.

和法律；生活按勞動分工原則進行，否則繩之以法處以極刑。由於人人賦有正義和智慧的德性，所以要允許任何人發表意見，「否則城邦便不可能存在。」❷這種德性觀是建立在平等觀念上的：「無論他是鐵匠、鞋匠、商人還是船長，是富人還是窮人，是出身高貴的人還是出身低賤的人，都是平等的。」❷正是基於這種平等觀，普羅泰戈拉反對國王或僭主的個人意志決定一切。

三、高爾吉亞

高爾吉亞 (Gorgias，約西元前 480-前 399)，智者和修辭學家，西西里島里昂提尼 (Leontini) 人，西元前 427 年受當地公民的派遣，作為首席使節到雅典請求庇護，反對敘拉古的侵略；後定居雅典，以從事講演和教授修辭學為生。原是恩培多克利斯的學生，從事研究自然科學，據傳曾撰寫過有關光學的著作，還撰有《論非存在或自然》。

根據塞克斯都·恩披里柯在《駁數理學家》第 7 卷 (即《駁邏輯學家》第 1 卷) 中的記載，高爾吉亞在《論非存在或自然》一書中，接連建立了三個原則：

第一個是：無物存在；第二個是：如果有某物存在，這個東西也是人無法認識的；第三個是：即令這個東西可以被認識，也無法把它說出來告訴別人。❷

---

❷　Plato, *Protagoras,* 322D.

❷　Plato, *Protagoras,* 319C.

❷　Sextus Empiricus, *Adversus Mathematicos,* VII. 65.

高爾吉亞本人對這三個原則是以下列方式論證的：

第一個原則：「無物存在」。高爾吉亞是這樣進行論證的：「如果有某物，這個某物或者是存在，或者同時既是存在又是非存在。」㉙

塞克斯都・恩披里柯對此論加以進一步申述，聲稱：一方面，像他所主張的那樣，「存在是沒有的」；而另一方面，像他所斷言的那樣，「非存在也是沒有的」；而像他所指出的那樣，也沒有「存在同時又是非存在」。所以什麼都沒有。㉚

高爾吉亞的第一個原則，顯然是針對巴門尼得斯的。因為，後者認為：只有存在是存在的，非存在以及既存在又不存在是不可能有的。而高爾吉亞進而論證「存在」、「非存在」、「既存在又不存在」三者都是不可能的。

第二個原則：「如果有某物存在，這個東西也是人無法認識的。」高爾吉亞是這樣論證的：「如果我們所想的東西並不因此而存在，我們便思想不到存在。」㉛

塞克斯都・恩披里柯認為這項論證是有理由的。因為，可以是我們所想的東西是白的，我們能夠思想白的東西；也可以是我們所想的東西並不存在，因而必然得出結論：「存在的東西是思想不到的。」㉜例如，如果我們思想到一些在海上行駛的車子而實際上是看不到，而要去相信海上行駛的車子是實際上有的話，那就是荒謬的。㉝

㉙　Sextus Empiricus, *Adversus Mathematicos,* VII. 66.

㉚　同㉘。

㉛　Sextus Empiricus, *Adversus Mathematicos,* V. 77.

㉜　同㉘。

㉝　Sextus Empiricus, *Adversus Mathematicos,* V. 82.

第三個原則:「當我們感知到它的時候,也是無法把它告訴別人的。」❸ 因為,如果存在東西為視覺、聽覺所感知,即為各種感官所感知;在它被當作外在的東西而給予的同時,是不能夠告訴別人的。

塞克斯都・恩披里柯對此進一步論證。聲稱:將感知的東西告訴別人用的信號是語言,而語言並不就是給予的東西和存在的東西,而僅僅是語言,但語言是異於給予的東西的。因此,可見的東西既然不能變成可聽聞的東西,同樣情形,反過來,因為存在是當作外在的東西而被給予的,對於我們,就不能真正地有語言。所以,憑藉語言,不能向我們表明大部分給予的事物,這些事物也不能向我們相互表明它們的性質。由此得出結論:「因為,非存在既不能被認識,也不能自然地傳達於別人,對於它也就不能有證明存在了。」❸

歸諸亞里士多德名下的偽作《論高爾吉亞》,曾對高爾吉亞的這三個原則的論證,作出了進一步綜述:高爾吉亞說,無物存在;如果說有什麼存在,它也是不可認識的;如果既存在又是可以認識的,也無法向其他人講明,這是基於,之所以無物存在,因為關於存在有著種種相反的看法,彼此陷入自相矛盾之中;再譬如說不存在存在,不存在就加於存在之上了;要是存在和不存在相同,若不存在不存在,那麼存在也不存在。「這就是他的論證。」❸

高爾吉亞所提出的三個原則及其所提出的論證,儘管最後導致懷疑主義,但並非是語言遊戲。他是在伊利亞學派、恩培多克利斯、德謨克利特、阿納克撒哥拉斯等的學說的基礎上提出來的。例如第

❸ Sextus Empiricus, *Adversus Mathematicos,* V. 83.

❸ Sextus Empiricus, *Adversus Mathematicos,* VII. 87.

❸ 〔Aristotle〕, *On Melissus, Xenophanes, and Gorgias,* 979ᵃ14–34.

一個原則，正是利用前人彼此相反的論證結合成一對二律背反的命題，著眼於否定巴門尼得斯的「存在」。以後，柏拉圖和亞里士多德，正是在高爾吉亞的這論證，使舊的存在論已經終結的基礎上開始的。由此可見，從伊利亞學派經過高爾吉亞到柏拉圖，在有關「存在」的問題上，正經歷了希臘哲學史上第一次肯定—否定—肯定的階段，高爾吉亞恰好構成中間的否定的重要環節；如果沒有他的這種懷疑論，恐怕也很難產生出像柏拉圖在《巴門尼得斯篇》和《智者篇》中那種高度思辨的辯證論證。高爾吉亞的論證，不僅摧毀巴門尼得斯的存在論，實質上同時也摧毀了蘇格拉底以前的自然哲學家關於本原的範疇。這是西方哲學史上，懷疑論對本體論的第一次毀滅性打擊，後來的塞克斯都·恩披里柯就是繼承這個傳統的。

由此可見，智者運動中高爾吉亞的三個原則，與普羅泰戈拉的「人是萬物的尺度」起著同樣的作用。普羅泰戈拉主要體現了智者運動的感覺主義和相對主義的哲學原則，高爾吉亞的三個原則體現了智者運動的懷疑論原則。由此可見，他們確是屬於同一營壘，都否認真理標準。 ㊲

四、克里底亞

克里底亞（Critias，約西元前 480-前 403）㊳出身雅典貴族家庭，是柏拉圖的堂舅舅，系出德洛庇達家族。早年是蘇格拉底親密的朋友，同智者的關係密切；早年曾積極從事寫作，曾撰寫過挽歌和悲劇，均佚失，留下若干殘篇。如所著《西敘福斯》(*Sisyphus*) 中

㊲ 詳見汪子嵩等：《希臘哲學史》，第 2 卷，第 282 頁。

㊳ 據 *The Oxford Classical Dictionary* (p. 243) 所載，克里底亞的生卒年為約西元前 460-前 403。

的一則長殘篇中，對神的信仰作出一種理性的說明。早在西元前 411
年就參與寡頭政變，推翻民主政制而建立四百人議事會，當民主政
制恢復時被放逐至帖撒利。西元前 404 年，在斯巴達支持下，成為
三十僭政的為首者，「是寡頭政體成員中最貪婪和最強暴的人」，迫
害蘇格拉底，在律法裡專門列入一條「不許任何人講授講演術。」❸
在一場鎮壓政敵的戰爭中被殺，死後也一直未被恢復名譽。

　　克里底亞對有關自然 (physis) 和約定 (nomos) 理論，還是作出
了一定貢獻的。

　　普羅泰戈拉在與蘇格拉底討論到人類社會和文化的起源時，曾
多次談到自然和約定。聲稱，按照人的自然本性，人為了生存必須
聯合，但當他們聚集在一起時又會像動物一樣互相殘殺；於是宙斯
神交給人類以正義和相互尊重，進而制定了法律，這些都是約定，
從此人類才有社會生活和社會進步。❹由此可見，相比之下，普羅
泰戈拉是更多地肯定約定的。

　　相比較而言，高爾吉亞、希庇亞、安提豐、塞拉西馬庫等智者
們則反對約定，將約定和自然（本性）對立起來，片面強調人的自
然（本性）具有不可抗拒的作用。針對約定而為本性行為辯護，力
求建立符合本性的新的約定。既然，只有合乎自然本性的行為是正
當的，無可指責；那麼與自然本性相違背的約定的倫理規範、行
為準則、風俗習慣和法律，就應當廢棄或加以變更，至今也不能說
是盡善盡美的。

　　克里底亞則企圖將自然（本性）與約定統一起來。聲稱，好的
品性是制定約定的必要條件，認為有了好的品性還要有制度和規

❸　色諾芬：《回憶蘇格拉底》，I. 2.31。

❹　Plato, *Protagoras*, 322A–323C.

範，而且還必須加以訓練。因為，人的品性是不易改變的，而人為
規定的法律等則是容易改變的。但是，好的個性和品性，並不能決
定一個人必然是才能卓越的，所以他更需要學習和訓練。個人的身
體和個性、一個民族的性格和特性都是自然（本性）。進而引入人的
價值標準，以對人和城邦是否有益作為衡量自然本性的好壞的標
準，比如世人公認帖撒利民族是揮霍奢侈的，這就不是好的性格。
就一般的人的本性來講，既有好的一面，也有壞的一面。克里底亞
認為，人在原始時期過著動物樣的生活，鑒於行善和作惡都沒有得
到應有的報應，所以發明了法律。可是，人們還是在暗中犯罪，因
此聰明人又創造了神，藉以想嚇唬作惡的人。但是，克里底亞並沒
有說明人們作惡的根源。由此可見，在自然（本性）－約定問題上，
克里底亞在肯定約定的作用的同時，對自然（本性）區分了不同的
情況，力圖將二者統一起來。

綜上所述，通過對克里底亞等的本性－約定論觀點的討論，反
映了希臘人人文啟蒙意識的覺醒。人們認識到，不僅手工技藝製品，
而且連城邦、法律、風俗習慣、倫理規範，乃至語言、名稱和神，
都是人按照自己的本性、需要、利益、想法等等創造的、約定而成
的。希臘人開始意識到創造自己的歷史，自己安排自己所處的社會
環境。人們意識到自身的重要性。這樣，以往的自然哲學也就終結
了，一種將自我、個人利益、需要置於首位的新的哲學思潮也就產
生了。

第十章　蘇格拉底問題

　　蘇格拉底是可以與耶穌相比擬的「不朽人物」。❶在西方享有無與倫比的崇高聲譽:「啟蒙的偉大鬥士」; ❷「教育學家中最偉大的人物」; ❸「對開放社會的新信仰,對人的信任、對平等主義的正義和人類理性的新信仰……作最偉大的貢獻」; ❹「理論樂觀主義者的原型」, ❺純粹「理性和科學」的象徵; ❻當時「在精神上和道德上激動的偉大時代的最出色的『知識分子』之一」 ❼等等。從而享有

---

❶　W. Jaeger, *Paideia: The Ideals of Greek Culture,* Vol. II, Oxford, 1976, p. 13,25.

❷　龔珀茨 (Th. Gomperz):《希臘思想家》。根據趙繼銓和李真譯《蘇格拉底傳》,北京商務印書館, 1999 年版, 第 141 頁。該書收入三種著作:(1) A. E. Taylor, *Socrates;* (2) Th. Gomperz, *Greek Thinkers* (蘇格拉底部分); (3) *Diogenes Laertius*, II, 5.

❸　J. B. 伯里 (J. B. Bury):《思想自由史》,北京商務印書館, 1926 年版, 第 30 頁。

❹　K. 波普爾 (K. 巴柏, K. Popper):《開放社會及其敵人》上卷, 莊文瑞和李英明編譯, 桂冠圖書公司, 第 435 頁。

❺　尼采 (F. Nietzsche):《悲劇的誕生》,周國平譯, 北京三聯書店, 1986 年版, 第 64 頁。

❻　尼采語, 轉引自 W. Jaeger, *Paideia: The Ideals of Greek Culture,* Vol. II, p. 373.

世界聲譽和崇高歷史地位，以致中國當代著名哲學家馮芝生（友蘭）
先生將蘇格拉底和孔子相比擬，各自成為西方和中國正統哲學的創
始人。**❽**

　　但是，蘇格拉底本人生前並未曾撰寫過任何著作，直到西元前
423 年，阿里斯托芬發表諷刺他的喜劇《雲》以前，並無當代人有
關蘇格拉底的指名的直接記載；只有當他到了七十歲高齡的前後，
才出現他的兩個弟子柏拉圖和色諾芬的記載，接著又有他的再傳弟
子、柏拉圖的弟子亞里士多德的記載等。鑒於這些人，各自有不同
的政治、倫理、哲學觀點和階級立場，加之他們各自的記載，又有
漫長的時間跨度，例如柏拉圖的著作生涯前後達四十年左右；因此，
不但這些記載的各自之間有分歧，就是同一個作者的記載，在前後
之間也有區別，而且甚至有重大區別；加之，後世對這些記載又有
不同的理解和解釋，從而造成對蘇格拉底的哲學以及有關事項的探
討的困難，以致有的人甚至感嘆，認為根本不可能討論蘇格拉底的
思想及其在歐洲思想史上的真正意義。因此，在進入探討蘇格拉底
的生平活動和哲學思想以前，首先要對以上這些作者的記載本身，
以及後世人對它們的評價進行介紹，並提出我們認為比較恰當的觀
點，然後才進入系統的探討。

第一節　阿里斯托芬

　　阿里斯托芬（Aristophanes，約西元前 446–前 385）是古希臘著
名舊喜劇詩人，生於雅典。交遊甚廣，蘇格拉底和柏拉圖都是他的

---

❼　A. E. Taylor, *Socrates,* 見《蘇格拉底傳》，第 55 頁。

❽　馮友蘭：《中國哲學史》上冊，上海商務印書館，1947 年版，第 77–78 頁。

朋友。曾撰寫了四十四部喜劇，得過七次獎。流傳至今的，只有其中十一部。他的政治思想傾向保守，作品觸及當時幾乎一切重大的政治和社會問題，反映雅典奴隸主民主制危機時期的思想意識；其中有的就尖銳地諷刺了當時當政的民主制領袖人物伯里克利，以及繼伯里克利出任領袖的克里翁（Cleon,？－西元前422）。例如，西元前424年上演的得頭獎的《騎士》，就將矛頭針對克里翁。其中講到戰爭期間，雅典的民主制度逐漸衰落，政治蠱惑家、特別是克里翁，將自己的意旨強加於人民；猛烈抨擊克里翁愚弄人民、拒絕和談、勒索盟邦、侵吞公款等。領導戰爭作戰勝利歸來後，氣焰高漲；克里翁作為德謨斯（demos，人民）的家奴，欺騙主人，壓迫夥伴。接著在西元前422年上演的《馬蜂》中，繼續抨擊克里翁愚弄人民，故意提高陪審津貼，以便收買那六千個陪審人員，利用他們來操縱公民大會，迫害他的政敵，鞏固他的政治勢力，達到他的政治勢力，達到他的自私的目的。由此，招致克里翁的不滿，曾因此向法院提出訴訟。

此外，阿里斯托芬反對當時的智者派，提倡思想自由，懷疑神的存在，傳授詭辯術，顛倒是非；並把蘇格拉底認作為是這類智者的代表人物。在《馬》、《蛙》、《馬蜂》等劇中，只是偶而提到蘇格拉底及其追隨者，但是在西元前423年上演的《雲》中，則是以蘇格拉底為主角，作為抨擊智者派的主要代表人物。劇中講到，農民斯瑞西阿得斯娶城市貴族女子為妻，生子菲狄庇得斯。後者喜愛戰車競技浪費錢財，使其父親負債累累；後者便到蘇格拉底的「思想所」去學習詭辯術，想用它來賴債。接著其中景後的活動舞臺便將「思想所」的內景顯露出來，其中一群骯髒的門徒伏在地下，蘇格拉底卻坐在吊筐裡觀察天象。後者接受斯瑞西阿得斯入學後，便祈

求雲神，當雲神降臨時，蘇格拉底便乘機講了自然哲學，「動力」出
來代替大神宙斯為王。後來該農民又要其年輕的兒子來入學；後者
聽了一場有關「正直的邏輯」和「歪曲的邏輯」的辯論後便正式入
「思想所」。學成回家後，利用學得的詭辯術罵走了債主。父親便為
他設宴慶祝，父子倆為了飲酒頌詩事發生口角；結果，兒子打了父
親一頓，還利用詭辯，硬說打得有理。這時，斯瑞西阿得斯便明白
了智者派的教育對年輕人的危害，便去燒毀了「思想所」。

學者們就此進行探討，認為《雲》劇發表於西元前 423 年，當
時的蘇格拉底約四十五歲左右，所以不是成熟時期的、擁有自己學
說的蘇格拉底。阿提卡喜劇完全是對個人的嘲弄，諷刺的對象應該
是一個眾所周知、聲名狼藉的人物；為了喜劇的效果，又不得對某
事加以歪曲；因此不能從其「表面價值」來看待，否則「我們可就
太愚蠢了」。❾何況，阿里斯托芬的、特別是柏拉圖的蘇格拉底有根
本上的區別：「柏拉圖的蘇格拉底是一位幽默家和一位偉大的哲學
家，具有深刻的形而上學信念，並且對於他的時代的最高科學有著
廣泛的了解。」❿所以，阿里斯托芬的蘇格拉底僅僅是喜劇詩人創作
的一個文學形象，不是真實的蘇格拉底本人。

實際情況是，阿里斯托芬所創造的這個蘇格拉底，確是蘇格拉
底生前唯一的指名提到的記載（要是柏拉圖的早期蘇格拉底學派對
話篇，都是在蘇格拉底於西元前 399 年處死後撰寫的）。其中將蘇格
拉底刻劃成為某個自然哲學學派的領袖，還是有一定的參考價值
的；❶因為，喜劇人物儘管可以誇張，但是指名道姓的當時的代表

---

❾　A. E. Taylor, *Socrates,* 見《蘇格拉底傳》，第 9 頁。

❿　A. E. Taylor, *Socrates,* 見《蘇格拉底傳》，第 7 頁。

❶　參看 J. Burnet, *Greek Philosophy,* Part I, Thales to Plato, London, pp. 144–

人物，總是要有一定的現實根據；而且，被認為是真實記載的，柏拉圖的申〈辯篇〉⑫和〈斐多篇〉⑬中的蘇格拉底，談到自己在年輕時，確實曾從事過自然哲學的探討。

　　值得注意的是，阿里斯托芬的《雲》劇發表後，直到蘇格拉底在西元前 399 年受到指控的二十餘年間，並未受到直接的傷害；但也無可否認，《雲》劇確實成了指控蘇格拉底「必然是一個無神論者」的依據；這點，連蘇格拉底本人，也是在其申辯中明確肯定了的。但是，蘇格拉底並且因此抱怨阿里斯托芬，就是柏拉圖在其〈會飲篇〉中，時間設定在《雲》劇發表六、七年以後，依然將阿里斯托芬描繪為蘇格拉底的最好的朋友。⑭就是在阿里斯托芬去世後，柏拉圖為他寫的兩行墓誌銘中，依然頌揚了這位喜劇詩人：

　　美樂女神尋找一所不朽的宮殿，
　　她們終於發現了阿里斯托芬的靈府。⑮

第二節　色諾芬

　　色諾芬（Xenophon，約西元前 430–前 354），古希臘史學家、作

147。

⑫　Plato, *Apology,* 19B–C.

⑬　Plato, *Phaedo,* 96A–D.

⑭　Plato, *Symposium,* 223C; J. Burnet, *Greek Philosophy,* Vol. I, p. 143.

⑮　參看《中國大百科全書・外國文學》(I)，大百科全書出版社，1982 年版，第 27 頁。

家,出身雅典富裕家庭,政治上反對雅典民主政制,擁護斯巴達貴族專制制度。具有較高的文化修養,相傳二十歲左右在街上邂逅蘇格拉底,即從學於他,高度崇敬蘇格拉底,聲稱:「當我想到這個人的智慧和高尚品格時,我就不能不記述他,而且記述他時更不能不讚美他。如果在那些追求德行的人中間,有誰能遇到比蘇格拉底更有益的人,我認為他就是最幸福的了。」❶但是,始終未能成為一名哲學家;是一個重實際、重行動的人。在西元前 404 年三十僭主推翻民主政制前後,在騎兵部隊中服役;西元前 403 年雅典重建民主政制後,西元前 401 年和西元前 396 年相繼在波斯和斯巴達軍中服役,並得到器重;西元前 396 年,雅典向他發佈驅逐令。直到西元前 369 年,雅典和斯巴達結盟,才取消對他的驅逐令。此後,他就往來於雅典和科林斯之間,從事著作生涯。

色諾芬撰有大量著作,其中最有名的是史學著作《希臘史》和《遠征記》。其他類似政論性的著作有:《拉栖第夢人的國家》,記述被他理想化了的斯巴達制度;《創源論》探索雅典興盛的原因。

同蘇格拉底直接有關的著作有四種:⑴《蘇格拉底在法官前的申辯》(以後簡稱《申辯》)。是色諾芬根據蘇格拉底另一名學生赫謨根尼 (Hermogenes) 的轉述寫成。其基本內容與柏拉圖的〈申辯篇〉一致,唯獨其中的蘇格拉底在申辯時,片面強調自己老態龍鍾,死去比活著好等,則顯然不符合蘇格拉底一貫的樂觀主義。⑵〈會飲篇〉,其目的不在於描述蘇格拉底的高尚嚴肅的言行,而是「記述他的歡快自娛。」❷⑶《回憶蘇格拉底》。出於為蘇格拉底辯護的目的,

---

❶ Xenophon, *Apology*, §34.

❷ 轉引自汪子嵩、范明生、陳村富、姚介厚:《希臘哲學史》,第 2 卷,北京人民出版社,1983 年版,第 341 頁。

以回答別人的攻擊，記述了蘇格拉底同雅典人的對話，其中有些是色諾芬直接聽到的。全書共計 4 卷 39 章，其中第一卷，主要是批駁誣陷蘇格拉底的無神論和敗壞青年。第 2 卷，主要記述：從政必須自制；為人必須盡孝道、兄弟和睦相處、友誼；遭到誣陷要求助於法律。第 3 卷，強調愛國和忠於雅典，從政必須精研業務；從聯繫中看善惡和美醜；探討勇敢、明智、自制、幸福等的定義；闡述有關技藝、繪畫、雕塑和美等的觀點。第 4 卷，繼續討論政治技藝和宗教神學觀點；申述定義的價值和辯證法；繼續探討自制、虔敬、正義、智慧、善與美的定義。⑷《家政論》（或譯為《經濟論》），是論述治家的作品。與蘇格拉底有關的是他與伊斯科馬科斯間的談話，但是，實際上講的是色諾芬在斯基羅斯的田園生活。

　　就色諾芬上述著作中記載的有關蘇格拉底的價值和忠實性，長期以來是有爭議。在早期，自希臘哲學史家布魯克爾 (Brucker) 以來，始終將色諾芬看作是：「就蘇格拉底的哲學而言，色諾芬被看作為唯一完美可靠的權威，就所有其他而言，柏拉圖所包含的，極而言之，只有一種補充的價值。」❸直到黑格爾依然崇奉這種觀點。他在講到色諾芬的《回憶蘇格拉底》時說：「這部著作的目的是為蘇格拉底作辯護；它給我們所作的關於蘇格拉底的描寫，比柏拉圖還要精確一些，忠實一些。」❹正因為這樣，黑格爾主要是依據色諾芬的有關記載探討蘇格拉底的。

　　但是，自 F. D. E. 施萊爾馬赫 (F. D. E. Schleimacher) 以來，情況有了明顯的變化。他認為，色諾芬本人不是哲學家，不能理解蘇格

❸　　E. Zeller, *Socrates and The Socratic Schools,* London, 1885, p. 100.
❹　　黑格爾：《哲學史講演錄》，第 2 卷，北京三聯書店，1957 年版，第 71–72 頁。

拉底的哲學，何況《回憶蘇格拉底》的目的是有限的，只是從明確
的指控出發捍衛他的老師而已。❷蘇格蘭學派的兩個著名的柏拉圖
學者 J. 伯奈特 (J. Burnet) 和 A. E. 泰勒 (A. E. Taylor) 將施萊爾馬赫
的觀點推向極端。J. 伯奈特聲稱：毫無懷疑，色諾芬的有關蘇格拉
底的信息，絕大部分來自柏拉圖的對話篇。並進一步懷疑他的《回
憶蘇格拉底》的可信性:「色諾芬對蘇格拉底的辯護真是太成功了。
要是蘇格拉底曾經真是那樣，他是決不會被處死的。」❹A. E. 泰勒
除了全盤接受 J. 伯奈特的有關觀點外，進一步聲稱：根據柏拉圖的
材料，就可以「相當完備地編寫他的主人公（指蘇格拉底——引者
注）……但是根據色諾芬提供的更加貧乏的資料去寫那樣的記述是
完全不可能」❷；並將蘇格拉底「降到平凡的地位」。❸T. 龔珀茨基
本上也持相類似的觀點。聲稱色諾芬，不但從事這項事業缺乏成功
的最重要的條件；而且可以從他本人的著作中得到證明，所「敘述
蘇格拉底的談話並非總是與事實相符」。❹

　　的確，由於色諾芬本人直接追隨蘇格拉底的日子短暫，所以許
多記載來自他人；加之他本人缺乏深厚的哲學素養，以致難以忠實
記載和理解蘇格拉底的哲學的真諦，以致將他曲解成一名通俗流行
的道德的宣講者。但是，確也有其重大的價值：學說內容歸屬清楚，
可以將出之蘇格拉底之口的思想學說，明確無誤地歸諸蘇格拉底本

❷　E. Zeller, *Socrates and The Socratic Schools,* p. 100.

❹　J. Burnet, *Greek Philosophy,* Part I, p. 149.

❷　A. E. Taylor, *Socrates,* 見《蘇格拉底傳》，第 10 頁。

❸　同❷。

❹　T. Gomperz, *Greek Thinkers: A History of Ancient Philosophy,* 見《蘇格拉
底傳》，第 131 頁。

人；雖然不能深刻理解蘇格拉底哲學的真諦，但也正因為這樣，不
至於將自己的理解或自己的觀點強加於蘇格拉底；有許多記載可以
補柏拉圖的有關對話篇的不足，如與小伯里克利之間進行的，就理
想領導人等進行的長篇談話等。㉕所記載的有關蘇格拉底的與柏拉
圖、亞里士多德，或僅與亞里士多德一致的觀點，有助於斷定有關
學說的真實性。㉖所以，色諾芬的有關著作，其價值和內容雖然及
不上柏拉圖，依然有其獨立的無可替代的價值。

第三節　柏拉圖

　　柏拉圖（Plato，西元前 427-前 347）從二十歲左右（即西元前
407）就開始緊相追隨蘇格拉底，直到他的老師被處死，前後達十年
左右，是他的一名虔誠的學生。

　　柏拉圖一生的理論和實踐活動，可以說是蘇格拉底的繼承和發
展。他不僅被認為是「人類的導師」㉗，而且還是一位無與倫比的
散文作家：柏拉圖在語言、藝術上，是希臘，尤其是阿提卡文化的
典範，「被古人們認為是他們散文作家中的最偉大的作家」。㉘他一
生的寫作活動前後跨越幾乎半個世紀，所撰全部對話共二十七篇，
除了其中的六篇外，蘇格拉底都是主導內容的發言人。根據學者們
的長期深入研究，大體可以認為柏拉圖以下的早期對話，主要是記

㉕　色諾芬：《回憶蘇格拉底》，第 3 卷第 1 章、第 3 卷第 5 章。

㉖　E. Zellers, *Socrates and The Socratic Schools*, pp. 182–184.

㉗　黑格爾：《哲學史講演錄》，第 2 卷，第 151 頁。

㉘　F. Schlegel, *Lectures on The History of Literature*, London, 1859, pp. 48–
　　49.

載蘇格拉底的思想，因此是研究蘇格拉底的主要依據：〈申辯篇〉(*Apology*)、〈克里托篇〉(*Crito*)、〈拉凱斯篇〉(*Laches*)、〈呂西斯篇〉(*Lysis*)、〈卡爾米德篇〉(*Charmides*)、〈歐緒弗洛篇〉(*Euthphyro*)、〈大希庇亞篇〉(*Greater Hippias*)、〈小希庇亞篇〉(*Lesser Hippias*)、〈普羅泰戈拉篇〉(*Protagoras*)、〈高爾吉亞篇〉(*Gorgias*)、〈伊安篇〉(*Ion*)，還有〈國家篇〉(*Republic*) 的第 1 卷。此外，被列為中期對話的〈歐緒德謨篇〉(*Euthydemus*)、〈美涅克塞努篇〉(*Menexenus*) 和〈克拉底魯篇〉(*Cratylus*) 等三篇對話，由於主要是論述蘇格拉底和智者的論辯，而且也沒有明確提出理念論的思想體系，因此也可以作為研究蘇格拉底的史料依據。㉙

但是，即便是這樣，細究起來依然存在著明顯的分歧。其中有代表性的就是前面已經提到過的 J. 伯奈特和 A. E. 泰勒。他們不僅將柏拉圖的早期蘇格拉底對話篇（上面列舉的）歸諸歷史上的蘇格拉底，甚至將體現柏拉圖本人成熟的中期對話篇（如〈斐多篇〉、〈會飲篇〉，乃至〈國家篇〉），都不加區別的歸諸蘇格拉底本人。J. 伯奈特早在 1911 年發表的〈柏拉圖「斐多篇」：附引論和注釋〉，就認為這篇對話中記載的，正是歷史上蘇格拉底被處死那天的言論，由此得出結論：蘇格拉底在年輕時代就研究過自然哲學（這點是符合實際情況的）；但認為這時的蘇格拉底就相信靈魂不死，以及以分離為特徵的目的論的理念論，那就是將柏拉圖自己的中期觀點強加給歷史上的蘇格拉底了。㉚以後在 1928 年出版的《希臘哲學》第一卷中

㉙　詳見汪子嵩等：《希臘哲學史》，第 2 卷第 6 章第 4 節，以及第 13 章第 2 節。范明生：《柏拉圖哲學述評》，第 1 章第 4 節，上海人民出版社，1984 年版，第 38–63 頁。

㉚　J. Burnet, *Plato's Phaedo,* edited with notes, Oxford, 1911, 引論部分。

推進了這種觀點，認為必須將柏拉圖的蘇格拉底，看作是歷史上的蘇格拉底的一種描述。❸同年在美國發表的《柏拉圖主義》中，更是將這種觀點推向極端。一面將柏拉圖推崇為「最偉大的人物」❷，將他的哲學體系說成是歐洲文化中「一切最好的和最重要的東西的源泉」。❸另方面，又將柏拉圖分成為兩個，一個是藝術家的柏拉圖，一個是哲學家的柏拉圖：實際上有兩個柏拉圖，青年柏拉圖是一個偉大的戲劇天才，他的主要目的是在我們面前樹立起一幅，像原來的蘇格拉底的畫像；老年柏拉圖，似乎已經失去了再創造的能力，創造的年代已經過去了和消逝了，而是一個學校的校長，擁有著他自己傳授的那種哲學。❹正是在這種觀點的指導下，將一般公認的體現柏拉圖中期對話中的理念論等歸諸蘇格拉底本人。

經過 F. M. 康福德 (F. M. Cornford)、C. 里特爾 (C. Ritter)、W. D. 羅斯、G. E. 菲爾德 (G. E. Field)、A. K. 羅杰斯 (A. K. Rogers)、K. R. 普波爾和 W. K. C. 格思里等學者們的認真的研究，基本上弄清楚了柏拉圖對話篇中的、出之蘇格拉底之口的內容的歸屬問題，不僅進一步肯定柏拉圖的早期蘇格拉底對話的主體內容是歸屬歷史上的蘇格拉底；而且明確肯定了 J. 伯奈特和 A. E. 泰勒歸諸蘇格拉底的中期對話（〈美諾篇〉、〈斐多篇〉、〈會飲篇〉、〈斐德羅篇〉和〈國家篇〉等的主導內容），實質上是屬於柏拉圖自己的。

在判別柏拉圖全部對話篇主體內容的歸屬的標準，主要是依據亞里士多德；當然，正像前面已經提到的，色諾芬也是依據之一。

---

❸　J. Burnet, *Greek Philosophy,* Vol. I, pp.128，212，349，350 等。

❷　J. Burnet, *Platonism,* U. of California Press, 1928, p. 1.

❸　同❷。

❹　J. Burnet, *Platonism,* p. 15.

第四節　亞里士多德

亞里士多德 (Aristotle，西元前 384-前 322) 是可以和柏拉圖並稱的「人類的導師」。㉟出生於馬其頓的卡爾西迪西地區的斯塔吉拉城，17 歲時即到雅典追隨柏拉圖，在其學園中從事學習、教學和研究，持續達二十年之久 (西元前 367-前 347)。直到柏拉圖於西元前 347 年去世，才離開雅典，於西元前 347-前 335 年間在小亞細亞遊歷、研究並創立自己的獨立學派。西元前 335 年重返雅典，在呂克昂創建漫步學派或亞里士多德學派，達到「古代哲學的頂峰」。西元前 323 年因其弟子亞歷山大大帝去世，避居優卑亞的卡爾西斯，直至去世。

亞里士多德生前撰有大量著作，但涉及蘇格拉底的並不很多，其中指名提到蘇格拉底的重要記載，大體如下：

《動物之構造》第 1 卷第 1 章 (642^a25-30)：指名提到蘇格拉底時代，致力於探討定義，並由自然轉向研究政治學術和倫理品德。

《形而上學》，其中有三則記載，對理解和區別蘇格拉底和柏拉圖的哲學是極端重要的：(1)第 1 卷第 6 章 (987^b1-10)：蘇格拉底致力於研究的普遍的定義，也就是柏拉圖的理念；(2)第 13 卷第 4 章 (1078^b17-31)：蘇格拉底的普遍定義並非是獨立存在的，而柏拉圖的則是獨立存在的；(3)第 13 卷第 9 章 (1086^a31-1086^b5)：蘇格拉底對定義的研究，推動了柏拉圖創立理念論。

《尼各馬科倫理學》，(1) 1116^b：論蘇格拉底的「勇敢就是知識」；(2) 1127^b：論蘇格拉底的調侃；(3) 1144^b：評蘇格拉底將全部德性歸

㉟ 黑格爾：《哲學史講演錄》，第 2 卷，第 169 頁。

結為明智是錯誤的；(4) 1145ᵇ：評蘇格拉底將背離最高善的行為歸諸無知，是與實際情況相抵觸的；(5) 1147ᵇ：肯定蘇格拉底主張知識不受情感的擺布，是正確的等等。

《優臺謨倫理學》，1216ᵇ：指出蘇格拉底的倫理學是目的論的。

《大倫理學》，1182ᵃ：評蘇格拉底的德性理論，否定了情感的作用。

問題是如何恰如其分地評價上述一系列有關蘇格拉底的記載，在這點上出現明顯對立的見解。

J. 伯奈特和 A. E. 泰勒可以說是持否定的見解。J. 伯奈特聲稱；「當亞里士多德在十八歲第一次到雅典時，蘇格拉底已經去世三十年以上」。❸❻因此，亞里士多德有關蘇格拉底的知識是極其有限：「我認為我們將看到，相信亞里士多德告訴我們的、關於蘇格拉底的東西，是根據柏拉圖的對話篇的，尤其是根據〈斐多篇〉的理由」。❸❼正因為這樣：「幾乎完全有把握可以認為，亞里士多德早年在學園，與其說是一個蘇格拉底派，不如說是一個柏拉圖主義派。」❸❽

實際上，亞里士多德持有的關於蘇格拉底的知識，遠不僅僅限於〈斐多篇〉，這點英國當代著名亞里士多德學者 W. D. 羅斯 (W. D. Ross, 1877–1971)，在其編注的亞里士多德的《形而上學》的引論，以及在 1933 年古典學會會議上的主席致辭《蘇格拉底問題》中，針對上述 J. 伯奈特片面的觀點這樣指出：

我們難道能夠認真假定，這個（柏拉圖）學派二十年成員的亞

---

❸❻　J. Burnet, *Greek Philosophy,* Vol. I, p. 157.

❸❼　同❸❻。

❸❽　J. Burnet, *Platonism,* pp. 58–59.

里士多德，他不會從柏拉圖或從柏拉圖學派的比較年長的成員
們那裡——正像亞里士多德聽到了的關於柏拉圖後期的許多
觀點，這些觀點是我們在對話篇中，哪兒也找不到的——獲悉
關於理念論的起源的許多知識嗎？這種說法是根本不可能的。
我們擁有直接的證據證明這種說法是錯誤的。有一件事，亞里
士多德是不能從對話篇獲悉的，即克拉底魯是柏拉圖的第一個
老師；柏拉圖在〈克拉底魯篇〉中哪兒也沒有提到。更重要的
是這種敘述，是柏拉圖而不是蘇格拉底把共相分離了開來，並
把共相叫做理念……亞里士多德認為是柏拉圖而不是蘇格拉
底提出理念論的這種說法，可以用《倫理學》中眾所周知的一
段話來加以進一步證實的——儘管這種證明是不必要的——
亞里士多德在《倫理學》中承認他攻擊這種理論的猶豫不決，
因為理念論是由他的朋友們提出來的。蘇格拉底在他生下的十
五年前已經去世，亞里士多德會這樣講蘇格拉底的嗎？ ㊴

亞里士多德不僅從柏拉圖的對話篇和學園其他成員，而且還可以從
其他蘇格拉底學派的其他成員（色諾芬、安提司泰尼、埃斯基涅）
那裡獲得有關蘇格拉底的知識。 ㊵

　　與此相聯繫，新康德學派中的馬堡學派的代表人物，如 H. 柯亨
(H. Cohen, 1842–1918)、P. 那托普 (P. Natorp, 1854–1924) 等認為，不
僅在早期蘇格拉底派對話中，而且連在中期成熟的對話篇中，柏拉
圖都沒有將共相、理念同個別的可感事物分離開來，分離的主張是

㊴　根據 W. K. C. Guthrie, *A History of Greek Philosophy,* Vol. III, *The fifth-Century Enlightenment*, Cambridge, 1975, pp. 356–7。

㊵　W. K. C. Guthrie, *A History of Greek Philosophy,* Vol. III, pp. 358–9。

亞里士多德強加給柏拉圖的。❹要是這種觀點能夠成立，那就不但不能從柏拉圖的著作中去獲得蘇格拉底的學說，而且從根本上也就談不到蘇格拉底的哲學。

所以作出諸如此的論斷，與他們缺乏對亞里士多德的全面評價是分不開的。J. 伯奈特正是這方面的典型，他將亞里士多德貶低為柏拉圖的「附庸」：

> 似乎關於亞里士多德必須多講講。因為，一般地講，他是被大大地誤解了的，在哲學中，他曾經被賦予比柏拉圖更高的地位。……實際上，除了作為柏拉圖的某種附庸，亞里士多德從來未曾在哲學史上是頭等重要的。❷

J. 伯奈特從他的狹隘的偏愛柏拉圖是「最偉大的人物」的觀點出發，進而貶低亞里士多德，以及無視或曲解亞里士多德有關蘇格拉底和柏拉圖學說真諦的方式，顯然是錯誤；亞里士多德和柏拉圖都是冠絕古今的哲學家、「人類的導師」，因此，對他們的有關記載，都應該進行全面的分析和比較研究，這樣才能得出科學的實事求是的結論。實際情況是，隨著對蘇格拉底、柏拉圖、亞里士多德，以及整個古希臘哲學的研究的深入，人們越來越重視亞里士多德的有關記載，對理解包括蘇格拉底在內的整個希臘哲學研究中的無以替代的重要地位。

綜上所述，喜劇詩人阿里斯托芬的諷刺蘇格拉底的劇作，當時

---

❹ 詳見 P. Natorp, *Platos Ideenlehre: Ein Einführung in den Idealismus*, Hamburg, 2 Auflage, 1921.

❷ J. Burnet, *Platonism,* p. 63.

即便未曾給後者造成直接的傷害，但確也在公民中造成對蘇格拉底的惡感，從而在日後成為指控他是無神論的重要依據；並佐證蘇格拉底就曾從事自然哲學的研究，並似乎是某個學派的領袖人物。色諾芬雖只是曾短期追隨過蘇格拉底，但是他的有關著作確也是尊貴的史料記載，既可以彌補柏拉圖的記載的不足，又可以和亞里士多德的有關記載相結合起來，作為核實柏拉圖有關對話的出之蘇格拉底之口的學說的重要依據。柏拉圖的早期蘇格拉底對話篇，是研究蘇格拉底哲學的第一等重要依據，但已不能全盤否定中期和晚期對話篇的參照價值；由於柏拉圖的對話篇（特別是早期和中期）都是通過蘇格拉底這個文學形象，來傳達蘇格拉底和他自己的作為理論思維的哲學內容，因此，特別要注意其中哲學內容的歸屬。在這點上，亞里士多德的有關記載是至關重要的依據。這些為數不多的記載，既可以幫助我們劃清蘇格拉底和柏拉圖哲學之間的聯繫和區別的界線；又是有助於我們去把握蘇格拉底哲學的精髓、意義和歷史地位。以上種種，將在討論蘇格拉底的具體問題時，進行系統的闡述。

第十一章 偉大的啟蒙鬥士

蘇格拉底漫長的一生，經歷著雅典，也是整個希臘的城邦奴隸制度，從鼎盛到開始衰落的時期。青年時期是在以伯里克利為代表的雅典奴隸制民主制度的燦爛光輝時期度過的；但是，隨著以雅典為代表的奴隸制民主制城邦，同以斯巴達為代表的奴隸制貴族城邦之間，展開的史無前例空前殘酷的伯羅奔尼撒戰爭的長期進行，他的中年和晚年時期，面對的是古代傳統信仰的崩毀，整個社會和人們的心靈充滿著不安和令人沮喪的衝突，以雅典為代表的奴隸制度日益陷於土崩瓦解之中。這時的蘇格拉底以從根本上挽救這種制度為己任，致力於為此制定新的具有啟蒙精神特徵的理論體系，鞠躬盡瘁為此進行傳播和實行而奮鬥，最後不惜為此獻出自己的生命。從而成為這個偉大的啟蒙時期的最傑出的代表。

第一節 偉大的啟蒙鬥士

蘇格拉底 (Socrates，西元前 469-前 399) 是雅典公民雕塑師匠索佛隆尼斯庫 (Sophroniscus) 的兒子，母親菲娜瑞特 (Phaenarete) 是接生婆。❶少年時學習雕塑技藝，技藝精湛。據說裝飾在雅典衛城

---

❶ D. L., II. 5.19.

上的美麗三女神雕像就是他的作品。❷容貌很醜，臉面扁平，大獅
鼻，嘴唇肥厚，挺著一個大肚子，穿著一件襤褸外衣，光著腳在市
場、運動場和作坊等地到處走動。熱衷於和各類人等進行談話，和
人談話時偏低著頭，身體健壯像條壯實的公牛；但他目光炯炯似乎
能洞穿別人的心靈，使人感到一種超人的才智和內在的精神美。曾
先後娶過兩個妻子，第一個妻子是克珊娣珀 (Xantippe)，生有一個兒
子蘭普羅克勒 (Lamprocles)，娶的第二個妻子是法官阿里斯泰德
(Aristides) 的女兒米爾陀 (Myrto)，生有兩個兒子索佛隆尼斯科和梅
納克塞努 (Menexenus)。

　　從他能夠按雅典規定，自行裝備以重裝步兵身分參軍，表明家
境還可以。但，隨著伯羅奔尼撒戰爭的進行而陷於貧窮，加之他又
不事生產，又不接受他人的贈予，因此一生清貧自守；生活極有規
律，注意鍛鍊身體並保持著健康；❸但是，偶而也會穿上華服參加
會飲，通宵達旦喝酒，並始終保持著清醒。❹

　　具備偉大的獨立和尊貴的品質。熱衷於同他人進行談話，討論
種種德性，「具有從事實取得論據的本領」，❺「是論述生活行為的
第一個人」❻。在中年時期已早卓聲譽：「他在四十歲時就是在精神
上和道德上激動的偉大時代的最出色的『知識分子』之一。」❼但也
由於在與人談話過程中滿懷激情，一方面以無知自居，一方面運用

---

❷　D. L., II. 5.19.

❸　D. L., II. 5.22–25.

❹　Plato, *Symposium,* 174A, 233B–D; D. L, II. 5.28.

❺　D. L., II. 5.29.

❻　D. L., II. 5.20.

❼　A. E. Taylor, *Socrates,* 見《蘇格拉底傳》，第 54 頁。

諷刺等手法，使對方陷入尷尬境地，以致遭人怨恨，「人們常常飽以老拳或者撕掉他的頭髮，而在大多數場合他遭受鄙視和嘲笑」；❽但是他總是耐心忍受。始終堅持以理性主義精神進行談話，教人「認識你自己」以達到日常生活和倫理行為以及政治活動中的自覺；促使人們通過努力，做到用鮮明概括的概念和清晰的理解，來代替實質已陷瓦解的傳統觀念；以符合新的啟蒙時代的倫理道德概念，取代傳統的盲目信仰；藉以拯救以雅典為代表的奴隸制民主政制城邦。因此，他真正體現這個啟蒙時代的理智主義的「頂峰」。❾

　　也正因為這樣，受到維護傳統觀和堅持狹隘政治集團利益的人的控告，於西元前 399 年，蘇格拉底被他終身熱愛並為之獻身的民主政制處死。

　　蘇格拉底是在伯里克利所說的雅典這座「全希臘的學校」中成長起來，最完美地體現了伯里克利在陣亡將士國葬典禮上的演說中宣揚整個雅典奴隸制民主制的精神。遺憾的是，當時未曾留下整個時代的理智生活的有關記載，這裡根據種種並不總是很明晰的記載，概述蘇格拉底的實踐活動。他意識到自己生逢盛世，並以作為一名雅典公民而自豪。在他與小伯里克利的談話中講到：

> 沒有一個民族像雅典人那樣為他們祖先的豐功偉業而感到自豪；很多人受到激勵和鼓舞，培養了剛毅果斷的優秀品質，成了勇敢有名的人。❿

他們不僅憑著自己的力量和整個亞細亞以及一直到馬其頓霸

---

❽　D. L., II. 5.21.

❾　T. Gomperz, *Greek Thinkers,* 見《蘇格拉底傳》，第 135 頁。

❿　色諾芬：《回憶蘇格拉底》，III. 5.3.

主們進行鬥爭，……而且還和伯羅奔尼撒人一道揚威於陸地和海上。⑪

他的一生的活動，就是圍繞維護、發揚和拯救「祖先的豐功偉業」而展開的。

(一)熱愛雅典民主政制，並具有自覺的拯救雅典的使命感

蘇格拉底之熱愛雅典民主政制，並非出之於個人的狹隘的利害關係，而是從根本上維護這種政制的長遠利益，為它的長治久安而獻身。曾前後三次參加針對斯巴達的戰爭（西元前 431–430 年的波提狄亞戰爭、西元前 424 年的德立安戰爭、西元前 422 年的安菲波菲利戰爭），在戰爭中英勇果敢，視死如歸，冒死救援戰友，臨危不懼鎮靜如若，幫助戰友們穩定情緒順利撤回。以致雅典將軍拉凱斯(Laches) 感嘆：

> 要是人們都像蘇格拉底那樣，我們城邦的光榮就得以維繫，大潰退也不會發生了。⑫

出於維護民主政制的法律及其根本利益，蘇格拉底多次抵制和反對民主政府和寡頭政府的錯誤決定或倒行逆施屠殺無辜的命令。前406 年，蘇格拉底作為五百人議事會成員，力排眾議，反對處死無辜海軍將領。當時正是在民主政制治下。西元前 406 年秋，雅典海軍將領們在阿爾吉努群島附近挽救了雅典海軍，但付出了 25 艘船和 4 千人的生命，政府當局事後發動審判。提付表決時，儘管「神

---

⑪　色諾芬：《回憶蘇格拉底》，III. 5.11.

⑫　Plato, *Laches*, 181A–B.

蹟」(sign) 勸阻蘇格拉底不要介入，以致危及他的「使命」，但是身
為議事會成員的蘇格拉底，經過長期激烈辯論後，當他人由於面對
被列入起訴書而屈服時，依然投票表示反對，以證明他的無私無畏
和對雅典法律的獻身精神。聲稱：

> 當時我是議事會成員中唯一反對你們違法辦事，雖然你們的領
> 袖們宣稱要彈劾我，拘拿我，你們也喧嘩慫恿，我卻拿定主意，
> 必須為法律、為正義而冒一切險，不願因畏縲紲、斧鋸附和你
> 們於不正義。❸

這件事發生在民主政制治下，「這是不合法的，你們後來也都承
認」。❹ 以後，當西元前 404 年，雅典在伯羅奔尼撒戰爭中失敗，向
斯巴達投降，蘇格拉底原先關係密切的「朋友」(希 hetairos)、柏拉
圖的近親克里底亞 (Critias) 和卡爾米德 (Charmides) 等，在斯巴達的
支持下，顛覆民主政制，建立三十僭主政權，實行殘暴的恐怖統治
濫殺無辜，推行雅典有史以來最為血腥的統治：

> 當他們在國內地位比較穩固的時候，他們就對任何公民都下手
> 了，把富於資財或門第顯貴或有名望的人都處以死刑，目的是
> 在掃除這些危險的源泉，同時還想奪取他們的地產；在一個很
> 短的時間內，他們處死了不下一千五百人。❺

---

❸ Plato, *Apology,* 32B–C.

❹ Plato, *Apology,* 32B.

❺ Aristotle, *The Athenian Constitution,* 35.4.

這裡亞里士多德所記載的人數，相當於當時雅典戰後公民人數的
1/10 或 1/8。❶「比之伯羅奔尼撒戰爭最後十年所殺的雅典人幾乎要
多一些」。❶蘇格拉底至少有兩次，直接受到來自三十僭政的生命威
脅：⑴藉口他觸犯他們的一條法令，禁止他傳播和教導說話的藝術。
進行一番恫嚇後，才將他釋放。 ❶⑵當局勒令他與其他四人逮捕和
處死薩拉米的勒翁 (Leon of Salamis)，唯獨他拒不執行，儘管他事先
意識到可能因此付出他的生命。❶蘇格拉底之所以能臨危不懼視死
如歸，這是與他自己意識到拯救雅典的使命感分不開的，自認為自
己是神賜給雅典拯救雅典的「禮物」：

> 我說我是神賜給城邦的禮物，你們從下面的事實中可以明白：
> 我已經忽視了自己的一切事務，多少年來一直不顧自己的利
> 益，總是為你們忙著，像一個父親或兄長一樣到你們每一個人
> 這裡來，督促你們關注德性。❷

由此可見，蘇格拉底終其一生熱愛雅典民主政制，不僅在戰爭
中出生入死；在抵制民主政府的違法事件中，以及抗議三十僭政的
暴政中，為捍衛民主法紀視死如歸，不惜以身相殉；在日常生活中，
不事家庭生計，以喚醒雅典公民們的德性。這些都來自他自覺的拯

❶ K. 波普爾：《開放社會及其敵人》（上），第 470 頁。
❶ 參看 J. B. Bury, *The Cambridge Ancient History,* V. p. 369; Myer, *Geschichte des Altertums,* B. 5, S. 38; K. 波普爾：《開放社會及其敵人》，（上），第 470 頁。
❶ 色諾芬：《回憶蘇格拉底》，I. 2. 32–38.
❶ Plato, *Apology,* 32 C–D.
❷ Plato, *Apology,* 30D–E.

救雅典民主政制的崇高的使命感。至於他的具體的政治觀點和理論，將在第十三章另行討論。

(二)多才多藝，並展開廣泛的交往

蘇格拉底處身作為希臘世界文化中心的雅典，受過完備的教育，而且是一個多才多藝的人士。是當時著名音樂家達蒙 (Damon)的學生；❷會彈豎琴；❷熟悉繪畫和雕塑。❷對戲劇藝術尤其深有研究，傳說他曾幫助悲劇詩人歐里庇德創作戲劇，並因此獲得阿里斯托芬的稱讚；從而推動他日後對美的本質，以及對文藝創作和靈感能夠進行深入的探討。

蘇格拉底熱衷於從事社交，特別是意識到他自己的使命後，不再從事謀生的任何技藝的職業。所以，有充分的閒暇同社會上三教九流各式人等進行交往，不但和以伯利克里為代表的民主集團有交往，而且與同伯利克里相對立的以貴族派首領袖喀蒙 (Cimon, 約西元前 512/510–前 449) 集團也有交往。❷更其可能是，蘇格拉底與伯里克利集團的關係比較密切。例如，伯里克利的情婦阿絲帕西婭(Aspasia) 曾教授過他修辭學；❷而蘇格拉底則教育阿絲帕西婭和伯里克利所生的兒子小伯里克利，以先人的豐功偉業激勵後者，並教以恢復雅典古代精神和雄心壯志的方法。❷實質上是授以從政的知識和技藝。

❷　D. L., II. 5.19.

❷　D. L., II. 5.32.

❷　色諾芬：《回憶蘇格拉底》，III. 10.1, III. 18.6.

❷　A. E. Tylor, *Socrates,* 見《蘇格拉底傳》，第 23 頁。

❷　Plato, *Menexenus*, 235E.

❷　色諾芬：《回憶蘇格拉底》，III. 5.1–12.

蘇格拉底尤其熱衷於與青年相交往。

蘇格拉底從他的自覺的拯救雅典的使命感出發，放棄謀生的技藝，置家庭生計於不顧，整日在街頭巷尾、市場、運動場，甚至在法院、在門廊，向人們傳播他的以崇尚理性為核心的啟蒙思想，教人以德性，啟發人們的自覺。尤其寄希望於青年，試圖以他的啟蒙思想塑造青年一代。他的出發點，正像他教導青年歐緒德謨 (Euthydemus) 時強調指出的那樣，任何技藝都不能只靠稟賦，必須勤學苦練深入鑽研，才能獲得治國的本領：

> 如果說，沒有多大價值的工藝，不必經過有本領的師傅指導就會自己精通這一見解是荒謬的，那麼，把像治理城邦這樣最偉大的工作，認為會自然而然地做出來，那就更加荒謬了。❷⑦

為此，他真可以說是做到了「摩頂放踵，利天下為之」，甚至為此付出了生命，成為指控他「蠱惑青年」構成處死的主要依據之一。他對青年傳授知識，既不收費又不以教師自居。他堅持與他交往的青年，是「朋友」(希 hetairos) 而不是他的「學生」(希 mathetes)。

(三)推動哲學由自然轉向人本，確立雅典第一個獨立的哲學學派

自波斯戰爭勝利結束後，希臘民族在理智生活和精神生活中獲得了氣勢磅礴向上的發展，哲學 (自然哲學) 掙脫了過去孤芳自賞、閉鎖自守的學派枷鎖，走向轟轟烈烈而激盪的社會舞臺，使得對政治生活的理論修養成為必不可少的了。於是，希臘科學和哲學的發展，從以往的面向自然，現在轉而面向人本，即走上人本。❷⑧ 或者

---

❷⑦　色諾芬：《回憶蘇格拉底》，IV. 2.2.

❷⑧　W. 文德爾班在《古代哲學》中，將以蘇格拉底和智者為代表的西元前

說走上了主體性的道路，致力於研究人們的內心活動，研究人們的
觀念力和意志力。這種趨勢，以當時希臘世界中心的雅典最為蓬勃
發展。希臘不同學派的代表人物，從各地奔向雅典，宣傳他們的學
說，並靠這種宣傳，在雅典等城邦，謀求榮譽與財富。蘇格拉底正
是體現這種轉向和代表這種趨勢的主要代表，從此，雅典才有了自
己第一個本土產生的哲學家和以他為代表的學派；與之相對照的
是，來自希臘世界其他諸城邦的智者們。當時的蘇格拉底在哲學界
享有很高的榮譽，以致素來自視極高的智者運動的代表人物普羅泰
戈拉，就高度讚譽蘇格拉底：

> 在你的同齡人中，我確實從未遇到過像你這樣令我稱美的人，
> 現在我說，你如將成為我們當今領頭的哲學家之一，我決不驚
> 訝。㉙

以致被認為是二十世紀最偉大的，也是最虔誠的柏拉圖學者 A. E.
泰勒㉚進一步認為：事實上有大量的證據指明，蘇格拉底在他的較
早的時期中，曾經真的非常像是有組織的「學派」的一個頭領這樣
的人物。㉛

　　蘇格拉底從事哲學研究的歷程，其中值得注意的是：

　　　五世紀哲學，概括為「希臘啟蒙時期」，見該書第 4 章；在《哲學史教
　　　程》第 2 章中，將其概括為「人類學時期」。

㉙　Plato, *Protagoras*, 361E.

㉚　斯東 (I. F. Stone)：《蘇格拉底的審判》，北京三聯書店，1998 年版，第
　　11 頁。

㉛　A. E. Taylor, *Socrates*, 見《蘇格拉底傳》，第 41 頁。

　　⑴早年曾從事自然哲學的研究。蘇格拉底面對指控申述,他早年確曾研習過自然哲學,後來就轉而研究人,但是依然尊重自然知識。❸在被判處死刑羈留牢房時,曾與探望者們談判,他年輕時曾非常想鑽研那門稱為自然研究的知識。❸後來看到阿納克撒哥拉斯的著作,曾一度信奉他的有關「努斯」的學說,認為「努斯」是安排並造成萬物的原因;後來讀到他依然將氣、以太、水以及其他一些莫名其妙的東西當作原因,就對這種學說感到失望了。」❸因此,古代就將蘇格拉底看作是阿納克撒哥拉斯的學生,這不是不可能的。❸後者二十歲左右(即西元前480年左右)即來到雅典,從事研究和傳播自然哲學,與伯里克利、歐里庇得等結交並深受伯里克利的尊重,直到三十年後(即西元前480)受無神論指控,面對死刑的威脅才被迫離開雅典,因此蘇格拉底有可能直接接觸阿納克撒哥拉斯;以後,蘇格拉底就成為雅典本土生長起來的第一個自然哲學家阿凱勞斯的學生,彼此關係密切,❸曾一起訪問薩莫斯島❸。

　　⑵曾與伊利亞學派有過交往,並受過畢達哥拉斯學派和德謨克利特的影響。柏拉圖在〈巴門尼得斯篇〉中曾談到,當伊利亞學派的代表人物巴門尼得斯於六十五歲左右和齊諾於四十歲左右來到雅典(約在西元前450年左右),當時「很年輕」的蘇格拉底(約十

---

❸　Plato, *Apology,* 18B–19C.

❸　Plato, *Phaedo,* 96A–D.

❸　Plato, *Phaedo,* 97B–98C.

❸　D. L., II. 5.19.

❸　D. L., II. 5.19. A. E. 泰勒認為蘇格拉底是阿凱勞斯的「得意門生」。見其所著《柏拉圖──生平及其著作》,山東人民出版社,1991年版,第500頁。

❸　D. L., II. 5.23.

九歲左右）曾同他們進行一場有關理念的討論。❸柏拉圖記載蘇格拉底在「很年輕」時就曾同巴門尼得斯進行這樣高度抽象的理論探討，看來未必是可能的。但曾接受過他們的影響則未必是不可能的，不然也難以解釋他如何能從研習以阿納克撒哥拉斯和阿凱勞斯為代表的直觀的素樸的自然哲學，飛躍到從事「歸納的推理和普遍的定義」。亞里士多德記載到，蘇格拉底這方面工作，是畢達哥拉斯學派和德謨克利特的有關工作的繼續和發展。❸

(3)同智者們有密切的交往。從蘇格拉底的哲學理論建立的歷程來講，除了社會政治倫理背景外，在理論上，不但與早期希臘的自然哲學和伊利亞學派有關，而且與當時在雅典和希臘世界流行的智者思潮密切相關聯。他所創建的理論，在很大程度上是在批判盛行於希臘世界的智者思潮中形成和發展起來的。蘇格拉底致力於匡正當時已陷於崩析和混亂的倫理道德價值體系，而智者們正是使它們更其陷於混亂。當時智者思潮正深刻地影響著希臘的社會生活和意識形態的各個方面。蘇格拉底與當時著名的智者普羅泰戈拉、高爾吉亞、希庇亞等都有直接的交往，柏拉圖的早期蘇格拉底對話篇（〈歐緒德謨篇〉、大小〈希庇亞篇〉、〈普羅泰戈拉篇〉、〈高爾吉亞篇〉等），就是記載蘇格拉底與這些智者進行的辯論和對他們的批判。這種批判，不是簡單的否定，而是否定中有肯定，其中涉及到各類社會政治問題，從城邦立法、國家事務的決策、民事糾紛到社會習俗和倫理道德宗教等等；就是對智者的思想和方法，也有批判的吸收和改造。因此，可以說：「沒有智者的思潮，不能產生蘇格拉

❸　Platon, *Parmenides,* 127C–D, 參看 W. K. C. Guthrie, *A History of Greek Philosophy,* Vol. V, pp. 34–35。

❸　Aristotle, *Histonum Animalium,* 642^{a}15–30; *Metaphysica,* 1078^{b}17–31.

底和柏拉圖的哲學，沒有對智者的批判也不能建立蘇格拉底的哲學。」❹

(4)實施哲學從探討自然向探討人類社會的轉變。斯多亞學派的巴奈修（Panaetius，約西元前 185-前 109）就曾經講到過，蘇格拉底將哲學從天上拉回人間。實質上，亞里士多德在《動物的構造》中，在講到有關普遍的定義時，就指名提到蘇格拉底體現了當時希臘哲學發展中的這一總的趨勢：

> 到蘇格拉底的時代，人們固已較接近於這一方法了，然當年哲學家們專心致志於政治學術以及那些有益於人類進修的倫理德性的討論，大家不期而輕忽了自然的研究。❹

實際情況正是這樣，蘇格拉底後期確是無視了對自然哲學的探討。這點影響了整個希臘哲學發展的進程。柏拉圖直到晚年才重視對自然哲學的研究，撰寫了〈蒂邁歐篇〉這部對後世影響極大的自然哲學著作。這裡必須強調指出的是，這種哲學上的「轉向」體現前五世紀整個啟蒙時期的總趨勢，而蘇格拉底才是其中最傑出的代表人物。

正因為蘇格拉底體現整個西元前五世紀啟蒙時期的精神，所以他是這個時期時代精神的偉大代表和哲學家，他在當時就是名聞遐邇的哲學家。當時，希臘在西部和東部殖民城邦的勢力已經日益衰落，隨之在各該地興起的各哲學學派也趨於衰落，各派代表人物紛紛來到當時希臘世界包括哲學在內的文化和思想活動中心雅典，他

❹ 汪子嵩等：《希臘哲學史》，第 2 卷，第 384 頁。

❹ Aristotle, *Histonum Animalium*, 642ª28–30.

們中有不少人就聚集在蘇格拉底周圍並接受他的影響。例如，原先屬於畢達哥拉斯學派的克貝 (Cebes)、西米亞 (Simmias) 和厄刻克拉底 (Echecrates) 都成了他的虔誠的學生；斐多 (Phaedo 或拼作 Phaedon，約出生於西元前 417 年) 在他的影響下創立埃利斯哲學學派；小蘇格拉底學派之一的美加拉學派的創始人歐幾里德，原先是伊利亞學派的忠實追隨者，後來為聆聽蘇格拉底的談話冒死從與雅典敵對的美加拉來到雅典追隨蘇格拉底，以後創立了美加拉學派；其他屬於小蘇格拉底學派的犬儒學派和西樂餒學派的創始人安提司泰尼、亞里斯提卜等，都曾緊相追隨過蘇格拉底。當時的蘇格拉底是雅典也是整個希臘世界最具影響力的哲學家之一，所以普羅泰戈拉崇敬他是「當今領頭的哲學家之一」。

　　但是，正是蘇格拉底這個啟蒙時期的「偉大鬥士」，雅典民主政制的偉大捍衛者，以拯救雅典而在理論上和實踐中作出不懈努力且為此獻身，整個希臘世界最具影響力的哲學家，竟然被他所無限忠誠於的雅典的法庭判處死刑。

第二節　為拯救民主政制獻身

　　由於三十僭主自西元前 404 年在斯巴達支持下推翻民主政制以來推行暴政，因而於西元前 403 年 2 月被以塞拉緒布羅 (Thrasybulus，前 388 年去世) 和安尼圖斯 (Anytus，生卒年不詳) 為首的民主派所推翻，並於同年 9 月恢復民主政制。出於穩定政局等的考慮，宣佈實行政治大赦，對自西元前 415 年褻瀆赫耳墨斯神像事件 ❷ 以來的政治犯實行赦免寬大政策；但是，在西元前 399 年卻處

❷　其中主要代表人物就是指控蘇格拉底「蠱惑青年」中所指的克里底亞

死了冒死抵制三十僭政的蘇格拉底。

一、指 控

發動這場指控的有三個人：(1)公開出面在法庭上進行指控的是美勒托 (Meletus)，當時還很年輕的悲劇詩人，是受安尼圖斯操縱的宗教熱狂熱分子。⑬(2)萊康 (Lycon)，是當時一個普通的修辭學家。在整個指控和辯論過程，未曾起過多大作用。(3)安尼圖斯是居於幕後操縱的檢察官。他是當時推翻三十僭政恢復民主政制的兩位主要領導人之一，是一位富裕的硝皮匠，西元前 409 年曾任將軍，與塞拉緒布羅一起是推翻三十僭政和重建民主政制的兩位主要領導人之一，被認為是誠實和溫和的政治家。⑭柏拉圖在〈美諾篇〉中，曾將他說成是具備良好教養。⑮他之指控蘇格拉底並非出於個人恩怨，而是出於維護雅典。⑯但是，根據色諾芬的記載則並非完全是這樣，蘇格拉底在法庭上公開指責他；安尼圖斯是一個非常自負的人，我曾因城邦給他政治上的高級職務，對他說：(1)不必再讓你的兒子去做硝皮匠了，他竟以為如果處死了我，就是替雅典做了件偉大高尚的事；(2)責備他不懂教育，以致他的兒子酗酒淪落。

當時安尼圖斯等指控蘇格拉底的罪名是：

（三十僭主中為首的）和阿爾基比亞德。

⑬ 是 J. 伯奈特的觀點，參看 W. K. C. Guthrie, *A History of Greek Philosophy,* Vol. III, p. 381。

⑭ *The Cambridge Ancient History,* Vol., V, p. 391.

⑮ Plato, *Meno,* 90.

⑯ *The Oxford Classical Dictionary,* p. 65.

蘇格拉底犯有敗壞青年之罪，犯有信奉他自己捏造的神而不信
奉城邦公認的神之罪。**❹**

蘇格拉底的違犯律法在於他不尊敬城邦所尊敬的諸神而且還
引進了新的神，他的違法還在於他敗壞了青年。**❹**

拒絕承認城邦所承認的神，並引進其他的新的神祇；他還有腐
蝕青年的罪。要求的刑罰是處死。**❹**

由於當時雅典並未保存下有關的文件記錄；**❺**因此後世試圖弄
清這場悲劇事件有困難：「正確地判斷這場在一個高貴民族與它的
最高尚的兒子之間的衝突」**❺**，並非是沒有困難的。至今依然使人
們感到惶懊，認為「古代雅典是思想自由和表達自由空前發達的社
會，以後也很少社會可以與之媲美」，但是正是這個雅典，卻審判和
處死了蘇格拉底。**❺**這裡主要根據柏拉圖的〈申辯篇〉、〈克里托篇〉、
〈歐緒弗洛篇〉和〈斐多篇〉，以及色諾芬的〈申辯〉和〈回憶蘇格
拉底〉進行闡述。**❺**

---

❹ Plato, *Apology*, 24B.

❹ 色諾芬：《回憶蘇格拉底》，I. 1.1。

❹ D. L., II. 5.40. A. E. 泰勒認為這種記載最精確，它是西元二世紀時仍然
保存著的實際文獻的抄本。見《蘇格拉底傳》，第 67 頁。

❺ 根據美國著名左派老報人 I. F. 斯東 (I. F. Stone) 的研究，關於蘇格拉底
案件確有起訴書，但沒有一般律師稱之為的罪狀單（即具體控告的罪
名，而不是措詞籠統的說法），更不知道是根據哪一項或哪幾項法律提
出控告的。(《蘇格拉底的審判》，董樂山譯，北京三聯書店，1998 年版，
第 1 頁。)

❺ T. Gomperz, *Greek Thinkers*, 見《蘇格拉底傳》，第 159 頁。

❺ I. F. 斯東：《蘇格拉底的審判》，第 2 頁。

第三節　蘇格拉底的申辯

一、澄清偏見和非議

當時希臘雅典民主政制推行這樣一種政策，對政敵、對政治上的異己分子往往是寬大為懷，如對雅典海上霸權的締造者塞米司托克勒（Themistocles，約西元前 524–前 460），以及伯里利克的政敵和貴族派的領袖喀蒙 (Cimon)，相繼受到指控，也只是在西元前 479 年和前 461 年遭到貝殼放逐法的放逐而已，而且正是發動對喀蒙放逐的伯里克利，要求對喀蒙縮短放逐期限。即便是同一個阿里斯托芬，在喜劇《騎士》中從政治上惡意攻擊民主派領袖克萊翁愚弄人民、拒絕和談、勒索盟邦、侵吞公款等時，克萊翁不但安然無恙，反而向公民大會提出要剝奪阿里斯托芬的公民權。但是對「思想犯」卻是異乎尋常的嚴厲。阿納克撒哥拉斯由於主張「太陽是熾燒的石頭」，被指控為「不敬神」而幾乎被處死刑，只是由於伯利克里的大力營救，才得以逃出雅典。根據普魯塔克的記載，當時的一個宗教狂熱分子狄奧拜底 (Diopeithes) 竟設法頒佈一條法規：凡是不信神存在，宣揚關於天體現象的新學說，都要提出公訴。❺ 即便是受到蘇格拉底和柏拉圖讚美其學識的智者普羅狄科，❺ 連阿里斯托芬也

---

❺　I. F. 斯東毫無根據地否定柏拉圖早期蘇格拉底對話的真實性和可靠性，認為「我們理想中的蘇格拉底是柏拉圖創造出來的」，「柏拉圖的記述是最高水平的戲劇。蘇格拉底像俄狄浦斯或哈姆雷特一樣是個悲劇英雄。」（《蘇格拉底的審判》，第 2–3 頁。）

❺　Plutarch, *Pericles,* 32.1.

深致敬意，認為他在雅典是受人尊敬，不像其他智者那樣招怨，在
《雲》劇中，在諷刺蘇格拉底的同時，卻頌揚普羅迪科的「廣博精
深的學識和智慧」。❺但據說，他依然真的被處死了。這些都足以說
明，雅典對思想犯是從重處理的，並充分表明一般雅典人極端厭惡
啟蒙思想家，稱他們為「詭辯者」、「天堂探索者」。更何況被他們混
同於這一類型的代表人物的「最高樣板」的蘇格拉底。❺

　　蘇格拉底有鑒於此，深知「無神論」的指控，可以輕而易舉地
置他於死地。因此一開始，就籲請法庭允許他以自己的方式平鋪直
敘，而絕不像控方那樣「雕辭琢句、修飾鋪張」。❺實質上是申辯他
們對他的種種誹謗，都是「毫無事實根據的假話」。❺

　　為此他區別兩類控告者：第一類是「劇場式的控告者」❻，即
在廣大群眾中流傳的對他的偏見和誹謗；第二類是，以美勒托為首
的自稱為「好人和真正愛國者們」。❻他先澄清第一類控告者的種種
誹謗：

　㈠指控蘇格拉底從事自然哲學的研究

　　蘇格拉底是無事忙的為非作惡的人，凡是地下天上的一切無不
　　鑽研，能強辭奪理，還把這些伎倆傳授他人。❻

❺　Plato, *Protagoras,* 315E; *Meno,* 96D; *Theaetetus,* 151B.
❺　阿里斯托芬：《雲》，第 360 行。
❺　T. Gomperz, *Greek Thinkers,* 見《蘇格拉底傳》，第 159 頁。
❺　Plato, *Apology,* 17C.
❺　Plato, *Apology,* 18B.
❻　Plato, *Apology,* 24B.
❻　Plato, *Apology,* 24B–C.
❻　Plato, *Apology,* 18B.

蘇格拉底辯稱，他並非不重視自然知識，但確實也無意於對它進行深入研究，也不和別人討論它。也就是說，將他指控為像他們曾指控過的阿納克撒哥拉斯那類無神論的自然哲學家，是沒有根據的。實際情況正像前面已經闡述過的那樣，他在早年曾對阿納克撒哥拉斯的自然哲學進行過學習，並曾追隨過後者的學生阿凱洛斯；但是，不久就放棄了這類研究。這樣，也就從實質上否定了由攻擊他是自然哲學家，進而控告他是無神論者的罪名，也就難以成立了。

(二)指控蘇格拉底是智者，收費授徒

蘇格拉底辯稱，他並非像高爾吉亞、普羅狄科和希庇亞那樣的智者收費授徒，因此收費授徒不是事實，他也只有「朋友」而沒有「學生」，而且也沒有教育別人的榮耀。[63]實際情況是他沒有「這類知識」。[64]

(三)澄清神諭蘇格拉底是「最智慧的人」

蘇格拉底親密的朋友、曾遭三十僭主放逐的民主派人士凱勒豐(Chaerephon)[65]，曾赴特爾斐神廟祈求神諭：「是否有比蘇格拉底更智慧的人?」女祭司傳達神諭說：「沒有。」[66]蘇格拉底聲稱這項神諭是事實，可以就詢在法庭的凱勒豐的兄弟。他本人對這項神諭感到惶懼。為此他到處尋找比他更智慧的人，到處訪問政治家、詩人和

---

[63] Plato, *Apology,* 19E.

[64] Plato, *Apology,* 20B–C.

[65] 凱勒豐，被三十僭主所放逐，後於西元前 403 年被民主派領袖塞拉緒布羅所召回。於蘇格拉底在西元前 399 年受指控前已去世。根據 J. 伯奈特的考釋，這件事發生在蘇格拉底三十五歲以前，當時他已是雅典的著名人物了。

[66] Plato, *Apology,* 21A 等，參看 22A、30B。

技匠們，結果發現他們儘管炫耀自己無所不知，實際上卻是無知。於是蘇格拉底對這項神諭作出自己的解釋，既然神決不說謊，那麼對這項神諭的唯一正確的解釋只能是：蘇格拉底所以被神諭認為是最有智慧的人，是由於只有他才不是不懂裝懂，而是實事求是地承認「自知其無知」。❻這項神諭不是只對蘇格拉底說的，而是對所有人說；神只是借諭蘇格拉底，說明只有神才是智慧的，至於說到人類的智慧，那是毫無價值的，因為即便像蘇格拉底這個最有智慧的人，也是毫無價值的。❻

在澄清群眾對他的曲解的基礎上，蘇格拉底進而就更為危險的第二類控告進行申辯。第二類控告的內容是極其隱晦曲折模糊不清的，這是由於當時的特定的政治環境所決定了的。因為第二類指控的主謀安尼圖斯，正是使西元前 404–403 年的混亂得以結束的大赦的主要倡導者。該大赦規定：不得傳訊任何公民要他回答在這個大赦日期之前所犯的罪行，不得控告早於這個日期可以接受的觸犯刑律的行為。❻

二、駁引進新的神

雅典城邦的宗教有它的特點，整個地說來是一個崇拜的問題，即祭禮、禮拜問題；它既沒有神學的教條，也沒有聖書。所以這裡所指控的「不尊敬城邦所尊敬的諸神」，實際上指控是蘇格拉底不遵守宗教禮拜或宗教祭禮，不崇敬法定的諸神，而不是指蘇不相信眾神的存在。或者像 J. 伯奈特所說的那樣，實際所指的是：「褻瀆秘密

❻　Plato, *Apology,* 20D–21D.

❻　Plato, *Apology,* 23.

❻　參看 A. E. Taylor, *Socrates,* 見《蘇格拉底傳》，第 69 頁。

宗教儀式。」

　　蘇格拉底辯稱，控方試圖煽動陪審員，指控他觸犯雅典所尊敬的諸神，從而樹立漠視諸神的榜樣。⑩進而指出這種指控是難以理解的，是自相矛盾的；說他是「不尊敬城邦所尊敬的諸神」，意思說他是一個無神論者；但又指控他「引進了新的神」。聲稱，「這樣的控告，簡直是浪費法院的時間。」⑪

　　進而辯稱，他儘管尊敬和愛指控者和審判者們，但是他「寧可服從神而不服從你們」，他只要一息尚存，將永不停止哲學的實踐和教誨，勸勉人們注意智慧、真理和改進自己的心靈，而不只注意金錢名位；再也沒有像他勸人以德性那樣「對神的服役更好的事了」。而他正是神因此而賜給雅典的無可取代的禮物，因此要是處死他就是對神犯罪：

> 如果你們殺了我，你們不會很容易找到一個繼承我的人的，我，
> 如果我可以用這樣一種可笑的比喻的話，是一種牛虻，是神賜
> 給這國家的；而國家是一頭偉大而高貴的牲口，就因為很大，
> 所以動作遲緩，需要刺激來使它活躍起來。我就是神讓我老叮
> 著這國家的牛虻，整天地，到處總是緊跟著你們，鼓勵你們，
> 說服你們並且責備你們。你們不會很容易找到另外一個像我這
> 樣的人的，所以我要勸你們免了我的罪。⑫

　　進而申述，他正是遵循「神托」或「靈機」（希 daimonion）不

⑩　Plato, *Apology,* 26B.

⑪　Plato, *Apology,* 26C–27E.

⑫　Plato, *Apology,* 30E–31B.

從政的，否則他早已不存在了：

> 它（指靈機）永遠是禁止我去做我本來要去做的事情，但從來不命令我去做什麼事情。阻止我成為一個政治人物的，也就是這個。而我認為這是很對的。因為我確信，雅典人啊！如果我也去搞政治，我一定老早就已經給毀了，而且不論對你們或者對我自己都沒有什麼好處。❼❸

控方更為關鍵的實質上是指控「還引進了新的神」。但是在整個審判過程中，卻始終沒有涉及到這個問題。而且正像柏拉圖記載的那樣，沒有一個人，甚至是起訴者本人，都不知道指控的這部分的真正意思是什麼；但是從字裡行間仔細琢磨，實質是「純粹無神論的詆毀」。❼❹這正像黑格爾所揭示的那樣，這裡所講的「新的神」，正是蘇格拉底反覆申述的，他是遵循「靈機」行事的那種「靈機」：

> 靈機是內在的東西，不過被表象為一種獨特的精靈，一種異於人的意志的東西，——而不是被表象為人的智慧、意志。

靈機取代神諭啟示蘇格拉底不做這件或那件事與否，它也可以說是人人共具的一般特性。這種靈機體現個人主體意識或自我意識的覺醒，它在蘇格拉底那裡出現時，往往採取的是生理學的形式，如說他常常在軍營裡或甚至在戰場上陷入麻木、僵直、出神狀態。它的實質也正像黑格爾指示的：「個人精神的證明代替了神諭，主體自己

---

❼❸　Plato, *Apology*, 31E.

❼❹　黑格爾：《哲學史講演錄》，第 2 卷，第 89 頁。

來從事決定。」⑮這正是蘇格拉底的生活和使命。正因為這樣，這項原則「造成了整個世界史的改變。」⑯

也正因為這樣，對方指控蘇格拉底的第一條罪狀是符合「引進了新的神」的指控的。黑格爾也正是這樣認為的：

……拿人自己的自我意識，拿每一個人的思維的普遍意識來代替神諭，——這乃是一個變革。這種內在的確定性無論如何是另一種新的神，不是雅典人過去一向相信的神；所以對蘇格拉底的控訴完全是對的。⑰

應該說，這是後世根據對蘇格拉底的思想深刻分析而得出的結論，當初的控方是不可能認識到這點的。

三、駁敗壞青年

蘇格拉底辯稱，對方引以為「敗壞了青年」的依據的克里底亞⑱和阿爾基比亞德⑲，他們的種種言行不能歸罪於他。他一貫奉公守

---

⑮　同⑭。

⑯　同⑭。

⑰　黑格爾：《哲學史講演錄》，第 2 卷，第 89 頁。

⑱　克里底亞 (Critias，約西元前 480-前 403)，柏拉圖的堂舅舅，出身豪門貴族，三十僭主政制中為首的「最貪婪和最強暴的人」，當政時曾迫害蘇格拉底，禁止他講授講演術，甚至威脅到蘇格拉底的生命，以致連柏拉圖都拒絕參加他領導的政府。

⑲　阿爾基比亞德 (Alcibiades，約西元前 450-前 404)，雅典政治家和將軍，是敗德的代表人物，曾是蘇格拉底最親近的朋友或學生之一，伯里克利曾是他的監護人，曾背叛雅典幫助斯巴達打敗雅典，後來波斯受斯巴達

法，無論在民主政制或寡頭政制時，都無畏地、決不違法地屈從，
「我不幫助某些人，包括有人蓄意惡毒地稱之為我的學生的人所作
的那些為法律所不容許的活動。」⑧ 這裡指的是他抵制原先曾經是
他的親密朋友或學生的克里底亞和卡爾米德推行的暴政。他樂於教
誨人，教人以德性，但是「如果他們中任何人成為好公民或壞公民，
我都不能負責。」⑧

辯稱，他與這些朋友或學生間進行的活動都是公開的，從不曾
與他人在密室聚晤，也無秘傳弟子，這是在場的有關人士可以作證
的。他的一切言行都是光明磊落的。

這點，在色諾芬的《回憶蘇格拉底》中記載得更具體。辯稱，
他並沒有敗壞青年，因為他的全部教訓都是勸誡他們不要犯罪，並
勉勵他們培養自制等各種德行，勸勉他們遵守法律。至於克里底亞
和阿爾基比亞德後來變壞了，責任不在於他，他們離開他之前，他
曾力圖挽救他們；反之，其他一些完全聽從他的教導的人，都成了
高尚有德的人，如克里托、凱勒豐、哈賴克拉泰斯、赫謨根尼、西
米亞、克貝和費東達斯等。⑧

儘管蘇格拉底有理有據地駁斥了安尼圖斯等三人的指控，但他
最後並未贏得在場五百名陪審員中大多數人的支持，結果依然被判
處死刑。

的遊說，將他殺害。
⑧　Plato, *Apology,* 33A.
⑧　Plato, *Apology,* 33A–B.
⑧　色諾芬：《回憶蘇格拉底》，I. 2.28–48.

四、獻 身

當時雅典法庭判決時採取兩輪投票制，第一輪投票後，被審判對象，可以就投票結果，提出自己的量刑建議，請求寬恕，從輕發落；然後再第二輪投票作為終審判決的結果。當時審判蘇格拉底的全部陪審員是 500 名。

陪審員們第一輪投票結果是，其中 280 票主張判罪，其中 220 票（即 45%）主張宣告無罪。蘇格拉底當時的回應是傲慢不馴，但也確是真誠地堅持了他自己一貫的原則，再次聲稱他是神賜給雅典的禮物，根據他所作出的貢獻而應回報以特殊的權利，像給予奧林匹亞賽會的勝利者、卓越的將軍和少數其他卓有貢獻的人一樣，應當終身提供給他像提供給擔任主席團（希 Prytaneum）公務的公共餐桌上一個席會。他不承認自己有罪，所以拒絕提出自行放逐它邦的處置，因為這樣就是變相承認自己有罪。由於交納罰款並不等於表示認罪，所以提議一筆他能立即交出 1 米納 (Mina)，或由他的朋友克里托和柏拉圖等擔保認罰 30 米納。❸這就更其引起陪審員們的憤慨，因此在第二輪投票時，360 票判處他死刑，只有 140 票認為他無罪。蘇格拉底面對死罪的判處的反應是極其平靜的，聲稱對他作出的判決對他是無害的，充其量是一場不會被打斷的休息而已；對於一個好人來講，死倒是進入較好生活的一個入口；甚至可以在已經去世的法官們那裡討回公道，而且還有機會與荷馬、赫西奧德，以及特洛伊戰爭中的英雄們相遇；更其重要的是，能像在塵世一樣，可以繼續探求真正的知識。❸並表示他決不認罪，絕不會為老妻和

---

❸ 按當時的情況來估算，1 米納相當於一個俘虜的合理的贖金；而 30 個米納相當一個中產階級家庭給女兒的可觀的嫁妝。

兒子請求寬恕。因為這樣做等於承認有罪。這完全是他忠於自己的信念的必然結果。

　　但是，當時的色諾芬卻在《申辯》中對此卻提供了「荒唐解釋」⑧⑤，認為當時的蘇格拉底是故意引起法庭對他執行死刑，以便逃避老年的各種病痛。 ⑧⑥

　　按照當時雅典的法律程序，一經判決即移交給負責執行法律的「十一人委員會」，在二十四小時內執行。但是，當時由於雅典派「聖船」前往德洛島阿波羅神壇進行祭奠，在未返航前禁止行刑，所以監禁在牢裡達一個月左右。其間他的朋友富有的克里托時動員蘇格拉底越獄，他表示堅決拒絕，聲稱他要憑藉理性進行深思熟慮，人不是為活著而活著，善的生命才是人生的主要價值所在，不能以錯對錯，以惡對惡因此他不願以逃亡的手段來報復法庭對他的不公正的判決。再三強調他要遵守雅典民主政制制定的法律，自己作為公民是由雅典城邦所生養和教育，城邦之於公民等於父母之於子女；城邦高於父母，對父母不可使用報復手段，對待城邦更其不能這樣；公民對城邦有履行契約的責任，所以自己不能越獄出逃；越獄出逃將導致有關的朋友家破人亡；自己逃亡它邦也只是忍辱貪生受人輕視，餘生也決無幸福可言；逃亡後也不能有益於教養兒子，何況他死後，朋友們自能替他照拂他們。

　　最後，蘇格拉底懷著無限忠誠於雅典民主政制及其法律的信念，飲下有毒藥鉤吻葉芹 (hemlock) 的毒酒平靜地死去。

　　蘇格拉底的被處死，不僅是他個人的悲劇，是雅典的悲劇，更

---

⑧④　Plato, *Apology,* 40–41.

⑧⑤　A. E. 泰勒：《柏拉圖——生平及其著作》，第 238 頁。

⑧⑥　Xenophon, *Apology,* 1–8.

其是整個城邦奴隸制的悲劇。據說，雅典處死蘇格拉底後不久感到
悔恨，以致關閉了訓練場和運動場；放逐了其他起訴人，而且處死
了美萊托；建立由呂西普 (Lysippus) 雕塑的青銅像以紀念蘇格拉底，
雅典人將它安置在列隊進行祈禱的大廳中；事後不久，安尼圖斯訪
問赫拉克利亞，當天被就驅逐出境。⑧著名悲劇詩人歐里庇得斯在
其悲劇《帕拉墨得》中譴責了雅典:「你們已經屠殺了最有智慧的人、
天真無辜的人、繆斯的夜鶯。」⑧但是，這些記載的真實性不是沒有
爭論的。

　　蘇格拉底被處死二千四百年來，對他和雅典的功過是非，長期
以來不是沒有爭議的。有的將他的被審判和處死，同耶穌的被審判
和釘上十字架，相提並論；⑧但是，當代美國著名的柏拉圖學者 G.
弗拉斯托斯 (G. Vlastos) 則恰恰相反，聲稱，耶穌曾為耶路撒冷哭泣
過，而蘇格拉底卻從來沒有為雅典掉過一滴眼淚。⑨至於對他的政
治立場和評價更是眾說紛紜。英國著名的希臘政治史學者 E. 巴克認
為，「他的（指蘇格拉底 —— 引者注）反民主的傾向是顯而易見
的；」⑨A. D. 溫斯皮爾 (A. D. Winspear) 和 T. 西爾弗貝格 (T. Silver-
berg) 這兩個美國學者則認為，蘇格拉底前期與民主運動有密切聯
繫，後期則趨於保守。⑨J. 伯奈特則認為蘇格拉底在政治上比柏拉
圖更保守。當代著名英國批判理性主義的代表人物和政治學者 K. 波

⑧　D. L., II. 5.43.
⑧　D. L., II. 5.44.
⑧　I. F. 斯東:《蘇格拉底的審判》，第 1、170 頁。
⑨　同註⑧。
⑨　E. Barker, *Political Thought of Plato and Aristotle,* New York, 1959, p. 51.
⑨　J. Burnet, *Greek Philosophy,* Part I, p. 210.

普則剛剛相反，認為柏拉圖是開放社會的敵人，是極權主義的；而蘇格拉底對開放社會的信仰「作出最偉大貢獻」，「基本上是開放社會的主角和民主之友」。❸ I. F. 斯東在其《蘇格拉底的審判》中，通過對蘇格拉底在哲學上的三個根本問題（人類社會群體的性質、什麼是美德和知識、個人與政治的關係），宣稱他的立場是反民主的。

　　以上這些問題，不僅涉及到對蘇格拉底及其整個思想的看法，甚至涉及到整個希臘哲學的本質及其發展的看法，這點我們在前面已經有所申述，下面在探討他的哲學思想時，將作出進一步的探討。

---

❸　K. 波普爾：《開放社會及其敵人》（上），第 435 頁。

第十二章 「德性即知識」(一)：倫理

　　正像亞里士多德在《動物的構造》中所揭示的那樣，希臘哲學發展到蘇格拉底的時代，總的來講是無視對自然的研究，轉而專心致志於政治學術和那些有益於人類進修的倫理德性的討論。❶蘇格拉底正是代表和體現這一轉折的哲學家。也正是人們所說的將哲學從「天上」拉回「人間」。

　　柏拉圖在其〈斐多篇〉中就曾記載下蘇格拉底這場轉折的心路歷程。他同原先是畢達哥拉斯學派成員的克貝講到，他原先對所謂自然的知識特別感到興趣，自認為如果知道每件事物的原因，了解它們怎樣生成、存在和滅亡是一件很崇高的事情，以此來困擾自己。後來讀到阿納克撒哥拉斯的著作，將「努斯」(希 nous，或譯作理智、理性、心靈)說成是萬物的原因和安排者，原先對這種學說很欣賞。但是經過自己的深思熟慮，自己的強烈希望很快就破滅了；當他繼續讀下去時，發現阿納克撒哥拉斯並沒有用「努斯」，也沒有給事物的秩序指出真正的原因，卻依然用氣、以太、水以及其他許多古怪的東西作為原因。❷不僅蘇格拉底，而且前五世紀時出現對自然界認識的可能性的普遍的懷疑論，❸在啟蒙時期時代精神的感召下，

---

❶　Aristotle, *Histonum Animalium*, 642ᵃ28–30.

❷　Plato, *Phaedo*, 96A–98C.

蘇格拉底轉而專心於政治學術和倫理品質的討論。這點，古羅馬哲學家西塞羅（Marcus Tullius Cicero，西元前 104–前 43）在其《圖斯庫盧談話錄》中作出有名的概括：

> 直到受到過阿納克撒哥拉斯的學生阿凱勞斯教導的蘇格拉底以前的古代哲學，研究數和運動，以及萬物從其中產生和回歸的源泉；這些早期的思想家們熱衷於研究星辰和一切天體的大小、間距和軌程。是蘇格拉底第一個將哲學從天空召喚下來，使它立足於城邦，並將它引入家庭之中，促使它研究生活、倫理、善和惡。❹

也正因為這樣，蘇格拉底在整個西方倫理學的形成和發展中佔有突出的地位，被譽為「道德哲學奠基者」。❺毫無疑問，道德倫理學說在蘇格拉底的整個哲學思想中佔有重要地位，以致奧地利的哲學史家龔珀茨稱他是「倫理哲學家」。❻

　　主要討論他的有關倫理學的基本原則的學說，以及其亞里士多德對它的批判，至於他的有關具體德性（勇敢、友愛、虔敬），為避免重複，歸併到第十四章，同有關普遍定義的學說一起討論。

　　蘇格拉底以拯救雅典為自己畢生的使命，而拯救雅典的途徑是

❸　A. E. Taylor, *Socrates,* 見《蘇格拉底傳》，第 34 頁。

❹　Cicero, *Tusculanae Disputationes,* V. 4.10., 見 W. K. C. Guthrie, *A History of Greek Philosophy,* Vol. III, p. 410.

❺　A. E. Taylor, *Socrates,* 見《蘇格拉底傳》，第 49 頁。

❻　Th. Gomperz, *Greek Thinkers,* 見《蘇格拉底傳》，第 154 頁。這種觀點帶有片面性，倫理學在蘇格拉底的全部哲學中佔有重要地位，但遠不是全部。

「照顧心靈」，照顧、關注雅典人的心靈。他在面臨被判死刑的最後時刻，向雅典人發出呼籲，聲稱自己只要一息尚存，將永不停止哲學的實踐和教誨，勸勉人們，不要只注意金錢名位，「而不注意智慧、真理和改進你的心靈」；而他自己所做的，「只是去說服你們，不論老少，都不要老想著你們的人身或財產，而首先並且主要地要注意到心靈的最大程度的改善。」❼要關注或照顧心靈，就要去發現德性的本性，而這只有憑藉理性。❽正因為這樣，貫徹在蘇格拉底全部倫理學說中的是理性，是理性精神；這點，也正是西元前五世紀啟蒙時期時代精神的體現。亞里士多德在《尼各馬科倫理學》中，也正是這樣認為的：「蘇格拉底認為德性就是理性（因為全部德性都是知識）。」❾

第一節　德性即知識

　　蘇格拉底的倫理思想的出發點是：「德性即知識。」❿他從理性出發，強調人的理智本性和人的倫理道德本性的同一性，即道德與知識的同一性。

　　這裡的「德性」，原希臘語是 arete，意指可稱讚的品質，它既指人的優秀品質，也指任何事物的優點、長處和美好的本性。如漢譯之為「美德」就不足以完整地表達其含義。他將人在生活行為中表現的所有優秀善良的品質，如正義、自制、智慧、勇敢、友愛、虔

---

❼　Plato, *Apology,* 29D–30A.

❽　W. Jaeger, *Paideia: The Ideals of Greek Culture,* II. 2., p. 63.

❾　Aristotle, *Nicomachean Ethics,* 1144^{b}26–27.

❿　Plato, *Meno,* 87B; *Protagoras,* 358 …; *Greater Hippias,* 284A.

敬等等都稱為人的 arete。它體現了人的道德本性，所以這裡譯為「德性」，相當於英譯的 virtue。蘇格拉底將全部倫理道德活動的本性或本質歸結為「德性即知識」；以此為出發點，與人討論倫理道德行為的本性，以此去評價、褒貶、臧否人的倫理道德行為。柏拉圖的早期蘇格拉底對話中，有一系列有關的記載：

在〈拉凱斯篇〉中講到，有人要想將德性傳授給他的子弟，藉以增進他們的心靈，那就首先要明白德性的本性，否則何以能教人以德性：「假如我們對某物完全莫名其妙，我們就不能指點人家怎樣去獲得它。……我們的前提是要先明白德性的本性。」⓫當尼西亞將勇敢這種德性，同智慧、知識聯繫起來時；所以蘇格拉底就盛讚他的智慧。

在專門討論「友愛」（希 philia）的〈呂西斯篇〉中，呂西斯說父母都很珍愛他，希望他生活得幸福。蘇格拉底則認為，一個人能自由地做他想做的事才是幸福，受制於人的奴隸是無幸福可言的。人要做到這點就需要有知識，因為任何人都不愛無知無用的人，如果對事物沒有知識就會將事物弄糟，從而失去別人的愛，甚至父母的愛，結果只能處處受別人的支配；反之，如果你獲得了知識，顯得有用與善，所有人都會對你友愛。⓬也就是說，友愛這種德性同勇敢這種德性一樣，也是與德性和善緊密相聯繫的。

柏拉圖的早期蘇格拉底對話篇，都是討論定義的，但結果就所討論的某種德性（如「勇敢」、「友愛」）本身，都沒有獲得其定義。所以就「德性即知識」的探討而言，並不總是很清楚的，但根據色諾芬的記載，那就比較容易理解了：

⓫　Plato, *Laches,* 190B.

⓬　Plato, *Lysis,* 207E–210D.

正義的事和一切德性的行為都是美而好的；凡是認識這些事的
人決不會願意選擇別的事情；凡不認識這些事的人也決不可能
把它們付諸實踐；即使他們試著去做，也是要失敗的。所以，
智慧的人總是做美而好的事情；愚昧的人則不可能做美而好的
事，即使他們試著去做，也是要失敗的。既然正義的事和其他
美而好的事都是德性的行為，很顯然，正義的事和其他一切德
性的行為，就都是智慧。❸

也就是說，智慧或認知能力是屬於人的心靈的本性，因此要是心靈
能夠實現自己的本性也就有知識，也就有德性；反之，人如果愚昧
無知，不能認知德性，就必然陷於敗德惡行。由此可知，蘇格拉底
所一再強調的「德性即知識」中的知識，主要是指人要能認識自己
的本性（希 physis，英 nature）。

正是在這種「德性即知識」的唯理智主義倫理道德理論的支配
下，蘇格拉底進而認為，「沒有人自願犯錯誤。」聲稱：

我的親愛的朋友，假使一個人認識到了一切的善與惡，認識到
了它們現在是怎樣的、過去曾經是怎樣的、將來會產生些什麼
的人，他會是不完善的嗎？會缺乏無論是正義、節制或虔敬的
德性的嗎？只有他才會持有一切德性，他會知道哪裡是危險的，
哪裡是不危險的，防止無論是超自然的或自然的；他會知道如
何正確地對待神和人。❹

---

❸ 色諾芬，《回憶蘇格拉底》，III. 9.5。

❹ Plato, *Laches,* 199D–E.

也就是說，只要有了知識，人就不會自願犯錯誤。蘇格拉底堅持，人的所有行動都是由理智（即理性知識）支配的，而理智是全能的；知道什麼是對的、然而卻不服從那個認識，相信一個行動是錯誤的、然而卻屈從於推動它的動機，這種事情對於蘇格拉底來說不僅是可悲的和災難性的，它完全是不可能的。但是，他並沒有因此而怒斥而譴責之，而僅僅否定那種他的同時代人叫做「被欲望戰勝的」心靈狀態。正像亞里士多德所揭示的那樣，就蘇格拉底而言，靈魂的非理性部分是根本不存在的。

第二節　駁情感道德說

　　蘇格拉底正是在這種唯理智主義的倫理學說指導下，批判了智者等的種種情感道德說。所以他的倫理學說是與享樂主義根本對立的。

　　蘇格拉底曾與當時的著名智者安提豐進行過三次有關的談話。安提豐嘲笑蘇格拉底的貧窮和儉樸，以及他的不願因教學而收取酬金，並認為「幸福就在於奢華宴樂」。蘇格拉底答以，由於不收取酬金，他就可以自由選擇聽眾；進而聲稱：「神性就是完善，愈接近於神性也就是愈接近於完善」，能夠一無所求才能像神一樣，所需求愈少也就會愈接近於神。❺

　　蘇格拉底批評後來成為西樂餒學派（即居勒尼學派）創始人亞里斯提卜 (Aristippus) 主張安逸享樂的觀點。亞里斯提卜貪圖逸樂，企圖在政府謀取一個位置，蘇格拉底就勸告他說，自制是做一個政

❺　色諾芬：《回憶蘇格拉底》，I. 6.10。

治家的必備的品格。亞里斯提卜進而聲稱，他只想過一種悠閒怡靜享樂的自由生活；蘇格拉底認為，想得到這種自由享樂生活，是與整個人類社會的性質相矛盾的，和整個社會不相容的：

> 你既然是生活在人間，而你竟認為統治人和被統治都不適當，而且還不甘心尊敬掌權的人，我想你一定會看到，強有力的人是有辦法把弱者當著奴隸來待，叫他們無論在公共生活或私人生活中都自嘆命苦的。❶❻

批評當時智者的主要代表人物普羅泰戈拉將快樂和善、痛苦和惡相等同的觀點。❶❼經過雙方的辯論，普羅泰戈拉不得不承認智慧和知識是人生活中最強有力，但是他依然堅持從相對主義的感覺論所理解的知識，它畢竟根本上就不同於蘇格拉底的理性主義的知識理論。

蘇格拉底指出：許多人主張「知識」對行為沒有多大的影響，一個人往往很知道某事好與壞，但行動起來卻「違背他的較好的知識」；這種知識依然是受到種種情感制約，如受到脾氣、快感、痛苦或貪欲的主宰。蘇格拉底則認為，必須對這些人心中所持有的論據本身進行分析，並使他們相信他們持以為的論據本身是不準確的；❶❽他們所稱之為的「被快樂或痛所征服」，一直所追求的目標在取得「快樂超過痛苦的最大可能的平衡」❶❾；實質是由於缺乏知識，

---

❶❻　色諾芬：《回憶蘇格拉底》，II. 1.12。

❶❼　Plato, *Protagoras,* 351B–E.

❶❽　Plato, *Protagoras,* 353A.

❶❾　Plato, *Protagoras,* 354C–E.

從而對快樂和痛苦作了錯誤的估計，所謂被「征服」，實際上是「拿大量的惡交換小量的善」❷，以致將「善」等同於「快樂」，而「惡」等同於「痛苦」；因此，行為的錯誤與數目、大小和分量的錯誤估計是相等的；為要避免作出錯誤的估計，就必須要依靠知識或科學。由此得出結論，強調以情感行事的「多數人」必須遵循這種觀點：錯誤的選擇，例如「多數人」稱之為情欲勝過知識，實際不過是計算罷了，因此錯誤的行為是由於差錯，所以總是非故意的：

> 沒有人自願趨向壞事，也不會自願趨向他認為是壞的事。想趨向認為是壞的事而不趨向好事，似乎不是人類的本性。當人們被迫要在兩樁壞事中選擇一樁時，沒有人在有能力選擇壞處小的情況下選擇壞處大的。❷

第三節　德性的整體性及其可教

　　蘇格拉底的整個倫理道德理論是建立在理性主義上的，完整地體現他的倫理學觀點的〈普羅泰戈拉篇〉，正是從這點出發。集中提出和討論這樣兩個彼此相聯繫的問題：⑴德性能不能教？⑵德性是一還是多？即德性是個別東西，還是一般的理性的東西。

　　㈠德性是否可教

　　智者普羅泰戈拉認為，德性是能夠通過他這樣的智者傳授給他人的。蘇格拉底進行反駁道，人人都認為他自己擁有德性，但是，

---

❷　Plato, *Protagoras*, 358D.
❷　同❷。

即便像伯里克利那樣偉大的政治家，也不能將德性傳授給他的兒子。但他也並沒有因此而否定德性是可教的，可是兩人所持的論據是相反的，他不能同意普羅泰戈拉所持的德性可教性的依據。後者認為道德和法律都是約定的，因此不同的城邦可以有不同的道德和法律，它們是相對的，沒有絕對的標準，這是從「人是萬物的尺度」的觀點出發的必然結論。即他們所認為可教的那種德性，是建立在意見、感性認識的基礎上；但是，蘇格拉底認為他的這種所謂的德性是不可教的。

蘇格拉底同樣認為德性是可教的，但是這種德性是建立在理性，即知識的基礎上的。聲稱：一切善，無論是人體感官的善，還是人的靈魂的善，都必須同時要具備知識，否則它們將成為無益的，毫無用處的；要是德性是知識，那麼這種德性就是能教的。問題是究竟由誰來擔任能教人以德性的教師呢？他不是一般意義上的教師，否則好人們，如何會有惡的、壞的子女呢？智者們自稱是教師，他們的任務是教人以德性，但是即便是他們自己，在德性上也是毫無價值的。進而指出，智者以及通常人們所謂的德性，並不是建立在理性認識、知識的基礎上的，而只是建立在意見，即感性認識的基礎上面的；因此，這種所謂的德性是不能教的；能夠教的只是一種更高的德性，即建立在理性認識、知識的基礎上的，即德性之所以成為德性的那種德性本身，即諸種德性的理念。即只有作為一、作為整體的德性才是可教的。

㈡德性是一還是多？是整體還是部分

蘇格拉底進而論證道，勇敢與友愛、虔敬、智慧、正義等四種德性都有相同性，它們都根源於知識，而不是由受情感支配而產生的。勇敢是對可怕或不可怕的事情有知識，能夠作出正確而高尚的

選擇，即便是面臨艱難險阻，也能滿懷信心地去避惡從善，做光榮、善而快樂的事情；怯懦則是由於無知，因此不能做高尚的事情。❷其他種種德性，同樣也都是受知識支配，這就是德性是一、是整體性的根據。只有作為一、作為整體性的德性，才是可以教的。

論證是這樣進行的。德性（單數）是整體，而各種德性（複數）是它的組成部分呢？還是作為整體的德性，同作為組成部分的各種德性都是一樣的？普羅泰戈拉傾向於前面的那種觀點，蘇格拉底則從對立的觀點來進行反駁。聲稱，每種性質都有一種與它相對立的性質，但是正義，既不與虔敬、智慧，又不與自制（節制）相對立，那麼它們之間又如何區別呢？普羅泰戈拉的回答是，儘管這四種德性是相同的，但是第五種德性──勇敢，卻是另一類的。蘇格拉底進而反駁道，勇敢和自信心是一致的，而自信心是建立在知識的基礎上的，而且知識也是其他一切德性的基礎；一個人之所以是自制的，因為他知道，自制比之不自制，會給他帶來更大的幸福、快樂和較少的不幸、痛苦；他之所以是正義的、虔敬的、智慧的，也是出於同樣的理由。相反，為惡是出於無知，罪惡是出於無知，罪惡只能來自沒有知識。蘇格拉底認為德性是知識，所以德性是能夠教的。

總之，蘇格拉底和普羅泰戈拉都認為德性是能夠教的，但是他們各自的理論根據是對立的。普羅泰戈拉認為德性是可教的，但他所教的是作為雜多、作為部分的德性，而不是作為一、作為整體的德性，是各種紛然雜呈、褒貶不一、莫衷一是的意見，它是建立在情感感覺論基礎上的；蘇格拉底認為可教的那種德性，則是一、整體性而不是雜多、部分，即是種種具體德性中的共性，是種種德行

---

❷　Plato, *Protagoras*, 359A–360D.

之所以為德行的那種本質。它是建立在理性或唯理智主義的基礎上
的。

第四節 善是人生的最高目的

善（希 agathon，英 good）這個概念，在蘇格拉底的思想體系中
佔有相當重要的地位。希臘語中的 agathon，比之英語中的 "good"，
漢語中的「善」的含義要廣泛得多。就蘇格拉底將善主要理解為對
人的善（好）和導致幸福的那種東西，以後的小蘇格拉底學派，同
樣也將善看作是重要的倫理道德概念，但也正像 C. 里特爾 (C. Rit-
ter) 所概括的那樣，善是蘇格拉底的最高哲學範疇，它既有道德上的
含義，又有本體論和認識論上的含義。他在概括柏拉圖早期蘇格拉
底對話中，有關善的含義時講道：

> 但是，我們還被告知，善給萬物以它們的存在。善是一切實在
> 的源泉和基礎，同時也是關於一切實在的知識的源泉和基
> 礎。㉓

㈠善是人的倫理道德行為和社會政治領域中的最高準則

〈高爾吉亞篇〉中的蘇格拉底強調，行為的目的在於善。聲稱：
哲學是以達到關於善的知識為目的，而修辭學僅僅把快樂作為它的
指導原則；但是，善才是行為的目的，反之，快樂、幸福僅僅是達
到善的手段；包括治理國家的技藝在內，必須要以善為目的；而快
樂、幸福則是和善不一樣的，只能作為善來追求；即便是自制這種

㉓ C. Ritter, *The Essence of Plato's Philosophy,* London, 1933, p. 83.

德性，也就是善的德性。因此，只有以善為目的，以善為最高準則，對人就會正義，對神就會虔敬。❷ 在〈阿爾基比亞德(I)篇〉中❷，蘇格拉底已經把勇敢這種德性和善聯繫起來討論。聲稱，一個人可能出於權宜之計而做不正義的事、不善的事，也就是做不榮譽的事；反之，也就是說，榮譽和善是統一的。正因為這樣，勇敢既與榮譽有關，因此，勇敢是一種善。❷ 在專門討論友愛的〈呂西斯篇〉這篇對話中，更進一步申述這種觀點，將善看作是人的一切行為的最高目的：「關於善，我們獲悉，它是人的天性要求的對象。善是最高目的，它不能作為一種手段從屬於其他目的；善本身就擁有絕對的價值。」❷ 總之，蘇格拉底在探討人的道德倫理行為時，總是將各種德性（智慧、勇敢、自制、虔敬、正義等時，都與善聯繫起來，而滲透在這些德性中的共同的東西是善，它是高於其他德性的最高德性，是其他一切德性的依歸。

(二)善是美的目的

善在蘇格拉底的審美學說中，同樣也佔有重要地位，他往往是將美與善結合起來討論的，或者將美和善看成是一個東西，或者認為善是美所追求的目的。首先，蘇格拉底將美等同於善。在〈呂西斯篇〉中，在專門討論什麼是友愛時就指出，美即是善。❷ 以後，

❷ Plato, *Gorgias,* 506–507.

❷ 關於〈阿爾基比亞德(I)篇〉這篇對話的真偽問題，除了 W. 耶格爾認為它是柏拉圖的早期著作外；其他大多數學者，都傾向於認為它不是柏拉圖本人的作品，如 A.E. 泰勒認為它是柏拉圖親炙弟子的作品，我們可以把它視作為代表蘇格拉底的思想。

❷ Plato, *Alcibiades* (I), 115.

❷ 參看 C. Ritter, *The Essence of Plato's Philosophy,* p. 65。

❷ Plato, *Lysis,* 216B.

在專門討論美的〈大希庇亞篇〉中，蘇格拉底認為美和善之間存在因果關係，美的身體、美的制度等之所以成為美，因為它們都是有益的，所以美和有益是一回事；美是原因，善是結果，即善是美所追求的目的：「所以，如果美是善（好）的原因，善（好）就是美所產生的。我們追求智慧以及其他美的東西，好像就是為著這個緣故。因為，它們所產的結果就是善，而善是值得追求的。因此，我們的結論應該是：美是善的父親。」❷⑨

㈢自由和自制取決於善

色諾芬的《回憶蘇格拉底》第 2 卷第 1 章中，蘇格拉底在與亞里斯提卜討論到自由時，還未將它與善聯繫起來；待當在第四卷第五章中，與歐緒德謨討論到自由、自制時，就將它們同善聯繫起來了。蘇格拉底聲稱，自由對於個人和城邦都是高貴而且美好的財產，能夠做最好的事情、即從事善，就是自由；反之，由於受到阻礙而不能從事善，也就是沒有自由。蘇格拉底認為，凡是不能自制的人，也就是沒有自由的人。那些不能自制的人，不僅由於受阻而不能去做最好（最善）的事，甚至還會被迫去做最無恥的事情。即阻擋人去做最好的事，同時還強迫人去做最壞的事的主人是最壞的主人，而那受制於最壞的主人的奴隸，也就是最壞的奴隸，因此「那不能自制的人就是最不自由的最壞的奴隸。」❸⓪在奴隸社會、特別是在雅典這樣的奴隸制民主政制的城邦中，自由與否是至關緊要的問題；所以，蘇格拉底將好（善）與自由聯繫起來是很自然的；更其值得注意的是，他又將這種作為自由的善，同自制、智慧聯繫了起來。聲稱：「智慧是最大的德性，不能自制就使智慧和人遠離，並且驅使

---

❷⑨　Plato, *Great Hippias*, 297.

❸⓪　色諾芬：《回憶蘇格拉底》，IV. 5.5。

人走到相反的方向去。」**❸**由於「不能自制使人對眼前的快樂留連忘返，常常使那些本來能分辨好壞的人感覺遲鈍，以至他們不但不去選擇較好的事情，反而去選擇較壞的」；所以「健全理智和不能自制這兩種行為是恰好相反的。」**❸**蘇格拉底正是像他一貫所主張的那樣，從理性出發，將奴隸制的道德自由，歸諸於健全的理智，從而將自由、理智和善緊密結合在一起。

蘇格拉底將善看作是人的倫理道德的目的、依歸和最高準則的觀點，深刻地反映了西元前五世紀雅典社會的現實和本質，它極大地不同希臘以往的武士階層之生活方式為代表的荷馬，代之以從理性出發的人生至善的理念。這點，正像當代最具影響的哲學家之一的 J. 羅爾斯 (J. Rowls) 在其近著《政治自由主義》中揭示的那樣：

> 古希臘哲學擯棄以過去武士階層之生活方式為代表的荷馬史詩式理想的過程中，不得不為自身創造出人生至善的理念，即，能為西元前五世紀雅典各個不同社會階層的公民們所接受的理念。道德哲學從來就只是自由嫻熟的理性功夫。它不是建立在宗教基礎之上，更不是建立在啟示基礎之上。因為平民宗教既不是它的指南，也不是它的敵手。道德哲學所關注的焦點，是作為一種引人向善的、合理追求我們真實幸福的至善理念，而她所談論的問題，乃是平民宗教基本上懸而未答的問題。**❸**

---

❸ 色諾芬：《回憶蘇格拉底》，IV. 5.6–7。

❸ 同**❸**。

❸ J. 羅爾斯：《政治自由主義》，萬俊人譯，譯林出版社，2000 年版，第 10 頁。

這裡，J. 羅爾斯未曾指名提到蘇格拉底，但後者恰是體現了他所揭示的時代精神的，蘇格拉底正是以在理性指導下的善的目的論來代替宗教的干預，所以他的被處死也有它的客觀必然性。

蘇格拉底的這種善的目的論，對當時和後世的影響是至為深遠的。柏拉圖正是在他的直接影響下，制定了系統的至善目的論，成為他的整個哲學體系的出發點和終極的歸宿。就柏拉圖來講，善理念不僅有倫理道德上的含義，而且還有本體論上的含義，它是終極目的理念和本體；還有認識論上的含義，是整個認識的最高終極目的；還有方法論上的含義，只有憑藉辯證法才能把握作為終極目的的善理念；還有審美上的含義，強調善是美所追求的目的，是衡量美的標準。以後還影響到了亞里士多德、伊壁鳩魯和新柏拉圖學派的奠基人普羅提諾 (Plotinus, 205–270)。❸就是康德的「純粹實踐理性公設之二：上帝存在」，也顯示出蘇格拉底的理性的善目的論的影響。❸

第五節　亞里士多德的批判

亞里士多德在其專門討論倫理學的三部著作《尼各馬科倫理學》、《優臺謨倫理學》、《大倫理學》中，對蘇格拉底的唯理智的倫理學，進行了批判，認為它有其偏面性。

㈠倫理學是實踐學科而不是純理論學科

---

❸ 詳見范明生：《柏拉圖哲學述評》，第 9 章，上海人民出版社，1984 年版，第 468–477 頁。

❸ 康德：《實踐理性批判》，第 2 卷第 2 章 (5)，韓水法譯，北京商務印書館，1999 年版，第 136 頁。

　　亞里士多德在進行學科分類時，分成三類；⑴純理論學科（物理學、數學、第一哲學），其目的不在於實用，而是為知識而知識；⑵實踐學科（倫理學、理財學、政治學），其目的在於實用，但也只研究行動而不管行動的結果；⑶創制學科（詩學、修辭學），著眼於研究語言材料的塑造和詞句的製作。循此，批判蘇格拉底的「德性即知識」，也就是將倫理學歸結為純理論知識，結果他的倫理學對於人的倫理道德行為的實踐行動是毫無關係的：

> 蘇格拉底把德性當成知識，這是不正確的。他堅持認為，任何東西都不應該是無用的，但是，從他把德性當成知識的觀點中，卻會推出德性無用的結論。為什麼呢？因為在知識方面，一旦一個人知道了知識的本性，就會推出他是有知識的（因為如果某人通曉了醫藥的本性，他就立即成為醫生，在其他知識方面也一樣）；但是，在德性方面卻不會有這種結果。因為，如果某人知曉了正義的本性，並不立即就是正義的，在其他德性方面也是這樣。其結論只能是：德性是無用的。所以，德性不是知識。❸

亞里士多德的這種批判，確是有其合理性。因為，蘇格拉底將德性僅僅歸結為理論性知識，而不去探討德性在人的實際的生活行為中是如何產生和實現，這就抹煞了倫理學的經驗性內容。因為，知道正義的人，不會馬上就變得正義。但蘇格拉底卻錯誤地認為：「認識正義與變得正義是同時出現的。」❸亞里士多德進而指出，知道某種

---

❸　Aristotle, *Magna Moralia*, 1183ᵇ9–17.

❸　Aristotle, *Eudemian Ethics*, 1216ᵇ6–7.

東西是高尚的，本身誠然是高尚的，但還要進一步知道某種高尚的東西是從哪裡產生出來的，才能在實際行動中變成為高尚的人：「因為，我們的目的，不只是要知道勇敢是什麼，而是要成為勇敢的人，不只是要知道正義是什麼，而是要成為正義的人。」 ㊳

亞里士多德的這種批判，從總的方向來講，無疑是正確的。就蘇格拉底本人而言，倒是言行、知行、理論和實踐是一致的；但是在「德性即知識」的理論中，在「知」和「行」這兩方面中，只片面強調知的重要性，認為只要知道了，也就在實際行動中也就必然做到了。這就必然導致到由他的這種理論，帶來的矛盾：知道了正義等德性的知識的人，在實際行動中並不一定必然會做正義的人。實際生活，明知故犯的人是屢見不鮮的，有知識的靈魂的本身雖然是善的，但在實際行動中，依然會自覺地去做壞事。

㈡片面強調理性，無視非理性的激情和性格

亞里士多德指出，畢達哥拉斯將德性歸結為數目的比例關係，那是用不恰當的觀點來對待德性；相比較之下，蘇格拉底較好而更多地說明了這個問題。但是，他同樣也是不正確的；因為，他將德性當作知識，既不可能也不正確：

因為，一切知識都涉及理性，而理性只存在於靈魂的認知部分之中。按他的觀點，一切德性就都在靈魂的理性部分中了。這樣，就可以推導出：由於他把理性當成知識，就摒棄了靈魂的非理性部分，因而也就摒棄了激情和性格。因此，像這樣對待德性是不正確的。 ㊴

㊳ Aristotle, *Eudemian Ethics,* 1216^{b}21–24.

㊴ Aristotle, *Magna Moralia,* 1182^{a}17–21.

亞里士多德的這種批判是正確的。蘇格拉底批判智者所主張的個人的情感欲望支配人的一切行為，進而揭示理性知識對形成德性、規範道德行為的積極作用。但他卻又走向另一極端，否認情感欲望等與激情、性格等非理性因素作用，這也是一種片面性。正是柏拉圖在此基礎上，將靈魂分成理性部分與非理性部分，並給每部分派定其所屬的德性。亞里士多德進而指出，柏拉圖也有差錯，因為他將德性和善混在一起論述了；這是不正確的，因為不恰當。

至於蘇格拉底有關勇敢、友愛、虔敬等種種具體德性的觀點，將在第十四章中進行討論，以避免重複。

倫理學在蘇格拉底的整個理論體系中佔到核心地位，對後世的影響是至為深遠的，它不但影響到小蘇格拉底學派，而且還影響到了斯多亞學派甚至伊壁鳩魯學派。但接受其影響最大的則是柏拉圖。柏拉圖的整個哲學體系，尤其是深深打上了蘇格拉底的倫理學的烙印。正像 E. 策勒所指出的那樣：柏拉圖的哲學主要是倫理學的，青年時代從蘇格拉底的探討德性開始；這種探討為他的辯證法的最早發展，提供了材料，為那些概念的規定提供了材料，而理念論最終也就是從這些概念的規定中產生出來的；柏拉圖自己的程序，從本質上來講，不僅僅是指向理論科學的，而且還是指向道德訓練和蘇格拉底的「認識你自己的」；柏拉圖的哲學活動，一開始就處在蘇格拉底的影響下。❹但是，倫理學作為一門科學，那是由亞里士多德確立的，他在包括蘇格拉底等在內的前人的影響下，綜合前人的有關成果，運用經驗和理性相結合的方法，深入探討了人類道德行

---

❹ E. Zeller, *Plato and The Older Academy,* trans. by S. F. Alleyne & A. Goodwin, London, 1888, pp. 435–436.

為的各個環節和奴隸社會道德關係的各種規定，才建立起西方倫理學史上第一個完整的幸福論倫理學的理論體系。

第十三章 「德性即知識」⑵：政治

　　就希臘人來講，私人的行為原則和公共的行為原則之間，在倫理道德和政治之間是沒有什麼區別的。對蘇格拉底來講也同樣如此。

　　所謂蘇格拉底將哲學從天上拉回人間，實施哲學從探討自然向探討人類社會的轉變，其內涵正像亞里士多德在《動物的構造》中，指名蘇格拉底時談到的那樣：「哲學家們專心致志於政治學術以及那些有益於人類進修的倫理德性的討論。」❶蘇格拉底所關注「人的事項」，意指是國家和德性問題，從而終其一生致力於為它們設定標準；終其一生是雅典民主政制治下的一個普通公民，但其關注的卻是公共的善這個最重要問題。他意識到個人從屬於城邦，個人的安康從屬於城邦的安康，並為此獻出了自己的生命。因此，理應享有崇高的聲譽和歷史地位，所以古典學者 W. 耶格爾，將他和雅典偉大民主政制的奠基人梭倫相提並論：「放棄了泰利斯的遺產，成了梭倫的繼承人。」❷

---

❶　Aristotle, *Histonum Animallum,* 642ª29–30.

❷　W. Jaeger, *Paideia: The Ideals of Greek Culture,* Vol. 2, p. 71.

第一節　政治—德性—知識

蘇格拉底強調「德性即知識」，這種思想，不僅適用於倫理而且也同樣適用於政治，因為就當時的古希臘而言，倫理德性和政治德性是不可分割地結合在一起的。這是當時古希臘的傳統觀念。

亞里士多德在《尼各馬科倫理學》的開頭就指出：知識和行動是人類活動的兩大領域，理論和實踐是萬古常新的哲學課題；倫理學和政治學，所探索的就是實踐和活動，「都以某種善為目的。」 ❸ 蘇格拉底尤其突出倫理實踐和政治實踐都是在知識的指導下進行活動的，所以他一貫強調「德性即知識。」而且也正像亞里士多德在《政治學》的開頭所指出的那樣，個人是從屬於城邦的，他不可能脫離城邦而獨立存在：

> 城邦顯然是自然的產物，人天生是一種政治動物，在本性上而非偶然地脫離城邦的人，他要麼是一位超人，要麼是一個鄙夫；就像荷馬所指責的那種人：「無族、無法、無家之人。」這種人是卑賤的，具有這種本性的人乃是好戰之人，這種人就彷彿棋盤中的孤子。 ❹

正因為這樣，人所追求的善，只有通過城邦的善才能實現：所有的城邦都是某種共同體，所有共同體都是為著某種善而建立的，因為人的一切行為都是為著他們所認為的善，很顯然，由於所有的共同

---

❸　Aristotle, *Nicomachean Ethics,* 1094ᵃ.

❹　Aristotle, *Politics,* 1253ᵃ2–5.

體旨在追求某種善，因而，所有共同體中最崇高、最有權威、並且
包含了一切其他共同體的共同體，所追求的一定是至善，這種共同
體就是所謂的城邦或政治共同體。

根據色諾芬的記載，蘇格拉底在與歐緒德謨 (Euthydemus) 討論
有關「虔敬」、「正義」、「智慧」、「勇敢」、「善」與「美」等的定義
時，將這些德性與對政制的討論緊密聯繫起來的同時；接著就討論
什麼是城邦？什麼是政治家？什麼是對人的統治？誰是真正的統治
者？什麼是公民？什麼是好公民的職責？蘇格拉底就將這些問題，
同 aretai（德性）聯繫起來，而此 aretai，指的是 political aretai（「政
治德性」或「公民德性」）。❺ 由此可見，蘇格拉底在德性問題上是
持古希臘的傳統觀念的，他在討論德性時，它既有「倫理德性」的
含義，又有「政治德性」的含義。循此，當他講到「德性即知識」，
既可指「倫理德性即知識」，也可指「政治德性即知識」。

既然政治德性是知識，那麼政治家也就必須具備有關政治德性
的知識，那也就是順理成章的了。

正因為這樣，蘇格拉底強調從政者，對於國家事務，必須要有
精確的知識，否則就不可能對國家有好處，也不可能使自己有光榮。
當柏拉圖的兄長格勞孔 (Glaucon) 向蘇格拉底表示他非常想從政，
但不具備從政所必要的知識時，蘇格拉底就以此告誡他：

在所有的事上，凡受到尊敬和讚揚的人都是那些知識最廣博的
人，而那些受人的譴責和輕視的人都是那些最無知的人。如果
你真想在城邦獲得盛名並受到人的讚揚，就應當努力對你所想

---

❺ 色諾芬：《回憶蘇格拉底》，I. 1.16, IV. 2.27, 參看 W. Jaeger, *Paideia: The
Ideals of Greek Culture*, Vol. II, p. 377。

要做的事求得最廣泛的知識，因為如果你能在這方面勝過別人，那末，當你著手處理城邦事務的時候，你會很容易地獲得你所想望的就不足奇怪了。❻

　　蘇格拉底高度重視政治德性的知識，認為它是「最偉大的工作」、「最美妙的本領和最偉大的技藝」、「帝王之才」。但是這種知識「決不是一種自然稟賦」，「認為人們會自然而然地做出來，那就更加荒謬了」。❼聲稱，即便是想學習豎琴、笛子、騎馬等都需要不間斷地勤學苦練，而且不是單憑自己，而且還要請教那些被公認為是最精於此道的人，千方萬計堅持不懈地刻苦鑽研，事事徵求師傅的意見；更何況從事更難獲得成功的政治。

　　蘇格拉底由於認識到包括政治德性在內的知識決不是天賦的，但既然是知識就是可以傳授的。當卡利克勒 (Callicles) 勸其從政，不要畏懼公眾對他的敵意；蘇格拉底聲稱，他並不懼怕公眾的敵意。但是他充分意識到自己的崇高使命：

　　我認為我是或差不多是唯一活著從事真正政治技藝的雅典人，我是當代唯一政治家。❽

這樣的認為，並非是蘇格拉底的自誇，因為當時確實只有他用他的談話教育聽眾從事善的活動，而不是供他們取樂的唯一的雅典人。他也意識到，他因此而可能作為一個「青年的腐蝕者」被拖上法庭

---

❻　色諾芬：《回憶蘇格拉底》，III. 6.17–18。

❼　色諾芬：《回憶蘇格拉底》，IV. 2。

❽　Plato, *Gorgias*, 521C.

處死，就會死於無罪；所可怕的倒不是死亡，而是帶著負罪的靈魂
進入靈魂世界。❾

由此可見，在蘇格拉底那裡政治德性和倫理德性是統一的，他
一生致力於「照料靈魂」，而治國之才無非是同一「照料靈魂」的技
藝的大規模的實踐，治國之才和倫理德性是結合在一起的。他表面
上的主動的不參加政治實踐，做一個政治上的超然派，實質上是他
「那時代和城邦中過著真正『積極生活』的唯一的人，因為他自己
擁有德性信仰和德性知識理想，並試圖傳授給他人。」❿以實現其改
善人們的靈魂，培育好公民，以從根本上實現其匡正時弊，拯救和
振興雅典的理想。

正是在這種理想的鼓舞下，他自己雖矢志不參加政治實踐，不
僅在於消極的躲避由此而來招致的死亡，更其積極的意義是教人以
從政的知識，訓練許多人從政，比他個人從政，可以對城邦作出更
大的貢獻：「專心致志培養出儘可能多的人來參與政事，使我能夠對
政治起更大的作用。」⓫

即便是這樣，三十僭主當政時禁止他向公眾傳授德性的知識，
而恢復後的民主政制逕直處死了他。這就需要進一步探討蘇格拉底
的具體的政治學說及其政治理想。

第二節　政　制

蘇格拉底在與歐緒德謨具體討論了虔敬、正義、智慧、美和善

---

❾　Plato, *Gorgias*, 521D–522E.

❿　參看 A. E. 泰勒：《柏拉圖——生平及其著作》，第 185–186 頁。

⓫　色諾芬：《回憶蘇格拉底》，I. 1.15。

等的定義後，就緊接著討論政制，及其所推崇的政制：

1.君主政制：「徵得人民同意並按照城邦律法而治理城邦。」⓬

2.僭主政制：「違反人民意志，而只是根據統治者的意願治理城邦。」⓭

3.賢人政制 (希 aristocratia，英 aristocracy)：「凡官吏是從合乎法律規定的人們中間選出來的。」⓮

4.富豪政制：「凡是根據財產價值而指派官吏的。」⓯

5.民主政制：「凡是所有的人都有資格被選為官吏的。」⓰

根據柏拉圖的早期蘇格拉底對話篇《美涅克塞努篇》的記載，蘇格拉底根據雅典長期以來推行的政制實踐，傾向於更其肯定賢人政制。原希臘語 aristocratia，至少有兩種含義：⑴出身高貴的人治理的政制，在這種意義，人們將此理解為貴族政制。⑵理想的政制 (ideal constitution)、賢人 (the best) 治理的政制。⓱關於⑵，亞里士多德有一系列值得注意的記載：

以才德為憑的選舉作為尚賢主義的標誌。⓲

才德要是不能在這個城邦得到最高的崇敬，這裡的賢人政制也就不能長久保持。……所以，謀國的人必須設法使行政工作讓那些才德高尚，具有政治能力的人們來擔任，在一邦之內，對

⓬　色諾芬：《回憶蘇格拉底》，IV. 6.12。

⓭　同⓬。

⓮　色諾芬：《回憶蘇格拉底》，IV. 6.12。

⓯　同⓮。

⓰　同⓮。

⓱　*A Greek-English Lexicon*, p. 241.

⓲　Aristotle, *Politics*, 1273ª26–27.

於那部分比較優良的公民，即使不能予以終身的供養，至少應該讓他們在從政期間，得到充分的閒暇而無需再為了自己的衣食操勞。⑲

賢人政制這個名詞，其意義還有另一方面的延伸，大家認為任何守法的政制都可稱作賢人政制。人們認為政府要是不由最好的公民負責而由較貧窮的階級作主，那就不會導致法治；相反地，如果既是賢良為政，那就不會亂法。……法治應包含兩重意義：已成立的法律獲得普遍的服從，而大家所服從的法律又應該本身是制訂得良好的法律。……賢人政制這個名詞如果引用到法治的意義上，應該主要是指已經具備較好的法律的城邦。⑳

蘇格拉底所嚮往的正是這種賢人政制。柏拉圖的《美涅克塞努篇》記載到蘇格拉底，他在回顧雅典以往的政制時，曾經這樣指出：人的本性決定政制的好壞，好人的政府是好的，壞人的政府是壞的；雅典人由於經歷善（好）的政府薰陶，因此過去和現在的雅典人本質上是善的；雅典政制雖然時有不同的名稱，有時稱為民主政制，實質上都是經過多數人贊同建立的政制即「賢人政制」（希 aristocratia），將各級權力委託給那些智賢才德兼備的人；入選的唯一標準是統治者必須是既明智又是善的人；其建立的雅典政制的根據是雅典公民是生而平等的，因為他們都是城邦所生的子女，由於這種生來的自然平等，導致人們尋求法律上的平等；認為公民之間只有德性和智慧上的差異，別無其他任何優劣和主奴之分。由此可見，蘇格

---

⑲　Aristotle, *Politics*, 1273^{a}40–^{b}8.

⑳　Aristotle, *Politics*, 1294^{a}1–9.

拉底所推崇的「賢人政制」或「最好政制」,實際上同民主政制的根本原則是一致的:人人天生平等,因而可以尋求法律上的平等。但是,他又清醒地認識到,人們在智慧和德性上畢竟是有差異的,因此,只能選出有智慧和德性的「賢人」(即「最好的人」)進行治理,才能真正達到善。㉑這正是蘇格拉底的政治理想。由此可見,由於將蘇格拉底所推崇的政制 aristocratia 譯成「貴族政制」,接著望文生義,加上對其被民主政制處死等又不進行具體分析,從而給蘇格拉底在政治上加上反動的結論,細究起來是缺乏根據的。

我們上述對蘇格拉底的賢人政制主張的具體分析,並對照亞里士多德在《政治學》中的有關記載,所得出的結論,同色諾芬在《回憶蘇格拉底》等中的一系列具體記載是一致的。

㈠熱愛雅典民主政制

蘇格拉底在〈高爾吉亞篇〉中檢查當時雅典所以陷於不振敗於斯巴達時,嚴厲批評伯里克利不懂得德性是政治的根本,反而將雅典公民培育得驕縱、怠惰和狂野,認為這就是雅典產生危機的根源。㉒在《回憶蘇格拉底》中,蘇格拉底在同伯里克利的兒子小伯里克利的一場系統的談話中,除了簡要地申述雅典的衰落的根源是懶惰外,更為具體地申述了使雅典人恢復他們古代精神和雄心壯志的方法,即重振雅典傳統的民主政制的方法(須知雅典自西元前八世紀建立城邦以來,直至西元前二世紀中葉被併入羅馬版圖前,民主政制始終佔到主導地位):⑴用先人的豐功偉業來激勵雅典公民;⑵恢復先人的制度,或者仿效斯巴達人崇尚德性和重視鍛鍊身體的做法;⑶高度重視軍事;⑷保衛雅典疆土不受敵人侵犯。㉓當然,

㉑　Plato, *Menexenus*, 238B–239A.

㉒　Plato, *Gorgias*, 515A–516C, 519A.

實際上即便實施了這些方法，也未必能重振雅典，但也可以充分說明，蘇格拉底確是真正熱愛雅典傳統的民主政制；而且他對雅典的振興，並不僅僅寄託於德性和改善人們的靈魂。

㈡強調法治

「正義」在希臘的政治觀念的傳統中佔有極其重要的地位，蘇格拉底強調法治，認為法治就是體現正義。他自己就是遵守法律的榜樣，即使受到無理的指控，但「卻寧願守法而死，也不願違法偷生。」❷諄諄告誡門徒要熱愛正義，聲稱，守法就是正義：「守法與正義是同一回事。」❷申述所謂「城邦的律法」就是意指：「它們是公民們一致制定的協議，規定他們應該做什麼和不應該做什麼。」❷已經制定的法律，可以隨著情況的變化而被廢棄或修改，但守法精神是不可動搖的。最能使人民守法的城邦領導人是最好的領導人，那些擁有最守法的人民的城邦，在和平時期生活得最幸福，在戰爭時期是不可戰勝的。城邦的強大、幸福與否取決於法治與否：「凡人民遵守律法的城邦就最強大，最幸福，但如果沒有同心協力，任何城邦也治理不好，任何家庭也管理不好。」❷正因為這樣，蘇格拉底強調守法，否則就應受到懲罰。即便是受到誣告等時，也只能憑藉法律來解決。

㈢堅持言論自由

蘇格拉底強調法治，但並不因此無視人民可以對現有政制和法

❷　色諾芬：《回憶蘇格拉底》，III. 5.1–28。
❷　色諾芬：《回憶蘇格拉底》，IV. 4.4。
❷　色諾芬：《回憶蘇格拉底》，IV. 4.12。
❷　色諾芬：《回憶蘇格拉底》，IV. 4.13。
❷　色諾芬：《回憶蘇格拉底》，IV. 4.16。

律等進行自由討論和進行批評的權利。在這方面至少有兩點是值得
注意的：

1.強調「靈機」和心靈自決。在法庭上進行申辯時，針對對方
憑藉宗教、法律的名義進行的誣告，蘇格拉底強調內心的「靈機」，
認為個人心靈自由的權利是絕對不可被剝奪，即便是以法庭名義的
裁決也是不能因此而屈服的。主張無論在何種代價下，即便以生命
為代價，個人都不應當向任何外在的權威或法庭屈服，去對於他自
己心靈斷定其是錯誤的讓步，也就是說堅信個人心靈有超乎一切人
為制定的法律，甚至超乎對傳統神靈的信仰，強調他自己的使命是
照顧心靈，強調自己只要一息尚存，永不停止自己的哲學實踐，勸
勉和教誨所遇到的每一個人：「注意智慧、真理和改進你的心靈」，
即便因此而要他蘇格拉底死多少次，也不會改變他的使命。❷

2.堅信自由的討論與批評，有重要的社會價值。蘇格拉底在《申
辯》中自稱是一個富有刺激性的批評者，不停地勸誡和說服人們，
不停地審察人們的自以為是的意見，實質上是虛妄的，自己與人們
討論的是「人類最高的善，未曾經過這種討論而審察的生命，是不
值得活的。」

蘇格拉底上述兩種觀點對後世有深遠的影響，成為西方的自
由、民主觀念的重要來源，尤其是第 2 項的影響尤其重要，「二千餘
年的人類經驗，步步為他證明，至今可成一條概括的公例；其影響
的重要，非蘇氏當年所能夢見。」❷

最後有一個被據以指責蘇格拉底在政治上持反動的觀點，即指
責蘇格拉底反對憑藉抽籤拈鬮等辦法來選舉國家領導人，敵人因此

---

❷ Plato, *Apology*, 29B–30C.

❷ J. B. 伯里：《思想自由史》，第 35 頁。

而控告他「輕視現行的律法。」這是事實。蘇格拉底聲稱：用豆子拈
鬮的辦法來選舉國家的領導人是非常愚蠢的，因為，甚至沒有人願
意用豆子拈鬮的辦法來僱用一個舵手、建築工吹笛子，或任何其他
行業的人，而在這些事上如果做錯了的話，其危害要比在管理國務
方面發生錯誤輕得多。當有人指責蘇格拉底的此類言論，將會激起
青年人對於現有政府形式的不滿，使他們趨向於採取暴力行為。但
是，蘇格拉底否定了這種指責，聲稱：凡運用理智，並希望能夠為
了同胞們的利益而對他們進行指責的青年，是決不會憑藉暴力行事
的，因為他們知道，仇恨和危險常伴隨暴力，而利用善意說服的辦
法，就可以不冒危險取得同樣的效果。「因此，凡有運用理智的修養
的人是不會使用暴力的，因為，只有那些具有蠻力而缺乏理智修養
的人才會採取這樣的行徑。」❸

　　蘇格拉底在由誰和通過什麼途徑來挑選國家領導人問題上，的
確是反對了雅典傳統的類似普選制的那樣「用豆子拈鬮」的辦法。
主張從「德性即知識」出發，由具備種種必須具備的德性的、長於
治國之道的人，即亞里士多德所講的「以才德為憑的選舉」。當然，
以普選制的來衡量，蘇格拉底的「才德」標準似乎是不夠民主，但
「拈鬮」等的辦法確有偶然性的弊病，甚至可以被野心家所操縱，
這是屢見不鮮的。實際上對雅典的民主政制的形成和發展作出了偉
大貢獻的梭倫、克利斯提尼（Cleisthenes，西元前六世紀）和伯里克
利等，倒真是憑他們自己的「才德」當選執政，從而對雅典城邦的
發展和繁榮作出巨大貢獻。

　　總之，蘇格拉底的政治學說的理論基礎一如其倫理學說是「德
性即知識」，其政治學說和倫理學說是彼此不可分割的整體，其共同

❸　色諾芬：《回憶蘇格拉底》，I. 2.10。

的目的是「照顧心靈」，使公民們達到「心靈的最大程度的改善」，以此去拯救和重振雅典；其具體的政治主張，實質上是試圖給已嚴重遭受到威脅的雅典民主政制，重新確立其理論和堅定的信仰；所以，他不僅無意於貶抑這種民主政制；與此相反，倒是為此而奮鬥了一生。最後，以甘心赴死來證明他對民主政制的忠誠。

第十四章　從普遍定義到理念

　　蘇格拉底熱衷於追求純粹概念，從而成為是希臘哲學、也是整個西方哲學史上率先對歸納的推理和普遍的定義進行探討的哲學家，因此被譽為：「蘇格拉底絕對是這種概念哲學的第一個奠基人。」❶而這些，正像亞里士多德所揭示的那樣：「都和科學的出發點有關。」❷正因為這樣，蘇格拉底在整個人類的認識史和科學思想的發展歷程中，佔有重要的地位。

　　蘇格拉底之所以熱衷於憑歸納的推理去探討普遍的定義，並非單純出自個人的愛好，而是體現了所處的啟蒙時期的時代精神。從前面的討論可以看到，蘇格拉底的整個思想體系的核心是「德性即知識」，由此得出結論：「沒有人自願犯錯誤。」也就是說，他認為任何道德上的缺點，都有其理智上的根源，而缺乏理智上洞察力是道德上缺點的一個和唯一的根源。正因為這樣，蘇格拉底就致力於要予概念（即普遍的本質）的明晰性以高度的價值。而整個啟蒙時期的主導特徵，就是要努力做到用鮮明概括的概念和清晰的理解來代替傳統的不清楚的觀念和模糊的猜測。當時的思想家們熱衷於，將其智力、理解力應用於闡明公共生活和個人生活的主要方面，追求

---

❶　E. Zeller, *The Presocratic Schools,* Vol. II, p. 641.

❷　Aristotle, *Metaphysics,* 1078b29.

以自我學到的知識來代替傳統，以受啟發的思想來代替盲目的信仰。

這裡所提到「普遍的定義」，就是概念、純粹概念，也就是蘇格拉底稱之為的「理念」。亞里士多德在《形而上學》第 13 卷第 4 章，就蘇格拉底的「歸納的推理和普遍的定義」有關的問題，作出簡明扼要的闡述：

> 當時蘇格拉底專心致志從事人的道德品質的完善的討論，和這個問題相聯繫，第一次提出關於普遍的定義問題（至於自然哲學家德謨克利特，只是在很小程度上接觸到了這個問題，勉勉強強地給熱和冷下過定義，而在這以前的畢達哥拉斯學派已經探討過很少的一些事物的定義），他們把這些事物的定義——例如關於機會、正義或婚姻的定義——和數聯繫起來）；但是，非常自然的是，蘇格拉底應該探討本質，因為他正在尋的是用三段論法來進行推理，演繹推理的出發點是「某物是什麼」；因為，在那方面還沒有幫助人們的辯證法的能力，甚至還沒有關於本質的知識去思考對立的東西；此外，還沒有研究這同一門科學是否可以研究對立的東西。有兩件事可以恰當地歸諸蘇格拉底——歸納的推理和普遍的定義（這兩點都和科學的出發點有關）——但是，蘇格拉底並沒有使得普遍或定義成為分離開來的獨立存在的東西；但是，他們（指柏拉圖和柏拉圖學派——引者注）使普遍或定義同個別的東西分離開來成為獨立的存在，這就是他們稱作為理念的東西。❸

---

❸ Aristotle, *Metaphysics*, 1078ᵇ17–31.

這裡有兩點，尤其值得注意：⑴蘇格拉底以普遍、定義、本質、共相的一般理論，推動了理念論；⑵但是，他所討論的普遍、定義、本質、共相，並未和可感的個別的東西分離開來，柏拉圖和柏拉圖學派則使它們分離了開來，成為「獨立的存在」。亞里士多德的這則記載，是我們探討蘇格拉底和柏拉圖關於理念理論的聯繫和區別的主要依據。

　　本章的討論分兩部分進行，第一節以柏拉圖的四篇早期蘇格拉底對話篇為依據，探討有關「普遍的定義」問題；第二節就第一節的討論進行概括，申述蘇格拉底關於「普遍的定義」(即本質、理念)的若干基本觀點。

第一節　普遍的定義

　　在〈拉凱斯篇〉和〈歐緒弗洛篇〉中的蘇格拉底，就「勇敢」和「虔敬」這兩種德性的定義進行了探討，在〈大希庇亞篇〉中就「美」的定義進行了探討，在〈克拉底魯篇〉中就語言的性質和起源問題進行探討。所以分別選定倫理道德、審美和語言三個領域，藉以表明蘇格拉底就普遍的定義進行的討論，帶有普遍性和廣泛的包蘊性。

一、〈拉凱斯篇〉

　　〈拉凱斯篇〉和〈普羅泰戈拉篇〉關係密切，都涉及到知識是否可教授？父母是否可以把他們的知識傳授給自己的子女。它所討論的主題是什麼是勇敢，即給勇敢下定義問題。

　　「勇敢」的原希臘語是 andreia，它比漢語的「勇敢」或英語的

courage 的含義要更為寬泛些。它兼有這些含義：(1)男子氣、雄偉、勇敢、剛毅、大膽；(2)複數指大膽的行為；(3)其貶義意指傲慢、蠻橫；(4)本領、理解力、判斷力；(5)陰莖。❹〈拉凱斯篇〉所討論的 andreia，兼有上述(1)和(4)的含義，兼有「勇敢」(courage)、「大膽」(bravery)、「堅定」(firmness)、「持久性」(endurance)的含義。❺

這篇對話所討論的是什麼是勇敢？即關於勇敢的定義問題，本來是人們非常熟悉的東西。但是，經過蘇格拉底的反覆詰難，這場辯論的參與者萊西馬庫 (Lysimachus)、美利西亞 (Melesia) 和兩個雅典將軍尼西亞 (Nicias) 和拉凱斯不得不承認，他們原來認為熟悉的、理所當然的東西，實際上並不知道，他們卻原來不知道什麼是勇敢。僅僅能夠勇敢地行動而不知道什麼是勇敢的人，是無法給勇敢下定義的；僅僅能從事德性的行動，而不知道什麼是德性是毫無意義的，未經深思熟慮而過的生活，活著是沒有意義的。

對話開始時，萊西馬庫和美利西亞兩人，就他們的兒子們的教育問題，向雅典兩個將軍尼西亞和拉凱斯請教，就裝甲步兵（英 hoplomachy）的戰術問題，向他們的兒子們施教。拉凱斯建議他們向蘇格拉底請教，盛讚蘇格拉底在雅典與斯巴達的交戰中，在德立昂戰役退卻中的英勇行為，是他在與蘇格拉底併肩作戰所親眼目睹的；聲稱，他人要是也像蘇格拉底那樣的英勇，那麼就能保持住雅典的榮譽，不會遭到大敗。

當蘇格拉底被問及時，他聲稱自己比他們年輕，缺乏經驗，因

---

❹ Lidell-Scott-Jones, *A Greek-English Lexicon,* 9th ed., 1940, Oxford, rpt. 1953, p. 128.

❺ J. N. Findlay, *Plato: The Written and Unwritten Qoctrine,* London, 1974, p. 91.

此，希望先聽聽尼西亞的見解。尼西亞的回答是：這種裝甲兵戰術是一種非常好的進行鍛鍊的技藝，它會激勵起士兵的高貴的思想，使他在戰場上成為一名好戰士。但是，拉凱斯不同意這種見解。他們就轉而向蘇格拉底請教。經過彼此反覆的詰難，得出一個前提性的結論；在就雙方爭議的問題的裁決上，不是取決於多數，而是應該聽從掌握有關的知識的專家的見解：「好的決定是建立在知識的基礎上的，不是建立在數量的基礎上的。」❻循此標準去尋找教人以勇敢的教師。接著提出另一個前提條件，在尋找教師時，強調的是目的而不是手段：「總之，當他為了另一件事而考慮某件事時，他考慮的是目的，而不是手段。」❼所以，在挑選教師時，首先要考慮他在完成教育的目的上，是否是駕輕就熟的。

　　正是在這種崇尚知識、崇尚目的的前提下，雙方就勇敢這種特殊的德性的定義展開討論。

　　蘇格拉底聲稱，目前的討論所涉及的：德性是勇敢。首先要弄清楚的是，什麼樣的人，才算是勇敢的人：⑴能堅守崗位，同敵人進行英勇不屈的戰鬥？還是⑵既能戰鬥又能逃跑的人？接著又指出，這裡所討論的，不僅是指勇敢的人，不僅是指裝甲士兵、騎兵或其他類型士兵的勇敢，不僅是指戰爭中的勇敢；而且還涉及海上冒險中的勇敢、疾病中的勇敢、政治鬥爭中的勇敢、種種享樂和欲望中的勇敢，也就是貫徹在一切欲望、恐懼、痛苦、享樂、戰爭等的勇敢之所以為勇敢的那種共同屬性：

　　我所正在詢問的是一般的勇敢和怯懦，我將從勇敢開始，再次

---

❻　Plato, *Laches,* 184E.

❼　Plato, *Laches,* 185D.

詢問它們的共同的性質是什麼？在所有這些事例中相同的東西（希 tauton，英 the same）是什麼？其中叫做勇敢的是什麼？ **❽**

接著，拉凱斯就根據蘇格拉底的要求，就種種勇敢中的「相同的東西」提出自己的定義：「勇敢是靈魂中的某種持久性；要是我是在講這種普遍本性的話，那麼這種持久的普遍本性是滲透一切勇敢之中的。」**❾** 但是，鑒於勇敢是一種高貴的品性，而且也只有有智慧的持久性才配得上稱為勇敢；這樣就將勇敢和智慧（也即知識）聯繫了起來。接著，尼西亞又給勇敢下了第二個定義：「勇敢是那種在戰爭中或任何事情中，引起人們害怕或自信的知識。」**❿**

但是，知識又有特殊的知識和普遍的知識。例如，醫生的知識，只能擴展到有關健康和疾病的本性；但是，他並不清楚健康或生存是否比疾病或死亡要好；即便是占卜者，也只能知道未來的預兆而已。就人來講，富有思想、智慧的勇敢，也是極為稀罕的品性；至於魯莽、冒失、無畏等就是缺乏深謀遠慮，但這些倒是許多男子、婦女、兒童、動物都有的非常普通的品性。這樣一來，就需要另行考察勇敢的定義。這時，蘇格拉底提醒大家，原先在討論時，曾將勇敢看作是德性的一部分；既然這樣，德性就還有其他部分，只有把其他部分都集中起來，才能稱作是德性，反之則是惡。既然，勇敢是德性的一部分，那麼勇敢就應該是過去、現在、未來都是同樣的關於善和惡的知識：

---

❽ Plato, *Laches,* 191E.

❾ Plato, *Laches,* 192C.

❿ Plato, *Laches,* 195C.

他和我有這樣一種想法，不是說有一門關於過去的知識或科學，另外有一門是關於現在的知識或科學，第三門是關於將來可能和肯定會發生的最好的知識或科學；而是這三者都只是一門科學。……對軍事技藝來講也同樣如此，你們自己將會向我證明，誰能擁有關於將來的盡善盡美先見之明的知識的人，誰就能聲稱他是主人而不是占卜者的奴僕；因為，他對在戰爭中正要發生的或者似乎要發生的事情，知道得很清楚；依照這種規律，應該將占卜者置於將軍的領導下，而不是將將軍置於占卜者的領導下。⓫

也就是說，科學或知識是指掌握過去、現在、未來一切東西中常住不變的那種智慧。同樣道理，勇敢不僅只是指涉及將來的恐懼和希望的知識或科學；而是涉及過去、現在、將來任何時間裡的那種關於恐懼和希望的知識或科學。循此，就要推廣到去研究勇敢的全部本性。所以，這裡所討論的勇敢，是涉及過去、現在、未來的一切時間裡的希望和恐懼、善和惡。因此，僅僅能勇敢地行動而不知道什麼是勇敢的人，是無法給勇敢下定義的，僅僅能夠實行德性而不知道什麼是德性的人，過的不是經過深思熟慮的生活，那是沒有什麼意義的。儘管，這篇對話，最後並未給勇敢作出定義，但卻是先於〈大希庇亞篇〉、〈普羅泰戈拉篇〉和〈美諾篇〉提出的類似的「德性即知識」的命題：

我的親愛的朋友們，假使一個人認識到了一切的善與惡，認識到了它們現在是怎樣的，過去曾經是怎樣的，將來會產生些什

⓫　Plato, *Laches,* 198D–E.

麼的人，他會是不完善的嗎？會缺乏無論是正義、自制或虔敬
的德性的嗎？只有他，才會持有一切德性；他會知道，哪裡是
危險的，哪裡是不危險的，防止無論是超自然的或自然的危險；
他就會提供善，正像他會知道如何正確地對待神和人。 ⓬

也就是說，要是認為，勇敢是涉及到有關過去、現在、將來的知識，
那麼它就必須把握有關德性的一切知識。這樣，蘇格拉底不僅把作
為德性的一部分的勇敢，同作為整體的德性聯繫了起來；而且，還
將它同作為智慧的知識聯繫了起來。因為，智慧或知識，正像 A. E.
泰勒在討論到這篇對話時指出的那樣，它無非就是對善惡作出的判
斷，這正是蘇格拉底的主張。 ⓭ 因此，〈拉凱斯篇〉同討論自制（節
制）的〈卡爾米德篇〉等專門討論德性的對話篇一樣，導致到相同
的結果，要想說明任何有重大意義的代表性的合乎道德的德性，驅
使人把它定義為「作為善的那種知識」，實即後來在〈大希庇亞篇〉
等中提出的「德性即知識」。

　　〈拉凱斯篇〉實質上結合道德倫理問題，已經開始涉及到有關
的認識論和本體論問題。由於它還處在早期階段，所以還沒有出現
成為蘇格拉底和柏拉圖的理念學說的一些重要概念，例如：理念（希
eidos, idea）、本體（希 ousia）、範型（希 paradeigma）等。但是，
它們的含義，已經蘊含在以下比較感性的表述方式中了，例如：「什
麼是勇敢?」 ⓮ 「在所有這些事例中相同的東西是什麼?」 ⓯ 「當他

⓬　Plato, *Laches,* 199D–E.

⓭　A. E. Taylor, *Plato, The Man and His Work,* 2nd ed., London, 1927, p. 64.

⓮　Plato, *Laches,* 190D.

⓯　Plato, *Laches,* 191E.

使用勇敢這個名稱時，尼西亞在他心目中指的是什麼東西？」**⑯**尤其值得注意的是，蘇格拉底提出了「力量」（希 dynamis）這個術語：「那種在快樂和痛苦中，以及其他一切我們正在談論的被稱做勇敢的東西中共同的東西是什麼力量？」**⑰**這裡提到的經過歸納推理而獲得的「相同的東西」，相當於後來提出的理念、本體、範型，而「力量」則相當於〈美諾篇〉和〈斐多篇〉中的「靈魂」。

更其值得注意的是，從邏輯學上探討了如何下定義這樣一個重要問題，指出就勇敢而給勇敢下定義是沒有意義的，因為這樣做只能得到「勇敢就是勇敢」這樣毫無意義的定義。只有將具體的勇敢的行為，納入到勇敢之所以為勇敢的「共同的東西」項下，才能給具體的勇敢的行為下定義；進而也只有將勇敢這種德性納入更高的、更抽象的一般德性，即納入善的項下，才能給勇敢下定義。蘇格拉底的這種思想，在柏拉圖的晚期著作〈泰阿泰德篇〉和〈智者篇〉等中得到進一步的發展；而由亞里士多德加以完成的，指出下定義就是分析種差。

二、〈歐緒弗洛篇〉

〈歐緒弗洛篇〉的梗概是這樣的。蘇格拉底由於遭到美勒托等的指控，說他蠱惑青年危害城邦和另造新神代替城邦原先崇奉的神，所以到法庭受審；而蘇格拉底的朋友、預言家歐緒弗洛則由於指控自己年邁的父親，由於疏忽而誤殺一個有罪的傭工，而將其父告到法庭；兩人因此相遇在法庭的廊廡下，從而一起討論關於虔敬和不虔敬的定義問題。雙方辯論的焦點集中在：虔敬的命令是出自

---

⑯　Plato, *Laches*, 197E.

⑰　Plato, *Laches*, 192B.

神的規定，還是出自人的內在的虔敬本性；對後者，即便是神也是一定贊成和稱之為善的。

「虔敬」（一般譯為「虔誠」）的原希臘語 to hosion 兼有：(1)崇敬，指從事神、自然或人間的法律所准許或允許的事；(2)無罪、純潔；(3)神聖；(4)德爾菲神廟中五個專門祭司的稱號；進而引伸出(5)虔敬，即「遵守神聖法律的意向。」[18] 它兼有英語中 holiness（神聖）、piety（虔誠）、righteousness（正直）、religious duty（履行宗教上的責任）。[19] 蘇格拉底在這篇對話中所講的虔敬兼指：對虔敬的人、對虔敬的事、對虔敬的宗教說來是「共同的東西」，蘇格拉底本人在使用這個詞時，經常在這三種含義之間擺動。

蘇格拉底一開始就以「什麼是對神虔敬問題？」[20] 求教於歐緒弗洛；後者答以，像他那樣告發自己的父親，就是對神虔敬。蘇格拉底認為，這種回答只是事關個別事例，他所要求的是，對什麼是虔敬的一般的定義。這裡，蘇格拉底提出了理念論的發展史中的重要範疇「理念」：

> 在種種虔敬的行為中的虔敬性，難道不總是相同的嗎？還有不
> 虔敬性，不是同一切虔敬性相反的嗎？成為不虔敬的種種行為
> 自身，難道不是有相同的單一的不虔敬性的理念（希 idea，英
> idea、form）嗎？[21]

---

[18]　*A Greek-English Lexicon,* pp. 1260–1261.

[19]　W. K. C. Guthrie, *A History of Greek Philosophy,* Vol. IV, p. 104.

[20]　I. M. Crombie, *An Examination of Plato's Doctrines,* Vol. II, London, 1963, p. 251.

[21]　Plato, *Euthyphro,* 5D.

你是否記得，我並不要求你向我提供一、兩個虔敬的事例，而是要說明使一切虔敬的事物成為虔敬的理念（希 eidos）本身？難道你沒有記起你在這裡講過有一種理念（希 idea），使得不虔敬的行為是不虔敬的，使得虔敬的行為是虔敬的嗎？ ㉒

接著，在相互辯論的過程中，提出了有關虔敬的四個定義：

第一個定義：「為諸神所喜歡的，就是虔敬的；不為諸神所喜歡的，就是不虔敬的。」㉓鑒於正像人和人之間會有不同的意見，神和神之間也會有不同的意見，所以這個定義難以成立，接著就提出：

第二個定義：「所有的神都憎恨的，就是不虔敬的；所有的神都喜歡的，就是虔敬的。」㉔經過分析，蘇格拉底揭示這個定義也是不妥當的，因為：這裡所講的虔敬，或者是指由於其虔敬，所以為所有的神所喜歡；或者是指由於被所有的神所喜歡而成為是虔敬的。這兩者之間顯然是有區別的，這第二個定義，顯然只涉及到虔敬與否的偶性，而沒有揭示虔敬之所以成為虔敬的本性或本質；從邏輯上來講，這個定義顯然是離題或是兜圈子，即犯了循環論證的錯誤。接著蘇格拉底運用其理智助產術，進一步啟發歐緒弗洛提出：

第三個定義：「虔敬就是指祀奉諸神。」㉕蘇格拉底循例對此進行反駁，指出：農人、醫師、建築師等所祀奉的對象，各有其不同的對象；那麼人之祀奉所有的神，又是出於何種目的。這時，歐緒弗洛又陷於困境，但是在蘇格拉底的理智助產術的推動下，又提出

㉒　Plato, *Euthyphro,* 6D.

㉓　Plato, *Euthyphro,* 6E–7A.

㉔　Plato, *Euthyphro,* 9D.

㉕　Plato, *Euthyphro,* 13D.

將其與知識（希 episteme，英 knowledge）聯繫起來：

第四個定義：「虔敬是指，如何向諸神祈禱和獻祭的知識。」 ㉖
這樣一來，虔敬豈非成了一門向諸神有所求和有所供奉的學問，結
果又回到原先的第一個定義。最後，歐緒弗洛藉口有事而匆匆離開。

儘管這篇對話，就虔敬定義本身並未作出回答，但在蘇格拉底
─柏拉圖的理念學說的發展過程，則具有重要的意義，W. A. 海德爾
(W. A. Heidel) 在他那部專門研究這篇對話的著作中，對此作出了值
得注意的評價：「在柏拉圖的短篇對話中，沒有一篇是可以與《歐緒
弗洛篇》相比擬的，因為它的價值在於，提出走向哲學理論的主
張。」 ㉗ 這種評價得到 R. E. 艾倫 (R. E. Allen) 的擁護，聲稱：「這是
千真萬確的。」 ㉘

三、〈大希庇亞篇〉

〈大希庇亞篇〉屬於早期的「定義對話」，敘述蘇格拉底和智者
希庇亞 (Hippias) 之間的相互辯論，尋求關於美的定義。

蘇格拉底和著名智者希庇亞在雅典相遇，後者聲稱他之所以很
久未來雅典，是由於受母邦埃利斯的委派，在希臘各城邦執行使節
的任務，尤其是頻繁地出使斯巴達執行重大使命。蘇格拉底假惺惺
不無諷刺意味地讚揚他，他這樣做，不僅個人因此而名利雙收，而
且為自己的城邦做了好事，並且從而獲得民眾的敬仰。希庇亞因此
而更加得意洋洋，自詡連以智慧著稱的庇塔庫斯 (Pittacus)、彼亞斯
(Bias)、米利都的泰利斯學派也都不如他，就是與其他智者高爾吉亞、

㉖ Plato, *Euthyphro*, 14D.

㉗ W. A. Heidel, *Plato's Euthyphro*, p. 27.

㉘ A. E. Allen, *Plato's Euthyphro and Earlier Theory of Idea*, p. 67.

普羅泰戈拉相比較，自己還獲得更多的財富，又自詡他自己還精通天文學、幾何學、算術、古代史和擅記憶。並得意洋洋地告知蘇格拉底，他將應邀到斐多斯特拉托 (Pheidustratus) 的講堂，發表值得一聽的有關美好事物的講演，邀請蘇格拉底並動員更多的人蒞臨聽講。

接著，蘇格拉底憑藉其一貫的自知其無知虛懷若谷，應用理智助產術，以「提問者」的角色，同希庇亞進行辯論。一開始，雙方在這些問題上達成共識：正義的人之所以是正義的，是由於正義；有學問的人之所以有學問，是由於學問；一切善的東西之所以是善，是由於善；美的東西之所以美，是由於美。而且，這些正義、學問、善、美等都是「某種存在的東西」（希 ousi ge tisi toutois，英 being something）。㉙

接著，蘇格拉底在進入有關美的定義的實質性的討論之前，就點明他同希庇亞之間的根本區別是：他所追求的是「什麼是美?」而希庇亞所回答的是「什麼東西是美的。」㉚也就是說，蘇格拉底所追求的是一般的美，而希庇亞所理解和回答的是個別的、感性的美的事物；但是，希庇亞堅持兩者之間是沒有區別的。這兩種不同見解的對立，是自始至終貫徹這篇對話的。

接著，雙方就美的本質的問題進行實質性的辯論。這場辯論是分兩個階段進行的。

第一階段（〈大希庇亞篇〉287E2–289D5），由希庇亞相繼提出關於美的三個定義：

㉙ Plato, *Greater Hippias,* 287C.
㉚ Plato, *Greater Hippias,* 287D.

第一個定義：「一個美的少女就是美」。

第二個定義：「黃金就正是這種美。」

第三個定義：「子女替父母舉行隆重的喪禮。」

以上三個定義，是由希庇亞相繼提出，並由蘇格拉底作為「提問者」逐一加以批駁。接著蘇格拉底自己作為「提問者」，循著希庇亞的思路，相繼另行提出四個定義，並自行進行批駁，這就進入彼此辯論的第二階段（〈大希庇亞篇〉293C8–303D10）。

第四個定義：「得體就是美」。

第五個定義：「有用就是美」。

第六個定義：「有益的就是美」。

第七個定義：「美就是由視覺和聽覺產生的快感」。(297D10–303 D10)

經過雙方的劇烈的辯論，並未就美的定義、即美的本質獲得積極的結論。但是，希庇亞不僅沒有服輸，反而嘲笑蘇格拉底，認為這種討論只是支離破碎的咬文嚼字而已；他自己只是熱衷於在法庭、議事會，或者在辦交涉時，發表美妙動人的議論而賺一大筆錢才是美。蘇格拉底則繼續自謙，自知其無知，雖然在侈談各種生活方式的美，事實上連什麼是美的本質都還茫然無知，連「美」這個詞的真正意義都不懂，因此只能承認這個問題是艱難的：「什麼是美是困難的。」❸

---

❸　這是柏拉圖引述的古諺，據考釋語出梭倫，除了在〈大希庇亞篇〉304 E，還在〈克拉底魯篇〉384B1 和〈國家篇〉435C8、497D10 中引述過。

從表面上看，這篇對話的結果，純粹是消極的，未曾獲得有關美的定義，未曾對美的本質獲得結論。但是，實質上，蘇格拉底在討論第一個定義時，就明確地提出來了的：「美自身」，即「美的理念」，將它加到任何事物上，任何事物就成其為美的。❸但也正因為這樣，人們對〈大希庇亞篇〉在蘇格拉底和柏拉圖的整個理念學說的作用和地位，有種種不同的見解。

第一種見解，認為〈大希庇亞篇〉即便是在早期的理念學說中，也並未推動理念論的形成和發展。持這種見解的代表人物有 G. 斯塔爾鮑姆 (G. Stallbaum)、G. M. A. 格魯貝 (G. M. A. Grube) 和 W. K. C. 格思里等。早在 1859 年 G. 斯塔爾鮑姆在其有關著作中就這樣認為：在這篇對話中，沒有任何理念論的跡象。❸G. M. A. 格魯貝於 1927 年發表的論文中則認為：無論是〈高爾吉亞篇〉還是〈大希庇亞篇〉，都沒有使用到理念論，其中出現的「美」，並不是意指離開諸個別可感現象而有它自己的獨立存在，那是同在〈國家篇〉中的理念不一樣的。❸W. K. C. 格思里在專門討論這篇對話則認為：把它同〈歐緒弗洛篇〉相比較，〈大希庇亞篇〉的語言並未超出〈歐緒弗洛篇〉；因此，沒有必要去考慮它是處於柏拉圖哲學發展的早期蘇格拉底時期的後期階段。❸

G. M. A. 格魯貝的論斷是正確的，〈大希庇亞篇〉中討論的「美

---

❸　Plato, *Greater Hippias,* 289D.

❸　G. Stallbaum, *Platonis Opera Omnia,* 2nd ed., Vol. IV. 1, Gotha: Hennings, 1857, p. 171，根據 P. Woodruff, *Plato: Hippias Major,* Oxford, 1982, p. 176。

❸　M. A. Grube, "Plato's Theory of Beauty", 根據 P. Woodruff, *Plato: Hippias Major,* p. 176。

❸　W. K. C. Guthrie, *A History of Greek Philosophy,* Vol. 4, p. 190.

自身」(即「美的理念」)，的確並無其獨立存在，但也不能因此而否認它在蘇格拉底和柏拉圖的理念學說的形成和發展過程中的獨特作用。

第二種見解，認為其中已經出現了完全成熟的以分離為特徵的理念論。持這種見解的代表人物有 D. 塔蘭特 (D. Tarrant)、J. 莫羅 (J. Moreau)、H. 特斯利夫 (H. Thesleff)、H. 萊塞甘格 (H. Leisegang) 等。H. 萊塞甘格就曾這樣講到過:〈大希庇亞篇〉曾這樣講過: 由於美，各種美的事物才有其為美的，這只有根據發展了的理念論才能理解。❸⑥

第三種見解，認為〈大希庇亞篇〉處於從早期蘇格拉底時期向柏拉圖自身的中期成熟的理念論的過渡之中。持這種見解的代表人物有 P. 弗里德蘭德 (P. Friedländer)、M. 索雷特 (M. Soreth)、R. E. 艾倫 (R. E. Allen) 和 W. D. 羅斯 (W. D. Ross) 等。 P. 弗里德蘭德認為〈大希庇亞篇〉，標誌著走向柏拉圖思想的中心領域，但還未區別開邏輯概念和理念論，僅僅採納了「概念哲學」(Begriffsphilosophie)，尚未從邏輯概念進展到理念論。❸⑦P. 伍德拉夫則認為: 正是〈大希庇亞篇〉，填補了從早期探索性對話到〈國家篇〉之間的空白，❸⑧提出了「溫和的分離的理念」等等 ❸⑨。W. D. 羅斯則肯定其在早期蘇格拉底時期中理念學說中的獨特地位:〈大希庇亞篇〉是對〈拉凱斯篇〉

---

❸⑥　H. Thesleff, "The Date of the Pseudo-Platonic Hippias Major"，根據 P. Woodruff, *Plato: Hippias Major*, p. 176。

❸⑦　P. Friedläder, *Plato Vol. II—Dialogues: First Period,* Princeton, 1970, pp. 108–109.

❸⑧　P. Woodruff, *Plato: Hippias Major,* p. 178.

❸⑨　P. Woodruff, *Plato: Hippias Major,* p. 168。

和〈歐緒弗洛篇〉中可以找到的理念論的進一步發展。❹

　　我們認為，相比較而言，第三種見解比較可取，它的確是進一步繼承和發展了〈拉凱斯篇〉和〈歐緒弗洛篇〉中的理念學說，提出了「溫和的分離的理念」，填補了從早期蘇格拉底時期的理念學說到中期〈斐多篇〉、〈國家篇〉等成熟的理念論之間的空白。這些，將在下面第二節中進行具體分析。

四、〈克拉底魯篇〉

　　〈克拉底魯篇〉從其中大量涉及的內容來看，主要是討論語言的性質和起源問題，早在古代，就認為它討論的問題與邏輯學有關。但是學者們對其主題的理解不是沒有爭議的。F. E. D. 施萊爾馬赫 (F. E. D. Schleiermacher, 1768–1834) 在其為這篇對話寫的引論中，一開始就指出：〈克拉底魯篇〉不論在什麼時候，總是給柏拉圖的好心的和堅毅的朋友們，留下許多煩惱；難以確定，他的關於語言的實際見解究竟是什麼？❹ A. E. 泰勒對這篇對話的真諦，倒是提出了值得注意的見解：它企圖通過語言學的途徑，達到形而上學的「一種善意的幽默的諷刺。」❹「這篇對話，給我們留下這個重大問題，或者毋寧說是，所有哲學中同一個重大問題的兩個方面，關於形式（即理念——引者注）的實在性的形而上學問題，以及關於正確『照料靈魂』的道德問題。」❹ 我們認為，〈克拉底魯篇〉是通過對有關

❹　W. D. Ross, *Plato's Theory of Ideas,* Oxford, 1951, p. 17.

❹　F. E. D. Schleiermacher, *Introduction to the Dialogues of Plato,* New York, 1973, p. 228.

❹　A. E. Taylor, *Plato, the Man and his Work,* p. 78.

❹　A. E. Taylor, *Plato, the Man and his Work,* p. 89.

語言的使用和功能問題的討論，進一步討論理念學說。

全部討論是在赫謨革涅 (Hermogenes)、克拉底魯 (Cratylus)、蘇格拉底三人之間進行，可以分成為三部分。

㈠引論

當時在有關語言的性質和起源問題上，有兩種有代表性的見解。赫謨革涅認為命名、名字（名稱）是約定俗成的，因此是可以任意變動的，這是一種約定論的觀點。與之相對立的赫拉克里特學派的克拉底魯的自然論的觀點，名字並不是人們從俗約定而使用的聲音，而是有其內在的正確性的。例如克拉底魯就是他自己的真名，要是用別的名稱來稱呼他，那就不是他的真名。強調一切事物有其自然正確的名稱，對希臘人和異邦人來講都同樣如此。

赫謨革涅聲稱他不理解克拉底魯所講的意思是什麼，而克拉底魯本人又拒絕就他自己的見解，向赫謨革涅作出進一步的解釋。於是他們就向蘇格拉底求教。蘇格拉底自謙他由於貧困，所以聽不起收費高昂的普羅狄科有關講演，因此對難度很高的語言問題缺少知識。但是，還是願意同他們一起進行討論。

蘇格拉底本人在這個問題是處於上述這兩種極端主張之間，認為語言像其他各種制度一樣是合理的，因此，它既是根據自然的，又是由於習慣而加以變動，但是，從整個探討過程來看，他將巴門尼德的存在論同普羅泰戈拉的主觀主義、相對主義對立起來，因此他更多地批判與這種主觀主義、相對主義相聯繫的約定論。

㈡命名的本性及其正確性

蘇格拉底先與赫謨革涅就命名的本性及其正確性進行討論。赫謨革涅再次重申他的約定論的觀點。聲稱，任何人都可以隨心所欲地挑選和使用名稱，在名稱、命名問題上，不存在什麼原則性問題，

任意改變奴隸、人、馬的名稱，也沒有任何人可以反對的。但是他也承認，他的這種說法，可以是真也可以是假。

蘇格拉底通過對約定論的批判，闡述了自己對命名的本性及其正確性的一系列主張。

首先，聲稱一切事物都有其自身所固有的本性，它們不是相對於我們而存在的，也不受我們的影響，也不會由於我們的想像而變易不定。所以，被命名的事物是獨立地存在著的，按其本性維繫著自然所規定的關係。但是，他也並沒有接受自然論的觀點。聲稱，說話和命名都是人的行為，但是並不能任意進行，而是必須根據被命名對象的本性，選擇適合於這種本性的方式和工具來進行，才是正確的命名。❹

其次，命名是一種重要的認知活動。蘇格拉底認為，給事物或對象命名是一種重要的認知活動，並非是人人都能做到的，能夠熟練進行命名的人是為數不多的。因為命名不是像約定論認為的那樣是可以任意進行的，而是只能根據事物的本性來進行。這樣他就自然而然地提出理念問題來了。聲稱，木匠之製造紡織用的梭子，他只能根據適合於用來進行紡織的那種梭子的本性、即梭子的理念來製造；同樣道理，命名者也只能根據被命名的事物的理念來進行。正因為這樣，只有經常使用名稱進行問答論辯的辯證法家，才能做到這點；特別是就事物、對象最初進行命名的人，必定是有智慧的人，才能根據他們所認知到的事物、對象的本性（即理念）來進行命名。❺

其次，接著就進行申述命名的原則：摹仿說。既然命名是針對

---

❹　Plato, *Cratylus,* 385D–388C.

❺　Plato, *Cratylus,* 388E–395A.

事物、對象的本性而言的,循此就提出摹仿說。聲稱,音樂是以樂音去摹仿對象,繪畫是以顏色去摹仿對象;但作為命名來講則是在字母和音節中表達事物、對象的本性,也就是憑藉音節和字母達到對事物、對象本性的摹仿。他不同意悲劇詩人們的神創論觀點,他們認為事物最初的名稱是神給的;蘇格拉底認為名稱和語言都是人造的,但是又不是人任意製造或約定俗成的,而是根據事物、對象的本性的摹仿而仿造的。**㊻**這種思想,後來就被用來制定其摹仿說,認為事物是由於摹仿同名的理念而派生的。

以上就是蘇格拉底在批判赫謨革涅的約定論的過程中,所闡述出來的一系列正面的觀點。但是,這並不等於全盤同意與赫謨革涅相對立的克拉底魯的自然論的觀點,接著的第三部分是對克拉底魯的觀點的批判。

㈢真理並非來自命名

蘇格拉底認為命名是一種技藝,命名者對事物進行命名時有好有壞,所以命名有正確與錯誤的區別。要是指明了事物的本性(即理念),那麼命名就是正確的和適當的。克拉底魯則將自然論的觀點推向極端,聲稱既然任何事物都自然地有名,所以命名的名字總是適切的,天然地是正確的,不可能有錯誤;因為,錯誤是說「不存在的東西」,而用文字來命名不存在的東西是不可能的。

蘇格拉底不同意克拉底魯的命名天然正確的錯誤觀點。聲稱,就事物、對象進行命名的名字有正確和錯誤、即真和假的區別:⑴命名和繪畫一樣都是對事物的摹仿,繪畫既然憑藉色彩摹仿事物,因此就有優劣的區別;命名是憑藉事物的本性作為依據而給予名字,因此也有優劣的區別。要是我能像繪畫那樣,將名字賦予對象,

---

㊻ Plato, *Cratylus,* 422B–427B.

如果賦予得正確便是真理，賦予得不正確便是錯誤。**㊼**(2)要是認為凡是命名都是天然正確的，那麼只要按照命名者的意圖去任意構成名字，這樣稱大為小或稱小為大都是天然正確，這就與約定論是一致的了。結果你克拉底魯的自然論命名觀，同赫謨革涅的約定論命名觀就沒有什麼區別了。蘇格拉底進而認為，命名首先要以字母音節（名字是由字母音節構成的）摹仿事物的本性，這是主要的；但在字形和語言的構成方面，人為的約定畢竟也起重要作用。這樣，蘇格拉底提出的摹仿事物為前提的命名理論，既吸收了自然論和約定論的優點，又排除了它們的缺點。**㊽**

　　接著，蘇格拉底同克拉底魯討論命名的哲學上的指導原則。他向克拉底魯提問，要是命名者在進行命名時，信仰普遍持續的流逝和運動的主張，是否正確？對方答以這種主張是正確的，而且必須是這樣。蘇格拉底則認為，這種主張是不正確的，他所夢想的是正確的東西，即存在一種絕對美、絕對善，以及諸如此類所有存在的東西；而不是各種特殊的美的或善的東西，因為特殊的東西總是處在流逝中，既不能說又不能認識，人們不能對它們說「這樣的」或「那樣的」，當命名者接觸到其某一瞬間時，它就已變成某種不同的東西；因此要根據事物、對象的真實存在的普遍本性，即根據絕對美、絕對善等絕對的東西，也就是依據絕對靜止的理念來命名。這就是他所強調的，要以絕對靜止的理念作為命名的基本哲學原則。

　　最後，蘇格拉底告誡青年克拉底魯，要善於思考，不要輕易接受「萬物皆流」說，還年輕正是進行學習的年代。克拉底魯表示心悅誠服之餘，但依然認為赫拉克里特斯的「萬物皆流」學說，更其

㊼　Plato, *Cratylus,* 431A–B.

㊽　Plato, *Cratylus,* 433D–E.

接近真理。到此，對話結束，各自分手。

至於這篇對話在蘇格拉底的理念學說發展的地位，學者們有兩種不同的見解。

第一種見解，認為在〈克拉底魯篇〉中，並未提出比較成熟的理念論，有的甚至認為其中根本沒有涉及到理念論。對柏拉圖的對話篇的編年考釋作出重大貢獻的 L. 坎貝爾 (L. Campbell) 認為這篇對話，只是稍稍接觸到理念論而已。❹W. 盧托斯拉夫斯基 (W. Lutoslawski) 認為其中已提到知識的先驗性問題，但還未像〈斐多篇〉等那樣提出一個獨立自存的理念世界。❺H. 雷德爾 (H. Raeder) 則傾向於認為，這篇對話 389B 提到的 eidos (理念)，不同於具有專門含義的「柏拉圖的理念，而僅僅是指範型意義上的理念」。❺W. D. 羅斯基本上持相類似的見解，肯定這篇對話在形而上學的發展中起著重要作用；但是，在 386D8－E4 等處，雖然將理念同各種特殊東西的 ousia (本質、本體) 聯繫了起來，同十足的主觀主義對立起來，但還不能將它理解為是直接涉及到理念論的。❺

第二種意見，認為〈克拉底魯篇〉中的蘇格拉底，已提出相當完整的理念論。J. 伯奈特傾向於認為，這篇對話中的理念論已經接近〈斐多篇〉。認為在〈歐緒弗洛篇〉講到虔敬時提出：要求「有一種理念，使得不虔敬的行為是不虔敬的，使得虔敬的行為成為是虔

❹ *The Encyclopaedia Britannica,* 11th ed., Vol. 21, New York, 1910, p. 817.

❺ W. Lutoslawski, *The Origin and Growth of Plato's Logic, with an Acount of Plato's Style and of the Chronology of his Writing,* London, 1897, pp. 219–220, 2240.

❺ H. Raeder, *Plato's Philosophische Entwicklung,* Leipzig, 1905, p. 153, 178.

❺ W. D. Ross, *Plato's Theory of Ideas,* p. 18.

敬的」，並將這種理念說成是範型；而在〈克拉底魯篇〉中，已經提出高度專門性的片語:「絕對的或真正的梭子。」❸ J. N. 芬德利認為，這篇對話中的蘇格拉底通過對從俗約定論的讓步，回到更為堅定的實在論；聲稱是理念論的更高序列的發展。❹ C. 里特爾則認為,〈克拉底魯篇〉極其明確地表述了理念論的基本思想。❺ W. K. C. 格思里的見解最為極端，認為這篇對話已經具備完備的理念論，所以他將它放在〈斐德羅篇〉和〈國家篇〉之後,〈巴門尼得斯篇〉之前來進行討論。

　　我們認為，上述第一種見解比較符合這篇對話的實際情況，它恰是代表早期蘇格拉底對話〈拉凱斯篇〉、〈歐緒弗洛篇〉、〈大希庇亞篇〉中的理念學說的繼續和發展，而且也和亞里士多德所記載的歷史上的蘇格拉底的理念學說的最根本的特徵 —— 未將「普通定義」（即理念）同個別可感東西分離 —— 是一致的:

　　　蘇格拉底並沒有使得普遍或定義成為分離開來的獨立存在的東西；但是，他們（指柏拉圖和柏拉圖學派 —— 引者注）使得普遍或定義同個別的東西分離開來成為獨立的存在，這就是他們稱作為的理念。❻

當然我們也不能刻板地來理解和解釋亞里士多德的這項論斷，何況我們能擁有的是柏拉圖的記載，即便是早期蘇格拉底對話，其中也

---

❸　J. Burnet, *Greek Philosophy,* Part I, p. 155.

❹　J. N. Findlay, *Plato: The Written and Unwritten Doctrine,* p. 211.

❺　C. Ritter, *The Essence of Plato's Philosophy,* p. 113.

❻　Aristotle, *Metaphysics,* 1078[b]30–31.

不可避免地羼雜進了柏拉圖本人的思想。❺

第二節　理　念

通過對〈拉凱斯篇〉、〈歐緒弗洛篇〉、〈大希庇亞篇〉和〈克拉底魯篇〉等四篇對話的探討，我們可以清楚地看到蘇格拉底是如何由於專心致志地從事人類的道德品質完善、美的本質，以及對客觀事物或對象的命名等問題的探討，不僅第一次提出了關於普遍定義問題，而且還廣泛地提出了對有關本體論、認識論、方法論乃至邏輯學中有關問題的探討，這些後來發展成為哲學中分門別類的組成部門的學科，在這些對話中它們尚還結合在一起，統稱之為理念學說，以區別由柏拉圖成為更為成熟的理念論。

這裡運用歸納的方法，將這四篇對話中涉及的相關的問題集中在一起，然後對它們進行分析，希望能做到比較完整而又簡要地反映出蘇格拉底理念學說的本來面貌。

一、客觀實在性

早期蘇格拉底對話篇中的理念，其最顯著特徵之一是其客觀實在，它不是人的主觀的觀念，也不是抽象的概念，而是有其本體意義上的客觀實在性。

在〈歐緒弗洛篇〉中，蘇格拉底一再追問歐緒弗洛什麼是「虔敬」（實即是指虔敬性、虔敬一般，而不是某種個別的虔敬的行為），這種詢問和探討本身，就肯定虔敬這種理念的客觀實在性，否則這

---

❺　P. Woodruff 就有這種相類似的觀點，見其 *Plato-Hippias Major*, pp. 165–168.

種提問和探討就既不能成立又是毫無意義的。但是，在這篇對話中，畢竟未能將這種含義明確表述出來。

在〈大希庇亞篇〉中，就明確表述出來了。提出「美自身」（希 auto to kalon，英 the beautiful itself），並將它與「美理念」聯繫起來：「我問的是美自身，這種美自身將它的理念（希 eidos，英 idea）加到一件東西，才使那件東西成其為美。」❸強調這種「美自身」有其客觀「實在性」（希 on ti，英 reality），使事物有其為美的「美自身」，是不依任何人的主觀而轉移的；在任何地方，任何時候都不會以任何方式顯得是醜。❸通過彼此的討論，智者希庇亞不得不承認，正義、智慧、美是「某種存在的東西」。美的東西之所以成其為美的，不是取決於人們的言詞、思想、觀念，而是取決於客觀存在的美自身。美自身的客觀實在性，在整個〈大希庇亞篇〉中，是引以為進行討論的前提的。❻

這點在〈克拉底魯篇〉中闡述得更為清楚，蘇格拉底強調只有事物自身中固有的本體、本性、本質（即理念）是真正客觀存在，不隨人的主觀而轉移：

> 各種事物有它們自己的牢固的本體（希 ousia，英 substance），這種本體不是相對於我們的東西，也不會由於我們的想像的力量而動搖不定，而是在各種事物中與它們自己固有的本性有關的。❻

❸　Plato, *Greater Hippias*, 289D.

❸　Plato, *Greater Hippias*, 291D.

❻　R. E. Allen, *Plato's 'Euthyphro' and the Earlier Theory of Forms*, New York, 1970, p. 105.

二、共　性

蘇格拉底在和拉凱斯等討論什麼是勇敢，對方總是以種種具體的勇敢的行為來搪塞，而蘇格拉底所要探求的則是種種勇敢行為中的共性：「在所有這些事例中相同的東西」，⑥ 「在那種快樂和痛苦中，以及其他一切我們現在正在談論的被叫做勇敢的東西中共同的東西是什麼力量（希 dunamis)?」⑥ 這裡提到的「共同的東西」，也就是在這篇對話以及後來其他對話篇中提到的理念、本質、範型，而「力量」則相當於〈美諾篇〉和〈斐多篇〉中的靈魂。這裡的「相同的東西」，不是邏輯學意義上的概念，而是具有本體論上的含義：

> 在各種虔敬的行為中的虔敬性，難道不總是相同的嗎？還有不虔敬性，難道不是與一切虔敬性相反的嗎？成為不虔敬的各種行為自身難道不是有相同單一的不虔敬性的理念（希 idea）嗎？⑥

也就是說這種「共同的東西」，作為共性的東西，也就是理念。

三、先驗性和摹仿

在〈歐緒弗洛篇〉等早期對話中，已邏輯地包含了理念、共相

⑥　Plato, *Cratylus,* 386D–E.

⑥　Plato, *Laches,* 191E.

⑥　Plato, *Laches,* 192B.

⑥　Plato, *Euthyphro,* 5D.

先於個別事物的思想，但畢竟還沒有用明確的語言表述出來，還沒有有意識地提出來，但在〈克拉底魯篇〉中，就用毫不含糊的語言，明確地指出理念是在時間上先於同名的事物：

> 木匠在製作梭子時，他注視著什麼東西？難道他不是注視著在本性上適合於起到梭子作用的某種東西？……假定在製作過程中，梭子被損壞了，他在製作另一隻梭子時，將注視著那只損壞了的梭子呢？還是他將只著眼於理念，按照理念製作其他的梭子呢？⑥
>
> 木匠「如何將適合於使用的本性的梭子的理念放到木頭中去?」⑥
>
> 鐵匠「他應該知道如何將鑽子的理念放到鐵裡面去。」⑥

這裡非常明顯蘊含著理念先於同名個別可感事物，木匠是按照存在在先的梭子，將梭子的理念放進到存在在後的木頭中去，才製造出具體的梭子來；鐵匠是按照存在在先的鑽子的理念，將鑽子的理念放進到存在在後的鐵裡面去，才製造出具體的鑽子來。也就是說梭子、鑽子的理念，先於被製造出來的可感的具體的梭子、鑽子。這種先驗論的思想，由柏拉圖在〈國家篇〉中加以進一步的發展：「我們不也常說，工匠製造每一件用具，桌、床或其他東西時，都各按照那件用具的理念來製造的麼？至於那理念本身，它並不是由工匠製造的罷?」⑥

---

⑥ Plato, *Cratylus*, 389A–C.

⑥ Plato, *Cratylus*, 389C.

⑥ 同⑥。

這種先驗論實質上是與摹仿說密切相聯繫的，工匠以鑽子、梭子的理念為範型，製造具體的鑽子、梭子，鑽子、梭子的理念先於具體的鑽子、梭子。結合前面他的有關理念的客觀實在性的理論，可以認為蘇格拉底已經認為這種理念，是客觀地存在於具體的同名的事物之先的。〈克拉底魯篇〉中的這種思想，後來還被亞里士多德發展成為形式質料說。

四、絕對性

蘇格拉底的理念學說，實質上有一個發展過程，從具體的德性行為，通過歸納獲得其共性；進而認為這種共性是本體、本質，因而具有客觀實在性；再進而認為它具有先驗性，是先於具體的德性行為、具體的美的事物而存在，所以它是先驗的；也正因為，他認為這種作為共性、客觀實在性和先驗性的理念是絕對的。

在〈大希庇亞篇〉中，將實質上從種種具體可感的美的事物中抽象出來的共性的美，稱作為「美自身」、「美的理念」，進而又稱之為「絕對美」：

> 由於這種絕對美，一切其他的東西才被安排成為美的東西，當將美的理念加到其他東西上去的時候，它看起來就是美的。❻❾

從將「美自身」、「加到」、「安排」各種具體事物，才使後者成其為美的敘述中，就蘊含著存在在先的「美自身」與存在在後的具體事物，是彼此分離的。當然還沒有明確地將它們說成是彼此分離的而

---

❻❽　Plato, *Republic,* 596B.

❻❾　Plato, *Greater Hippias,* 289D4.

已。在〈克拉底魯篇〉中，又進一步申述這種理念的絕對性的觀點：

> 理念必定是相同的，而質料是可以不同的，不論用什麼地方的
> 鐵做用具仍然是同樣好的，無論是用希臘的鐵還是用外國的鐵
> 做的，是沒有差別。⓱
> 告訴我，是不是有任何絕對美或絕對善，或任何絕對的存在
> 物。⓲
> 接著讓我們探索真正的美，而不是探討一個面孔是否美，或諸
> 如此類的東西是否美……讓我們探討真正的美是否是永遠美
> 的。⓳

即便是這樣，作為絕對美的理念同被賦予的具體可感事物之間，畢
竟還沒有彼此真正地分離開來，儘管蘊含著在空間上和時間上彼此
分離的思想。因此，它畢竟同柏拉圖的成熟的以彼此分離的理念論
是有區別的。例如，柏拉圖在〈斐多篇〉中，就明確地提出絕對美
和具體的美的東西之間的彼此「分離」，與之相伴隨提出了「分有」
的觀點：

> 同絕對美分離開來的無論什麼美的東西之所以是美的，因為分
> 有那種絕對美。⓴
> 你會大聲嚷嚷地聲稱，除非在實際上分有同個別東西相應的理

⓱　Plato, *Cratylus*, 389C.
⓲　Plato, *Cratylus*, 439B–C.
⓳　Plato, *Cratylus*, 439D.
⓴　Plato, *Phaedo*, 100C.

念。⓻

五、目的性

正由於蘇格拉底將理念看作是先驗的客觀實在的共性，將它看作是絕對的本體和範型，以摹仿和分有來解釋可感事物的派生，也就必然導致目的論。在早期蘇格拉底對話篇中的蘇格拉底就正是這樣的走向目的論，其中尤其是以〈克拉底魯篇〉為代表。⓺

蘇格拉底認為，靈魂（希 psyche，英 soul）是為肉體（希 soma，英 body）提供生命和運動，它是安排萬物的原理。這點，他是通過靈魂和肉體這兩個詞的創造和使用來進行論述的。

聲稱，最早使用 psyche 這個名稱的人，是用它來表述靈魂的，靈魂在肉體中是生命的源泉，提供呼吸和更生的能力，當這種更生的能力失去了，肉體也就毀壞，死亡也就來臨；因此，正是靈魂給整個肉體提供生命和運動；也正因為這樣，必須接受阿納克撒哥拉的主張，認為它是安排、支配萬物的原理。但是，肉體是靈魂的墳墓（希 sema，英 grave），埋葬今生生命的墳墓。靈魂這個名稱，可能是由奧菲斯教的詩人發明的，將靈魂說成是正在由於罪惡而經受懲罰，肉體就是圍牆或牢獄，靈魂被禁錮於其中以保安全 (soma)，正像 soma 這個詞所意指的那樣，值得償還完了這種懲罰。按照這種

⓻　Plato, *Phaedo,* 101C.

⓺　以下學者們在其有關著作中都持這種觀點。C. Ritter, *The Essence of Plato's Philosophy,* p. 244；A. E. Taylor, *Plato, the Man and his Work,* p. 88；W. D. Ross, *Plato's The ary of Ideas,* p. 235；J. A. Stewart, *Plato's Doctrine of Ideas,* Oxford, 1909, p. 36.

觀點，soma 這個詞，連一個字母也不要變動。⑯

　　從表面上來看，蘇格拉底似乎在講詞源學，因為，soma 這個希臘語，兼有肉體和安全的含義，而和 soma 僅有一個字母之差的 sema 就是意指墳墓。實質上是宣揚目的論；因為既然靈魂支配肉體，靈魂是支配和安排萬物的原理，則在支配和安排的背後必然存在目的。前面所講到的木匠「按照理念製作其他的梭子」，就是一種摹仿說；〈歐緒弗洛篇〉中講到的，以虔敬性的理念「作為範型來注視它和使用」，也同樣是一種是摹仿說；都是以虔敬性的理念、梭子的理念、作為動力因的靈魂、美自身或美的理念作為目的，來解釋虔敬的行為之所以為虔敬、美的理念的產物及其之所以為美、肉體的生和死亡等。它既是目的又是動力。這種思想，以後在〈斐多篇〉⑰、〈國家篇〉⑱和〈蒂邁歐篇〉⑲得到進一步的發展，提出善的目的論和神學目的論。因此，亞里士多德在《論生滅》⑳和《形而上學》㉑中，認為柏拉圖無視動力因，看來這種論斷缺乏充分根據，就是早期蘇格拉底對話篇中的蘇格拉底，就提到了動力因和目的論。

六、理性認識的對象

　　前面（一到五）是從本體論的意義來分析有關的四篇對話，也就是柏拉圖早期蘇格拉底對話篇時期的理念學說；進而從認識論上

---

⑯　Plato, *Cratylus,* 399E–400D.

⑰　Plato, *Phaedo,* 97B8–99D3, 100C9–E3.

⑱　Plato, *Republic,* 504E4–509B10, 503A3–7, 597B5–D8.

⑲　Plato, *Timaeus,* 27C–31B.

⑳　Aristotle, *On Generation and Corruption,* 335^{b}7–10.

㉑　Aristotle, *Metaphysics,* 991^{b}3–9.

來分析其理念學說。正由於他將理念看成本體、客觀、實在的共性、先驗的範型和目的，也就必然導致到強調以理念為認知的對象。

赫拉克里特斯的信徒克拉底魯認為，通過事物的名字（名稱）就可以認識事物，誰認識了名字誰也就認識了事物。但是，蘇格拉底不同意這種見解，指出：有些名字是表述靜止狀態，但是更多的名字是表述運動狀態的，可是某項的是否是真理，那是不能由擁護者的數量多少來確定的；要是關於事物的知識，只能通過名字才能獲得，那麼最早的命名者如何會擁有對事物的知識？這樣勢必只有導致到神才是第一個命名者的結論，這當然是不能成立的；因此，我們不是藉助名字、詞去認識事物，而是要通過事物本身去認識事物。那才是更為卓越和更為清晰的途徑。

但是，要是認為事物處於流逝和運動狀態，像赫拉克里特斯在某處所說的那樣：「萬物皆流，無物常住」，將存在著的東西比作一條河流，聲稱人不可能兩次踏入同一條河流；❷那就不能認識事物的本性，也就不可能有知識。因為，要是認為萬物處於流逝和運動之中，那就根本不可能有知識；知識之要成為知識，它必需以永恆持續存在的東西為對象，要是對象本身的本性發生變化，隨之而來的知識也就又不成其為知識了。要是認識對象的過渡狀態總是在持續地進行著，那就永遠也不會有知識；因為，按照這種觀點，既然認識的對象和認識者都處在過渡狀態，那就既不可能對它會有進行認識的人，也不可能有認識對象可以被認識；因此，要是認識和被認識的對象是永遠存在的話，那麼美、善等正就是這種認識對象，即只有理念才是認識對象：

---

❷　Plato, *Cratylus*, 402A.

如果萬物都在變動，沒有確定不變的東西，那就根本不可能有任何知識；因為知識本身沒有變動才是知識；要是作為知識的理念（希 eidos）變化了，它就不再是知識。如果，這種變動總是繼續下去，便不會有知識，這樣便不能有能知的人，也沒有被知的東西；但是能知和被知的東西，如美、善等等總是存在的，因此，我認為它們不是剛才假定的流動的過程。❽

也就是說，處於流動變化過程中的、可感的事物、對象是不可能認識的，因此也不可能會有知識；所能認識只能是事物、對象的共性，具有客觀實在性的絕對永恆不變的理念，由此獲得的是絕對知識，即理性認識。這是隨本體論意義上的理念學說必然導致的認識論意義的理念學說，這是一種新的知識概念，一種新型的認識學說，正像 E. 策勒所指出的那樣，是蘇格拉底哲學的核心；「總之，這種知識觀念形成蘇格拉底哲學的核心。」❽F. D. E. 施萊爾馬赫也有相類似的論斷：「這種知識觀念的覺醒及其第一次表述，肯定曾經是蘇格拉底哲學的實質。」❽蘇格拉底的整個倫理上政治學說的出發點「德性即知識」，正是建立在這種理性主義先驗認識學說上的，以後由柏拉圖加以繼承、發展和完成；奠定了西方理性主義認識論傳統的基礎。

---

❽　Plato, *Cratylus,* 440A–C.

❽　E. Zeller, *Socrates and the Socratic Schools,* London, 1885, p. 110.

❽　F. D. E. Schleiermacher, *Werke,* III, 2.30, 參看 *Socrates and Socratic Schools,* p. 110。

第三節　定義：屬和種差[86]

正像亞里士多德所指出的那樣，蘇格拉底由於專心致志從事人的道德品質的完善的討論，和這個問題相聯繫，「第一次提出關於普遍的定義問題」，而定義就與邏輯有關，它是揭示概念內涵的邏輯方法。概念的內涵是反映在概念中的事物的特有的屬性，因此給一個概念下定義，就是揭示這個概念所反映的事物的特有的屬性。但是，要給某個概念下定義，就與同該概念有關的屬和種差有密切的聯繫。蘇格拉底在〈歐緒弗洛篇〉中，在討論到邏輯學中的定義問題時，認為定義是要依據屬和種差之間的關係來規定的。也就是說，蘇格拉底不但致力於尋有關德性和審美概念的定義，而且還探討了如何下定義的定義本身的問題，認為只有依據屬和種差的彼此關係，才能給某個概念下定義。當然，蘇格拉底本人並未指名提出「屬」和「種差」等概念，那是只有到了亞里士多德在《形而上學》($1037^b13–17$、$1037^b17–1038^a1$) 等裡面才明確提出來的。

但是，確也是接觸到了要根據屬和種差的關係來給虔敬這個德性概念下定義問題。「什麼是 x？」在早期蘇格拉底探求定義的對話篇中，具有重要意義，他本人的回答是必須仰賴共性、具有客觀實

---

[86] 屬加種差定義：定義項由被定義概念的鄰近的屬概念和表示被定義概念種差的概念所組成。它的公式是：被定義項＝種差＋屬。如給「人」這個概念下定義，先找出「人」的屬概念是「動物」，然後確定「人」與屬概念「動物」之下的其他並列的種概念在內涵上的差別，即種差。「人」的種差是「能夠製造生產工具」。這樣，「人」的定義便是：「人是能夠製造生產工具的動物。」（根據馮契主編：《哲學大辭典》，上海辭書出版社，1992 年版，第 1625 頁。）

在性意義上的理念來加以具體說明。如〈歐緒弗洛篇〉給虔敬這個理念下定義時，認為必須將它置於它所從屬，並成為其組成部分的外延更大的理念如正義項下，才能給虔敬下定義；也就是說，要根據屬和種差的關係，才能給虔敬下定義。這裡所講的定義，是真正意義上的定義，而不是語詞定義 (nominal definition)，即不是「唯名定義」、「名詞定義」或「名義定義」，而是去分析被定義的概念或理念的本質的那種真實定義或實質定義、事物定義，而不是去探討該概念或理念之作為詞的使用。顯然，包括〈歐緒弗洛篇〉在內的早期對話，不是致力於去發現某個詞（如「虔敬」、「勇敢」、「友愛」、「美」等）的辭書意義上的定義，不是去發現某個名詞的名稱上的定義，而是尋求其標準或本質等。這些早期對話篇所探討的對象，如虔敬之所以為虔敬的理念，其存在是設定了的，尋求的是其本性。這種意義上的定義，它已經同屬和種差問題，聯繫了起來。W.D. 羅斯在探討這些早期對話篇中的理念論的線索時，就曾經這樣指出過：

> 它意指（指諸如「什麼是勇敢」等——引者注）勇敢是能被分析成為各種因素的一種複雜的東西；要不是這樣的話，這個問題……就會是一個無聊的問題，以致唯一真正的回答只能是：勇敢就是勇敢。從他（指蘇格拉底——引者注）以來，對這種形式的種種問題的種種回答表明，在原則上他正在設定（正像亞里士多德明確地繼續進行下去的）定義是屬加上種差 (definition per genus et differentiam)。 **❽**

---

❽　W. D. Ross, *Plato's Theory of Ideas,* p. 12. 並參看 R. Robinson, *Plato's Earlier Dialectic,* Oxford, 2nd Edition, 1953, p. 58。

R. E. 艾倫在專門討論這部著作的專著裡，也有相類似的見解：在〈歐緒弗洛篇〉中正是這樣肯定的，定義是憑藉屬和種差進行的。蘇格拉底就這個問題，分成為兩部分進行的，首先是認為，這種定義必須提供一個屬，提問虔敬是否是正義的一部分，而正義卻不是虔敬的一部分；接著就提出種差問題，這是他進行論證的新階段。他是這樣明確地提出來的，稱之為「考慮另一點」❽，要是虔敬是正義的一部分，接著就要找出它是哪一部分，正像偶數是數的一部分。❾

在這點上，〈歐緒弗洛篇〉就比在它以前的〈拉凱斯篇〉有進展，如後者在給「快」（英 quickness）下定義時，就沒有涉及到屬和種差：「快是指在短時間內完成許多東西，無論是在賽跑、講話，還是在其他行動中。」❿但是，〈歐緒弗洛篇〉在就遵循屬加種差來給虔敬下定義時，則表述得很清楚：

畏懼的意義要比崇敬（英 reverence）廣泛。崇敬是畏懼的一部分，就像奇數是數的一部分，你在沒有奇數的地方仍然可以擁有數，但是在你擁有奇數的地方，你一定擁有數。❶

「有虔敬的地方，也是有正義；有正義的地方，不一定總是可以找到虔敬。因此，虔敬是正義的一部分。❷

❽ Plato, *Euthyphro,* 12D5.

❾ R. E. Allen, *Plato's 'Euthyphro'and the Earlier Theory of Forms,* 83.

❿ Plato, *Laches,* 92B.

❶ Plato, *Euthyphro,* 12C.

❷ Plato, *Euthyphro,* 12C–D.

儘管蘇格拉底在這裡，沒有指名提到「屬」和「種差」這兩個概念，但其含義和思想確是十分清楚的。

　　蘇格拉底早期對話篇中的邏輯思想是極其豐富的，這裡僅就與探討普遍的定義直接有關的定義問題本身進行探討。實際上，在這些對話篇中的蘇格拉底使用了大量的邏輯論證；以後，亞里士多德在他的著作中大量運用了這些論證。研究這些論證，有助於我們理解古希臘的邏輯思想及其發展的過程。亞里士多德正是在蘇格拉底和柏拉圖的研究成果的基礎上創立了邏輯學這門對後世影響深遠的科學。

第十五章　理智助產術：辯證法

　　蘇格拉底認為，靈魂是憑藉作為理智的理性去認識作為普遍的定義的種種德性和美的本質等的，如勇敢、友愛、正義、虔敬的理念，以及美自身（理念）等的。它所需要的相應的方法是「理智助產術」。

　　蘇格拉底一再聲稱他「自知其無知」：「因為我知道我是沒有智慧的，不論大小都沒有。」❶但是，他卻又自稱能像他的母親那樣幫助別人生育，所不同的是，他的實施對象是男人而不是女人，且是靈魂的分娩。其基本特徵，正像柏拉圖在其晚期著作〈泰阿泰德篇〉中所概括的那樣：

　　我照料他們分娩時的靈魂，而不是他們的身體。我的這種藝術最偉大的地方在於它能夠以各種方式考察年輕人的心靈所產生的是幻想錯覺還是真知灼見。❷

　　這種理智助產術，具體的講，就是通過雙方的問答、相互辯論以尋求普遍的定義，循此以探求真理的方法。蘇格拉底正是在問答

---

❶　Plato, *Apology,* 21A–B.

❷　Plato, *Theaetetus,* 149B–C.

中不斷揭露對方的矛盾，促使對方不斷修正錯誤，在逐步提高認識的基礎上逐步獲得符合真、善、美理念等的普遍定義。這正是希臘人所理解的辯證法的本來意義。

這種問答法，很可能是隨著雅典民主政制的需要，早在蘇格拉底以前，就由著名智者普羅泰戈拉等引進雅典，並進而在希臘其他城邦傳播開來。它的進行程序，是受到嚴格規則制約的，回答者（希 o apocrinomenos）必須盡可能用最簡潔的語言，針對提問者（希 o eroton）提出的問題進行確切回答，決不能答非所問「王顧左右而言他」。在討論過程中，回答者努力保衛其某種主張或某個定義；而提問者則千方百計試圖摧毀這種主張或定義，以某種直截了當的方式提出質疑，導致回答者只能用「是」或「否」來回答；提問者接二連三提出一連串問題，導致回答者的前後的回答陷入自相矛盾的境地；要是提問者是成功的，那麼他就駁倒了對方；要是回答始終未被駁倒，那麼回答者就成了勝利者。正是這樣在反覆詰難的過程中，憑藉歸納推理尋求普遍的定義。

希臘文辯證法 dialektikos，其前綴詞 dia 意指「通過」，lek 的詞根 lego 意指「說話」，所以辯證法的原意是「通過說話、談話」。柏拉圖在〈克拉底魯篇〉中談到：「凡是知道如何提出和回答問題的人便可以稱為辯證法家 (dialektikon)。」❸ 蘇格拉底是最善於提出問題和回答問題的人，他所使用的提問的對話方法也就是「辯證法」。但是根據亞里士多德的有關闡述，蘇格拉底的問答談話方法，不僅是簡單的提出和回答問題，而且還是在問答中揭露矛盾和認知矛盾。❹ 問答法意義上的辯證法也就是「理智助產術」。

---

❸　Plato, *Cratylus,* 390C.

❹　Aristotle, *Metaphysics,* XIII. 4, 995^{b}20–23, 1078^{b}23–27.

　　它是通過彼此談話的詰難，從個別上升到一般的尋求真知識（真理）的方法。其基本內容可以分為三步：⑴蘇格拉底的出發點是「自知我無知」，事先不提出任何獨斷的原則。批評智者們懷疑一切、否定一切的放棄求知的努力。⑵手段是通過對知識的愛和彼此的談話和詰難以尋求真知識，同時也推進了彼此的友誼。⑶目的是形成概念，求得真知識。集中種種對立的例證，通過歸納的方法，從個別具體的事例，尋求一般概念或永恆本質。

　　這種問答法意義上的辯證法，在柏拉圖早期蘇格拉底對話〈申辯篇〉、〈卡爾米德篇〉、〈歐緒弗洛篇〉、〈普羅泰戈拉篇〉等中，敘述得最為形象鮮明。特別是被認為是早期著作的〈國家篇〉第 1 卷 (327–354C) ❺ 中，展示得比較完整。其中的蘇格拉底本人，通過不斷的提問，相繼駁了對方提出的有關正義的四個定義，使對方陷入和原先提出的論旨自相矛盾的境地，從而否定了對方的主張。

　　第一，凱發盧斯 (Cephalus) 認為正義是言行的誠實，「講真話和償還宿債」。(〈國家篇〉，327–331D)

　　蘇格拉底對此反駁道，當從一個神智清醒朋友那裡借來武器，但當他失去理智頭腦紊亂時，要向我索還武器；如果，遵循這個定義予以歸還時，反而會造成有害的嚴重後果。因此，凱發盧斯最後不得不承認，遵循他原先提出的正義的定義「正義是講真話和償還宿債」，會導致自相矛盾的結果。蘇格拉底也就由此得出結論，凱發盧斯原先同意的有關正義的定義是不能成立的。接著，凱發盧斯聲稱要去從事祭祀，把有關問題的討論，由他的兒子波勒瑪庫 (Pole-marchus) 來繼續進行下去。

---

❺　一般認為，〈國家篇〉第 1 卷是柏拉圖早期蘇格拉底對話，其中的蘇格拉底指歷史上的蘇格拉底。

第二,波勒瑪庫認為,正義是助友損敵:「以善酬友,以惡對敵。」(〈國家篇〉,331E–336A)

蘇格拉底接著就提問,在健康問題上,誰最能有益於他的朋友,損害他的敵人。對方的回答是「一個醫生」;在危險的航海中,則是領航員;在戰爭中的正義,則是和朋友結成聯盟以對付敵人。蘇格拉底接著就進一步指出,從第二個定義會得出一系列荒謬的結論,因為在人們健康時,醫生是沒有用處的;在陸地上,領航員是沒有用處的。但不能由此得出結論,正義在戰爭時期是有用的,在和平時期是無用的;恰恰相反,在拳擊或其他戰鬥中,擅長進攻和擅長防守是一致的;在軍隊中最好的戰士,正是在戰爭中最善於竊取敵人的作戰計畫和一切部署的人,因此,一個比較聰明的士兵,同時也是一個比較聰明的竊賊;一個正義的人,也正是既善於看守財寶,又同時是善於竊取財寶的人。隨著彼此詰難的深入,波勒瑪庫被迫承認:「那麼正義的人,結果變成竊賊一類的人。」這就同他原先提出的正義的定義相矛盾,並因此而感到惶惑,但又不甘心於放棄原先的定義,這就需要對原先的定義進行修正。那就需要弄清楚誰是朋友,誰是敵人;當人們的判斷發生錯誤時,他原先認為是朋友的,卻原來是敵人,原先認為是敵人的,卻原來是朋友。結果,許多人由於對人性的無知,有的朋友卻原來是壞朋友,在這種情況下,他理應該去損害他們;有的敵人卻原來是朋友,在這種情況下,他倒理應該去幫助他們。結果,勢必接受同原先相反的定義:「正義是去損害他的朋友們,因為其中有些朋友實際上是壞人;去幫助他的敵人們,因為其中有些敵人實際上是好人。」❻但是,損害人就是傷害人,傷害人就是不正義,可是正義卻不應該產生不正義。正像一個

❻ Plato, *Republic*, 334.

音樂家，不會由於他的技藝，而使他的學生成為一個拙劣的音樂家；一個教騎術的老師，不會使他的學生成為拙劣的騎師；同樣的道理，一個正義的人，不會使別人成為不正義的；從而強調指出，在任何時候損害任何人都是不正義的。最後，雙方達到一致的結論，波勒瑪庫原先遵循的由詩人西摩尼得 (Simonides，約西元前556–前 468) 提出的這個定義，由於會導致到截然相反的結果，所以是錯誤的；因此，必須重新探討有關正義的問題。

第三，塞拉西馬柯 (Thrasymachus，鼎盛年約在西元前 430– 前 400 之間) 認為「正義無非是強者的利益」。(〈國家篇〉，336B–347 E)

當蘇格拉底與凱發盧斯和波勒瑪庫就傳統的道德觀念提出的兩則定義進行討論時，智者塞拉西馬柯早就急不可待幾次三番要打斷他們的討論，雖經勸阻，最後仍迫不及待地像野獸一樣吼叫著衝上場子，全盤否認上述討論，否認傳統的道德觀念，聲稱：「正義無非是強者的利益。」並要大家因此而禮讚他。

蘇格拉底對這個智者提出的定義，極盡嘲弄之能事。聲稱角鬥士波呂達馬 (Polydamas) 之所以強有力，是由於多吃牛肉，這樣，誰越是多吃牛肉，誰就越是正義。由此，塞拉西馬柯才被迫收斂自己傲慢不馴的態度，聲稱他的定義的原意是指：統治者按照他自己的利益制定法律。蘇格拉底反駁道，要是統治者或者強者犯了錯誤，那時強者的利益也就不成其為利益，而是適得其反了。這時，塞拉西馬柯就反唇相譏，責備蘇格拉底用以牙還牙的手段來對付他：蘇格拉底，你真是令人感到討厭，採取我的定義的意思，恰好是為了破壞它。進而蠻橫地聲稱：統治者之所以成為統治者，他是不會犯錯誤的；各種政制的掌權者，都為各自的利益制定法律，民主政制

有民主政制的法律，僭主政制有僭主政制的法律；但是，每個城邦的正義都是相同的，正義就是建立該政制的統治者的利益。蘇格拉底就由此提問，如果統治者治理得好，制定了正確的法律，就對統治者有利，否則就對統治者不利，但是被統治者必須服從統治者制定的法律，因為這樣做，對統治者是有利的；即使統治者錯認其利益，從而制定錯誤的法律，而被統治者服從錯誤的法律，是符合正義原則的；這樣一來，被統治者服從錯誤的法律，雖屬是正義的，但其結果卻導致損害統治者的利益；從而導致和塞拉西馬柯所堅持的定義根本相反的結論：「我的親愛的塞拉西馬柯，在這種情況下，遵循正義卻做了和你原來講的是正義的相反的事情；在其中，弱者被命令做了反對強者的利益的事情。」❼結果，得出兩個根本相反的結論：第一，塞拉西馬柯原來的定義「正義無非是強者的利益」。第二，但是，由於統治者可能會犯錯誤，被統治者不服從統治者制定的錯誤的法律，反倒是更加有利於統治者。結果，不正義反倒是比正義更加有利於統治者、強者。當塞拉西馬柯想使用種種遁辭來迴避時，蘇格拉底就強調，對方在使用術語時要保持前後一致。

第四，塞拉西馬柯另行提出：追求私利或追求不正義優於追求正義。（〈國家篇〉，347E–354C）

蘇格拉底針對這第四個定義提醒塞拉西馬柯，他原先曾經肯定過，絕對的不正義比之絕對的正義，可以得到更多的利益；儘管雙方都已不信服這種說法，但你必須回答這個問題。塞拉西馬柯在蘇格拉底誘使下，被迫承認：不正義是德性，而正義反倒不是德性。蘇格拉底正是通過提問，編織新的羅網來圍攻對方，從而使對方不斷陷入自相矛盾的困境。蘇格拉底是通過三個步驟來駁斥這個極端

❼　Plato, *Republic*, 339.

的定義：追求自私自利的不正義是優於追求正義。

第一步（〈國家篇〉，347E–350E）。蘇格拉底首先考察對方利用某些希臘語言的模稜兩可，指出，音樂家、醫生和任何一類掌握技藝的匠人一樣，從不追求獲得比熟練的匠人獲得更多的利益，只是比不熟練的匠人獲得更多的利益而已；也就是說，他們是和熟練的匠人一樣，是按準則、標準、規律辦事，而不是越過、無視規律等辦事，反之，不熟練的匠人，則是無視規律，作出徒勞無益的努力而已。這樣一來，熟練就歸到善的一邊；於是正義的，就是熟練的，不正義的就是不熟練的。結果，就得出與塞拉西馬柯相反的結論：「正義的人是善的和智慧的人，而不正義的人則是惡的和無知的人。」❽這樣一來，塞拉西馬柯被蘇格拉底詰難得汗流浹背，有生以來第一次感到被人弄得狼狽不堪。蘇格拉底則步步緊迫，要求對方在他幫助下繼續進行討論；後者在開始時脾氣很壞，但在蘇格拉底的慫恿下，彼此又討論起來了。

第二步（〈國家篇〉，351A–352B）。塞拉西馬柯在談到正義和不正義的關係時聲稱：不正義是力量的源泉，不正義比正義更強有力和更有效。蘇格拉底在讚賞他坦率之餘，提出反駁，認為恰恰相反，不正義是不團結的源泉，因此也是軟弱的源泉；接著重申，正義和智慧、美德是屬於同一類的，它比不正義更強有力些，因為不正義是與無知屬於同一類的。推而廣之，一個城邦、一支軍隊，甚至一幫盜賊，如果他們不正義地對待對方，甚至不能達到某種不正義的目的；因為彼此的不正義和憎恨，只會造成彼此的爭吵和紛爭；因此，只有正義才能使他們彼此和衷共濟齊心協力，達到某種不正義的目的。不正義無論出現在哪裡，它只會使自由民和奴隸彼此憎恨

---

❽　Plato, *Republic,* 350C.

和爭吵，造成他們彼此不能統一行動。結果，蘇格拉底迫使塞拉西馬柯接受和他自己原先提出的主張（即不正義是力量的源泉）相反的結論：正義的人是更智慧的，在行動中是更有成效的；而不正義的人們，無論如何也不可能有統一有效的行動，則就大錯而特錯了。所以，塞拉西馬柯原先的定義是不能成立的。

第三步（〈國家篇〉，352C–354C）。最後，蘇格拉底和塞拉西馬柯就進一步爭論，究竟是正義的人還是不正義的人生活得更好（善）些或更幸福些。蘇格拉底認為，正像人的耳目各司其職，任何東西都有它自己特有的長處或完美的作用；靈魂同樣也有它特殊的作用和長處，善能使靈魂發揮和實現好的作用，惡則相反；因此，擁有正義的靈魂的人，將有一種好（善）的生活，而不正義的靈魂則恰恰相反；有好（善）的生活的人，是成功的和幸福的，不正義的人則是不幸福的。結果，塞拉西馬柯又被迫接受與他自己原先主張的相反的定義：「正義的人是幸福的，不正義的人是不幸福的。」儘管這樣，蘇格拉底仍然聲稱他自己一無所知，因為他不知道什麼是正義，不知道正義是還不是美德，也不知道擁有正義的人是幸福還是不幸福的。

這樣，蘇格拉底通過對四個有關正義的定義的探討，比較完整地顯示了他的問答法（或理智助產術）意義上的辯證法。根據對方的回答，不斷提出詰難，「以子之矛陷子之盾」，由此推演出一系列自相矛盾的結果：最後迫使對方，或者放棄原先堅持的主張，或者修正原先的主張，或者接受提問者的主張；但是，實際上都沒有就所討論的定義達到積極的結果。這正像黑格爾指出的那樣：柏拉圖（實即蘇格拉底）「他談到正義、善、真。但他卻沒有揭示出它們的起源；它們不是〔發展的〕結果，而只是直接接受過來的前提。……

因此許多對話僅僅包括一些消極的辯證法；這就是蘇格拉底的談話。」❾的確，柏拉圖早期蘇格拉底對話中的蘇格拉底，往往只指出對方原先的論旨（定義）是錯誤的，但沒有指出為什麼是錯誤的，更沒有指出什麼是正確的論旨（定義）。正因為這樣，黑格爾把這種辯證法稱為是消極的辯證法；但它也有積極意義，通過揭示對方論旨中包含的矛盾，使對方從獨斷的迷夢中覺醒過來，迫使對方從事真正理智的探討，使人們逐漸擺脫從日常生活中接受過來的，停留在表面現象的感性認識，從而逐漸上升到理性認識。這點，R. 羅賓遜 (R. Robinson) 在專門探討柏拉圖的早期辯證法（也即是蘇格拉底的辯證法）的基本特徵時，也正是這樣認為的：「這種問答法，並不直接給人以任何積極的知識；但它卻第一次給人提供了真知識的觀念，沒有這點，他絕對不能擁有任何積極的知識，即便他擁有表述積極知識的一切命題。」❿

蘇格拉底反對智者的詭辯，反對他們的相對主義、不承認真理只承認特殊的主觀性，而是肯定有普遍的、絕對的知識。他揭露對方論證中的矛盾，也不僅僅是為了加強自己的論證的力量從而戰勝對方；他是為了讓對方認識自己的矛盾，承認自己的錯誤，從而跟他一起去尋求那普遍的、絕對的真理。所以他自稱他的方法是一種助產術，是幫助對方產生真正的思想的孩子——絕對真理。他揭露對方的矛盾並不是要否定矛盾，也不像智者只停留在矛盾的某一方面，而是要通過不斷認識矛盾去逐漸認識普遍的真理，因此他的辯證法從根本上來講還是有積極意義的。

蘇格拉底提出了這個偉大的目標，並在如何達到這個目標方

---

❾　黑格爾：《哲學史講演錄》，中譯本，第 2 卷，第 206 頁。

❿　R. Robinson, *Plato's Earlier Dialectic,* 2nd ed., Oxford, 1958, p. 17.

面，作出了一定的貢獻。從揭露認識中的矛盾一步一步上升到認識普遍的真理，是一個無限複雜的過程，其中有本體論、認識論、方法論的問題，還有邏輯的問題等等，直到今天人類還依然處在這種認識的不斷深化過程中。從柏拉圖早期蘇格拉底對話篇可以獲悉，蘇格拉底和人討論各種德性的定義，他將對方論證中的矛盾一個一個地揭示出來，使原來自以為掌握了真理的人只能承認自己無知；蘇格拉底告訴他們應該從一個個特殊的德性行為上升到一般的普遍的德性，但一般的普遍的德性究竟是什麼？他並沒有作出具體的回答，因此早期蘇格拉底對話往往以沒有肯定的結論而結束。蘇格拉底只是說每類特殊的德性都有一個共同的「理念」，它是永恆不變的，對它的認識就是普遍的知識；他還說這種共同的「理念」和普遍的知識有最高的價值，是「善」，所以是具體事物追求的目的。

　　對蘇格拉底哲學思想的研究，主要是依據柏拉圖早期蘇格拉底對話，因此要將他們兩人的思想嚴格區別開來，確實是非常困難的。蘇格拉底的哲學思想是柏拉圖理念論的雛形，可以說理念論的一些基本原則已經由蘇格拉底提出來了，比如要在多樣性的、變動的具體事物背後發現那共同的、永恆的、絕對的普遍本質；但將這些基本原則加以深入發展並精心制定成為一個完整的哲學體系，則是柏拉圖。所以以柏拉圖中期對話〈斐多篇〉和〈國家篇〉（第 2–10 卷）等為代表的柏拉圖的前期理念論，基本上還在蘇格拉底的思想框架以內。〈國家篇〉第 7 卷中，柏拉圖以洞穴的比喻說明什麼是辯證法：「一個人如果不依靠感覺的幫助，能用辯證法作出理性的說明，認識事物的本質，最終把握善自身，達到理智世界的頂峰。」⓫將這個說明用於蘇格拉底的辯證法是完全合適的；而在以下對辯證能力所

⓫　Plato, *Republic*, 532A–B.

作的幾點解釋（即〈國家篇〉，533A–537C）則應該歸於柏拉圖。

　　總之，蘇格拉底的辯證法只是指出了具體事物和普遍本質的對立，但他沒有將這二者有機地聯繫起來，後來柏拉圖和亞里士多德的工作就是補充中間的環節，從本體論、認識論和邏輯學方面，說明如何從具體的矛盾走向普遍真理的辯證過程；甚至也可以說以後哲學史上有偉大貢獻的哲學家都是在做這方面的工作，不斷地探索真理，想達到理智世界的頂峰。在這方面應該承認蘇格拉底是一位創始人。

第十六章　美、審美和文藝

　　柏拉圖在〈大希庇亞篇〉中，記載下了蘇格拉底和著名智者、來自希臘本土伯羅奔尼撒半島西岸城邦埃利斯 (Elis) 的希庇亞，就美的客觀實在性、美的本質、審美快感等美學上的重大問題進行比較系統的探討，最後雖然從表面上看來沒有得出積極結論，以「什麼是美是困難的」感嘆結束全部辯論。但確是西方哲學史和美學史上第一篇專門討論美學問題的文獻，所以是值得認真研究的。

　　蘇格拉底在與希庇亞就美的本質（定義）進行討論以前，鑒於以前碰到過某些「提問者」，向他就有關美、醜問題提問時窘於應付，因此首先就論題所討論的對象要加以肯定，彼此在這些問題上達成默契：正義的人之所以成為正義的人，是由於正義；有學問的人之所以有學問，是由於學問；一切善的東西之所以善，是由於善；美的東西之所以美，是由於美。而且，這些正義、學問、善、美等都是「某種存在的東西」。❶

第一節　「美自身」的客觀實在性

　　蘇格拉底聲稱：美的東西之所以成為是真正美的，是由於「美

---

❶　Plato, *Greater Hippias*, 287C.

自身（希 auto to kalon，英 the beautiful itself)」。這種「美自身」也就是理念：「這種美自身把它的『理念』（希 eidos）加到一件東西，才使那件東西成其為美的。」❷

這種「美自身」具有「實在性」（希 on ti，英 reality），是使某件事物成其為所以美的這種「美自身」，是不依任何人的主觀意旨而轉移的；在任何地方、任何時候都不會以任何方式顯得是醜。❸ 這裡所講的「美自身」的實在性或客觀實在性，正像 H. 博尼茲 (H. Bonitz, 1814–1888) 所講的是邏輯概念意義上的客觀實在性：「邏輯概念所講的東西有客觀實在性。」❹

蘇格拉底在和希庇亞進行討論的過程中，促使希庇亞承認，在正義、智慧、美是「某種存在的東西」。因為，要是每件的東西之所以成其為美是由於「美自身」，而要是美的東西是存在的話，那是要以美自身的存在為前提的；美的東西之所以成其為美的，不是取決於我們的言詞、思想、概念，而是由於客觀存在的美自身的存在。美自身的客觀實在性，在〈大希庇亞篇〉中是引以為討論的前提的。❺

第二節　美的本質

〈大希庇亞篇〉的主題是給「美」（希 kalon）下定義。

希臘語的 to kalon，兼有以下多種含義：⑴美 (beautiful, beauty)；

---

❷　Plato, *Greater Hippias,* 289D.

❸　Plato, *Greater Hippias,* 291D.

❹　參看 C. Ritter, *The Essence of Plato's Philosophy,* London, 1933, p. 105。

❺　R. E. Allen, *Plato's Euthyphro and Earlier Idea theory,* p. 105.

⑵高貴 (noble)；⑶尊嚴 (dignity)；⑷美妙 (admirable)；⑸美好 (fine)；⑹高尚 (honourable)；⑺令人感到愉快或滿意 (the pleasing)。❻概括起來講，這裡討論的 to kalon 兼有美和善的含義，無論是漢語還是英語，都很難用一個詞來對譯它，這裡依然譯為「美」，但要理解它有多種含義。直到亞里士多德在《形而上學》中依然襲用 to kalon。❼

在蘇格拉底和希庇亞確立了討論的前提（肯定所討論的「美」是「某種存在的東西」）的同時，又點明他和希庇亞在討論有關美的定義的根本區別是：蘇格拉底他自己所追求的是「什麼是美？」而希庇亞所回答的卻是：「什麼東西是美的？」❽也就是說，蘇格拉底所追求的是一般的美，使所有美的東西成其為美的那種本質；而希庇亞所理解的是可感的、具體的、個別的美的事物。但希庇亞又始終堅持他和蘇格拉底在這個問題上並無區別，這兩種不同見解的對立，始終貫徹在這篇對話。

全篇對話，集中討論了由希庇亞和蘇格拉底相繼提出的七個有關美的定義，都由蘇格拉底一一加以批駁掉了。

㈠第一個定義：「一個美的少女就是美」(287E2-289D5)

希庇亞對「什麼是美？」的第一個回答是：「一個美的少女就是

---

❻　根據以下諸著作歸納的：⑴ P. Woodruff, *Plato's Hippias Major,* Oxford, 1982, p. XII; ⑵ J. N. Findlay, *Plato: The Written and Unwritten Doctrine,* London, 1974, p. 86; ⑶ G. Grote, *Plato, and the other Companions of Sokrates,* London, 3 Vols., 1875, Vol.1, p. 379; ⑷ C. Ritter, *The Essence of Plato's Philosophy,* p. 61; ⑸ A. E. Taylor, *Plato, the Man and his Works,* p. 30。

❼　Aristotle, *Metaphysics,* 1013^{a}22、1072^{a}34、1078^{a}31–^{b}5、1091^{a}31、1072^{b}32、1078^{b}1.

❽　Plato, *Greater Hippias,* 287C.

美。」❾蘇格拉底的辯駁是：美的東西之所以成其為真正的美，是由於「美自身」。一個美的少女之所以成其為美，也就是使一切美的東西成其為美的那種美；即美的東西之所以成其為美，是由於它有美。由此類推，美的母馬、美的豎琴、美的湯罐等之所以成其為美，都是由於它們有美。對於這些，希庇亞都表示同意。

接著，蘇格拉底就把希庇亞的回答放到特定的條件下，顯示出他所下的美的定義就不能成立。指出，正像赫拉克里特斯所說的那樣：「最美的猴子比起人來還是醜。」❿循此類推，美的湯罐比起美的少女來講是醜的；反之，美的少女比起神來講是醜的。由此得出結論：以個別的東西去給美下定義，結果這種美的東西，它既是美的又是醜的，它既可以是美的也可以是醜的。結果，要是就「什麼東西是美的？」來講，希庇亞的回答是正確的；但是就「什麼是美？」而言，希庇亞的回答則是不正確的。

接著，蘇格拉底再次重申：「我問的是美自身，這種美自身把它的理念加到一件東西，才使那件東西成其為美。」⓫因此，把這種一般的、絕對的「美自身」，同個別的可感的、美的少女、美的母馬、美的豎琴等同起來，是錯誤的。

㈡第二個定義：「黃金就正是這種美」(289D6–291C9)

希庇亞接著蘇格拉底的辯駁，提出第二個有關美的定義。他自詡，要是把某種東西加到另一種東西，才能使那種東西成其為美的話，黃金正是這種東西，所以「黃金就正是這種美」。⓬

---

❾　Plato, *Greater Hippias,* 287E.

❿　Plato, *Greater Hippias,* 289A.

⓫　Plato, *Greater Hippias,* 289D.

⓬　Plato, *Greater Hippias,* 289E.

蘇格拉底接著對第二個定義進行辯駁道，既然黃金就是美，把它加到其他東西上去，就使之成其為美；那麼為什麼雅典著名的雕刻家斐狄亞斯 (Phidias，約西元前 490/485–前 432) 雕塑雅典娜女神像時，就沒有用黃金而是用象牙，甚至用雲石。這樣，希庇亞就被迫用「得體」（希 to prepon，英 the appropriate）來搪塞，認為得體就是美，不得體就是醜。❸ 正因為這樣，就喝湯來講，木湯羹比金湯羹得體，所以木湯羹比金湯羹美。這樣，希庇亞就自己否定了他提出的第二個定義。這取而代之的，實際上也就是即將討論的第四個定義。

㈢第三個定義：「子女替父母舉行隆重的喪禮」(291D1–293C8)

接著，希庇亞就提出第三個定義。聲稱：美就是指對任何人，從來都不會以任何方式顯得是醜的。例如，對於無論古今的一切人，一個凡人所能有的最高的美，就是家裡有錢，身體好，得到全體希臘人的尊敬，長命百歲，替自己的父母舉行隆重的喪禮；自己死後，由子女替自己舉行隆重的喪禮。

蘇格拉底對希庇亞這種洋洋自得的回答嗤之以鼻，聲稱，要是拿了這一套去對付「提問者」，就將被譏笑為答非所問，因為對方所要求回答的是絕對美：

> 我問的是美自身，這美自身，加到任何一件事物上面，就使那件事物成其為美，不管它是一塊石頭，一塊木頭，一個人，一個神，一個動作，還是一門學問。❹

---

❸ Plato, *Greater Hippias,* 290C.

❹ Plato, *Greater Hippias,* 292D.

以上三個有關美的定義，是由希庇亞提出，並由作為「提問者」的蘇格拉底逐一加以批駁的。接著蘇格拉底自己作為「提問者」，相繼再提出四個定義，並自行批駁。

㈣第四個定義：「得體就是美」(293C8-294E10)

蘇格拉底作為「提問者」，就前面第二個定義加以修正後，基於黃金使用得得體時就美，使用得不得體時是醜，從而提出第四個定義：「得體是否就是美的本質。」**⑮**

蘇格拉底原先認為這種觀點是無可辯駁的，但是經過認真思考後覺得不盡然，因為真正的美和外表的美不是一回事。外表上顯示得比實際美（即真正美），那只是一種錯覺的美，和真正美不是一回事；他所追求的是美的本質，只有它才是使事物成其為美的。既然，一個原因不能同時產生兩種結果，而這裡作為美的原因的得體；或者造成實際的美，或者造成外表的美。所以，認為得體就是美是不能成立的。

「得體」這個範疇在以後的美學思想的發展中，卻起著重大的作用。亞里士多德在《修辭學》中，就肯定「得體」：「至於用語的優美……應得體」。**⑯**斯多亞派將它與藝術作品中的美聯繫起來：「他們（指斯多亞學派）在大自然中主要尋找演說家，在人工製品中主要尋找得體」。**⑰**以後西塞羅也重視這個範疇，聲稱：「沒有什麼事情比發現得體的東西更困難的了，希臘人稱它為 prepon，而我們稱它為 decorum。」**⑱**到了詩人賀拉斯（Horatius，西元前 65-）將

⑮ Plato, *Greater Hippias,* 293E.

⑯ Aristotle, *Rhetoric,* 1404^{b}1–4.

⑰ W. Tatarkiewicz, *History of Aesthetics,* I, Mouton, 1974, p.190.

⑱ Cicero, *De Oratore,* 21.70.

「得體」看作為整個古典主義美學一文藝理論的核心範疇，從而給後世以深遠的影響。**⑲**

㈤第五個定義：「有用就是美」(295A1–296D3)

蘇格拉底否定了第四個定義後，接著就再提出第五個定義：有用就是美，毫無用處就是醜。但是，聯繫動機和效果的相互關係來考察這個定義後，又感到它不盡然。因為，儘管原來想做好事，而且也的確去做了；但是，如果沒有能力去做，也就做不出來；所以，要做一件事，首先要有能力。但是，有能力的，既可以做好事，也可以做壞事，而且壞事往往多於好事，想做好事又往往做不到；因此，有能力和有用，不就是美自身。

這樣，蘇格拉底就否定了他自己提出來的關於美的第五個定義。

㈥第六個定義：「有益的就是美」(296D4–297D9)

蘇格拉底接著修正他自己提出的第五個定義。聲稱，就實現某一個好的目的來說，有能力的和有用的就是美的，也就是說：「有益的（希 ophelimon，英 beneficial 或 profitable）就是美的。」**⑳** 也就是說將美等同於有益，身體、制度、知識等東西之所以成其為美，都因為它們是有益的。接著就聯繫因果關係來分析這個定義。聲稱，所謂有益，就是產生好（善）的結果；循此，美也就是產生這種好（美）的結果的原因；由於原因和結果不是一回事，所以原因不能是原因的原因；正像結果是由生產者產生的一種產品，因此結果也就不是生產者。循此類推，原因不是結果，結果也不是原因，美不就是好（善），好（善）也不就是美。

---

⑲ 詳見范明生：《古希臘羅馬美學》，第 825–836 頁。

⑳ Plato, *Greater Hippias,* 296E.

也正因為這裡，將原因和結果絕對地對立起來，蘇格拉底也就否定了他自行提出來的有關美的第六個定義。其實質，正像 A. E. 泰勒所揭示的那樣：必須放棄關於美的「功利學派的定義 (a utilitarian definition)」。❷

正因為美和好（善）不是一回事，美就不可能用好（善）來下定義。這裡表明，蘇格拉底已或多或少要求將美和善區別開來，或多或少已意識到美學和倫理學的研究對象是有區別的。但也只有直到亞里士多德在《形而上學》1078ᵃ38–ᵇ5 中，才意識到美學和倫理學的研究對象是有區別的。

㈦第七個定義：「美就是由視覺和聽覺產生的快感」(297D10–303D10)

蘇格拉底否定了有關美的功利學派的定義後，接著就提出一個關於美的快感論的定義。

聲稱，凡是產生快感的，不論是由耳聞目睹而產生的快感，如由人、顏色、圖畫、雕塑經由視覺而產生的快感，或由音樂、詩文、故事經由聽覺而產生的快感，就都是美。但鑒於他自己，不接受未經論證證實的確定性，從不強不知以為知；但是經過論證後，又不得不放棄這個定義。並非是所有能引起快感的東西都是美的，例如色欲，雖然人人都承認它能產生很大的快感，但卻又都認為它是醜的。此外，既然說美是由聽覺和視覺所引起的快感，那麼，凡是不屬於這類快感的就不能算美了。接著，其他問題也就隨之而來了，美到底是由視覺和聽覺這兩種原因加在一起所產生的快感？還是由其中之一的視覺或聽覺所產生的快感。

結果，就產生兩種情況：1.要是視覺和聽覺各自都擁有引起美

❷ A. E. Taylor, *Plato, the Man and his Works*, p. 33.

的這種共同的性質，那麼單獨的、各自分開來的視覺或聽覺，各自
都能引起美；兩者加起來，也能產生美。 2.要是視覺和聽覺加起來
「成雙」才能產生快感，那麼也就是說，只有視覺和聽覺合起來「成
雙」才能產生美，單獨的視覺或聽覺不能引起快感，也就不能產生
美。這樣的話，單獨的視覺的快感，或單獨的聽覺的快感都不是美
自身；既然這樣，那麼它們相加「成雙」而引起的快感也不可能是
美自身。由此，只能採納這種結論：「這兩種快感，無論結合在一起
來說，或是分開來說，都是最純潔無疵的、最好的快感。」❷

可是，根據前面有關因果關係的討論來衡量，這個結論也是難
以成立的，因為原因和結果是兩回事，所以視覺的快感或聽覺的快
感不就是美；要是說，由視覺的快感和聽覺的快感合起來「成雙」
的快感才能產生美，那就是兩因一果，那就更不行了。這樣，也只
能放棄最後這個根據審美快感來給美下的定義。

最後，這個唯利是圖的智者希庇亞，牢騷滿腹地說，這場討論
只是支離破碎咬文嚼字而已，他自己只熱中於在法庭、議事會或在
交涉時，發表美妙動人的議論賺一大筆錢才是美。而蘇格拉底依然
自謙，自認其無知，侈談各種生活方式的美，事實上連什麼是美的
本質都還茫然無知，所以不得不承認：「什麼是美是困難的。」❸隨
之，整個討論也就告一段落。

從表面上來看，〈大希庇亞篇〉和其他有關定義的對話篇（〈歐
緒弗洛篇〉、〈拉凱斯篇〉、〈呂西斯篇〉）一樣，都未就所討論的對象
得出積極的結論，但這篇對話畢竟與其他有關定義的對話不一樣，

---

❷　Plato, *Greater Hippias,* 303E.

❸　Plato, *Greater Hippias,* 304E. 這是蘇格拉底引述的一則諺語，據考釋係
　　出自梭倫。

提出以下若干值得注意的觀點:

第一,從邏輯上確立了「美」這個範疇的客觀實在性。蘇格拉底在開始時實質上就提出了美的本質就是「美自身」,它是「某種存在的東西」,它也就是理念,將它「加到一件東西,才使那種東西成其為美的。」但這種「美自身」,尚還不完全具備柏拉圖中期理念論意義上的「理念」那樣具有本體論意義上的存在的含義。這種「美自身」是先驗的,具有的是邏輯概念意義上的客觀實在性。除了前面已經提到過的 H. 鮑尼茨有這種見解外,哲學解釋學的主要代表伽達默爾 (H. -G. Gadamer, 1900-) 就講得更具體:〈大希庇亞篇〉展開了眾所周知的某種「分有」理念的理論,把「美」、「善」等看作是「通種」(希 koinon genos,英 common genus) 意義上的普遍,把「存在」(希 to on,英 Being) 看作是「最高的種」(英 all the highest genus) ❷。所謂「通種」,也就是指邏輯範疇。❷另一學者 A. 韋德伯格 (A. Wedberg),通過對〈大希庇亞篇〉等的分析,認為柏拉圖(實即是蘇格拉底本人)是「哲學史上第一個邏輯實在論者」。❷的確,正是蘇格拉底在西方哲學史上第一個提出邏輯範疇意義上的「美自身」。

第二,標誌著向柏拉圖的以「分有」為特徵的美理念的轉變。以柏拉圖為代表的,體現在〈斐多篇〉和〈國家篇〉等中期對話,

---

❷ H. -G. Gadamer, *Dialogue and Dialectic Eight Hermeneutical Studies on Plato,* New Haven, 1980, pp. 132–133.

❷ 值得注意的是,柏拉圖晚年鑒於〈斐多篇〉、〈國家篇〉等中期對話篇中的,以「分有」為特徵的本體論意義上的理念論難以成立,從而在〈智者篇〉中提出了「通種論」,即範疇論。

❷ A. Wedberg, *Plato's Philosophy of Mathematics,* Stockholm, 1955, p. 28.

是以「分離」、「分有」為特徵的本體論意義上的理念（或美理念），在〈大希庇亞篇〉中尚未明確提出。「分有」（希 metecho，英 participation）這個有明確本體論含義的術語，在〈大希庇亞篇〉中尚未出現，而是在〈斐多篇〉(100C, 101C) 中最先出現的；以後，亞里斯多德在《形而上學》(987^{b}13) 中把這種觀點歸諸柏拉圖，並作為柏拉圖的以「分離」（希 chorismos，英 separate）為特徵的理念論的標誌。一般的講，〈大希庇亞篇〉中的「美自身」，是邏輯範疇意義上的「某種存在的東西」，而不是本體論意義上離開可感事物的「某種存在的東西」。但是由於他在這篇對話中，用「加到」來解「美自身」和「美的事物」之間的關係：「這種美自身把它的理念加到一件東西，才使那件東西成其為美的。」也就是說，某件東西原來並不是美的；但是，由於將「美自身」「加到」原來那件並不美的東西，才使那件東西成其為美的。這就蘊含著「美自身」和那件原先不美的東西是彼此分離的，就哲學意義上的重要概念而言，「蘊含著」和明確地表達出來，意味著在認識的發展過程中的不同階段，何況這篇對話畢竟沒有提出「分有」概念。那種以「美自身」（美理念）和事物相分離，並以「分有」來解釋其相結合，使可感個體事物所以成其為美的成熟思想，是柏拉圖在中期成熟的理念論的對話〈斐多篇〉中最先提出來的：

和絕對美分離開來的無論什麼美的東西之所以是美的，因為分有那種絕對美。 **㉗**

你會大聲嚷嚷地聲稱，除非在實際上分有同個別東西相應的理念。 **㉘**

㉗ Plato, *Phaedo*, 100C.

由此可見，代表著蘇格拉底的〈大希庇亞篇〉中的，具有邏輯範疇
意義上的客觀實在性的，以「加上」來說明美的事物之所以成其為
美的「美自身」，正處在向以柏拉圖為代表的，以「分離」和「分有」
為特徵的理念論（包括美理念）轉變的前夜。

　　蘇格拉底的這種關於美的本質的理論，本質上是先驗論的，他
先先驗地設定具有客觀實在性的「美自身」，然後通過反證個別、可
感事物本身並不具備美自身；以此證明，只有將這種一般的「美自
身」「加到」個體事物上去，後者才成其為美的事物。這種理論是不
能成立的，從認識論和方法論上來講，其根本錯誤在於將個別和一
般、相對和絕對割裂開來，並形而上地對立起來。實際上，一般的、
抽象的「美自身」本身不具備客觀實在性，它是來自對種種可感的
美的事物的思維的抽象；一般的絕對的「美自身」，只能存在於個別
的、相對的、具體的、可感的美的少女、美的黃金，得體的、引起
視覺或聽覺的審美快感的事物之中。

第三節　審美快感

　　希臘的先期哲學家，憑藉感覺知覺對藝術中的和諧和規律性進
行了探討，認為這種和諧和規律性，象徵著次序分明、秩序井然的
行動或生活中最抽象的關係。蘇格拉底則反其道而行之，貶低感性
美，崇尚理性美。這裡集中討論他的與審美快感有關的問題。

　　蘇格拉底的關於審美快感（英 aesthetic pleasure）的基本觀點，
在其駁斥有關美的本質的第七個定義時，顯示得最為清楚不過的

---

❷　Plato, *Phaedo*, 101C.

了:「美就是由視覺和聽覺產生的快感。」❷這裡的關鍵問題,主要不在於美的本質是否就是快感,而是在於他從根本上貶低和否認感性美,否認美是憑藉感官獲得的;強調理性的或形式的美。在〈大希庇亞篇〉中,強調審美感官和非審美感官之間是有涇渭分明的分界線的,它們之間是絕對對立的,存在著不可逾越的鴻溝。❸也就是將感官所感覺到個別的美,同理性所抽象和概括的一般的美,絕對地隔離開來和對立起來。結果,正像 B. 鮑桑葵 (B. Bosanquet) 所指出的那樣:這些「理論感官」(英 theoretic sense)(似宜理解為「理論思維」——引者注)同所感知的東西的物質消費沒有聯繫;從積極方面來講,只有「理論感官」才能理解和辨認結構上的整體性。❹

　　蘇格拉底進而將這兩種藝術嚴格區別開來,一種藝術是以提供快感為目的的,那是他所鄙視和否定的;一種藝術是以增進德性為目的的,那才是他所肯定和重視的。

　　這種觀點,在〈高爾吉亞篇〉中講得很具體。在其中討論到音樂藝術和悲劇藝術時,以諷刺的口吻將它們同他所鄙視的烹調技藝相比較,認為奇妙的繆斯悲劇女神,究竟是以向觀眾提供快感為目的,還是以向觀眾宣佈真理為目的?蘇格拉底的回答是:「毫無疑問,悲劇之神是將身子轉過來,面向觀眾的快感和愉悅的。」❺

　　蘇格拉底的這種觀點,在柏拉圖的後期對話〈斐萊布篇〉中有所緩和。肯定:快感至少是評價美所必須依據的富於特徵的印象的

---

❷　Plato, *Greater Hippias,* 299.

❸　Plato, *Greater Hippias,* 297–298.

❹　B. 鮑桑葵:《美學史》,第 69 頁。

❺　Plato, *Gorgias,* 502C. 繆斯九女神中,墨爾波墨涅 (Melpomene) 是司悲劇的。

一個必要因素。但是，又在兩方面，予這種快感以限制：⑴並非所有感官知覺都能引起快感，只有視覺和聽覺才可以引起快感。⑵只有在不包含不安的欲望下所引起的那種形式美的快感。具體講喜劇和悲劇就是這樣，它們都能引起快感和痛感覺的混合，即快感和痛感彼此要達到恰到處的平衡；凡這一類混合之中，痛感多於快感時，即便是些微的痛感都使人難過不安；另方面，假如快感的成分遠超過痛感的成分，也會使人手舞足蹈，無所不至。❸但最終依然崇尚形式美：

> 我此刻所說的形式上的美，不是大家所想的那樣，如生物的美、圖畫的美；……我是指直線和圓周，以及由此用規矩尺度所造成的平面與立體；我所說的這些形式不像別的東西，它的美不是相對於物的，而是永遠自成其美，並且有其所固有的快感，同那些騷擾人的快感是不能相比擬的。❸

從蘇格拉底（實質上是指柏拉圖本人）的這種否定審美快感論出發，必然是否認文學藝術的積極作用，直到亞里士多德在《詩學》中，才高度肯定審美快感。他認為，悲劇能給人以快感，因為悲劇激發憐憫和恐懼，以促使這些情緒得以淨化，使人的感情得到正當的渲泄，以消除內心的痛苦；淨化的結果是獲得「悲劇的快感」，使人心恢復到健康狀態。❸

---

❸ Plato, *Philebus,* 47.

❸ Plato, *Philebus,* 51.

❸ Aristotle, *Poetics,* chapter 14–15；詳見范明生：《古希臘羅馬美學》，上海文藝出版社，1999 年版，第 530–560 頁。

　　蘇格拉底儘管沒有從正面肯定審美快感，但確是最早提出和討論了這個問題，從而推動了後世對這個重大問題的探討。B. 鮑桑葵 (Bosanquet) 就曾這樣指出：蘇格拉底在〈大希庇亞篇〉中所提出的，將美和感覺的快感聯繫起來的定義，至今仍影響著近代人所提供的包容賅博的概念，就只不過是將古人所闡明的形式原則，重新運用到比較具體的材料上而已。就是 B. 鮑桑葵本人，也正是在蘇格拉底的負面影響下，提出了相類似的有關美的定義：美就是「對感官知覺或想像力所表現出來的特徵。」❸

　　蘇格拉底在這裡是從根本上否定審美快感的，因為他不承認可感事物的美，只承認「美自身」的美，即只承認理性美。但是這裡畢竟將感性美、審美快感問題提了出來。眾所周知，在人類認識史上，重大理論問題的提出本身即有重大意義。這裡蘇格拉底堅持審美感官和非審美感官之間存在著明顯的分界線，兩者是絕對對立的，存在著不可逾越的鴻溝。也就是將感官所感知的個別的感性事物的美，同與從諸多感性事物中概括出來的一般的理性的美，彼此割裂開來對立起來。他之所以無視和否定審美快感，這是由於他將「美自身」（美理念、絕對美）看作具有客觀實在性，而個別可感事物不具有這種客觀實在性。

第四節　文藝創作和靈感

　　蘇格拉底的美學和文藝理論，是建立在人本主義基礎上的，以人和他所處身的社會為出發點，探討文藝的本質和文藝創作。他在文藝和現實的關係問題上，持希臘的摹倣再現說。但由於記載的不

❸　B. 鮑桑葵：《美學史》，第 11 頁。

同，出現兩種顯然不同，甚至根本對立的觀點。根據色諾芬的記載，蘇格拉底的摹倣再現說是接近現實主義的；但根據柏拉圖的〈克拉底魯篇〉的記載，則是接近先驗論的，因此是與〈大希庇亞篇〉中的基本觀點是一致的。至於在文藝創作上，根據柏拉圖的記載，是持靈感說的，因此也是與〈克拉底魯篇〉和〈大希庇亞篇〉中的觀點，也是更其一致的。也正因對這些不同的記載持不同的論斷，有的人就只承認蘇格拉底持靈感說而不接受傳統的摹倣自然說。這點，在進入正式討論前，要加以說明的。

一、摹倣：再現自然說

儘管蘇格拉底並沒有將作為美的藝術作品的繪畫、雕塑、詩歌等同一般人工製品區別開來，但是根據色諾芬的記載，他已經就繪畫和雕塑的創作，討論了藝術和現實的關係，在這點上他持傳統的摹倣自然說，或更確切說持摹倣再現說。儘管色諾芬的記載是簡略的，但卻表明蘇格拉底提出了以下三點值得注意的觀點。

㈠藝術摹倣和再現自然

蘇格拉底意識到他自己有關技藝的觀點，對藝術家可能是有益的，他正是持著這種觀點，同當時雅典的一位名畫家帕拉西阿斯(Parrasios)進行談話時指出，繪畫正是對我們所看到的事物的再現：

你們繪畫師們，總是通過色彩來忠實地描繪那些低的和高的、暗的和明的、硬的和軟的、粗糙的和光滑的、新鮮的和古老的〔形形色色的事物的〕。❸

---

❸ Xenophon, *Memorabilia*, I. 10.1.

由此可見，蘇格拉底將繪畫看作是畫家，對客觀存在的可感事物的摹做再現。在他與雕塑家克雷同 (Cleiton) 談話過程中，進一步申述了他的這種觀點。聲稱雕塑家雕塑的賽跑家、摔跤家、格鬥家的美妙形象，觀者看起來最引人入勝的、栩栩如生的神情，是雕塑家通過摹做再現塑造出來的：

> 由於你（指克雷同——引者注）使自己的作品酷肖生物的形像。❸⃝
>
> 由於你（指克雷同——引者注）隨著身體的不同姿態而產生的各部位的下垂或上舉，擠攏或分開，緊張或鬆弛，都描繪得維妙維肖，才使它形態逼真，令人深信不疑。❸⃝

這裡，蘇格拉底實質上是提出了藝術是再現現實生活的觀點。

(二)再現抽象的心理活動

蘇格拉底不但提出藝術是摹做再現可感客觀事物，還討論到藝術能否再現無形的看不見的對象：藝術家「是否也描繪心靈的性格，即那種最扣人心弦、最令人喜悅、最為人所憧憬的最可愛的性格呢？還是這種性格是無法描繪的？」❹⃝畫家帕拉西阿斯對此感到惶惑，聲稱，既不可度量，又沒有色彩等的完全看不見的東西是難以描繪的。實際上，藝術家是能夠描繪出來的，但是帕拉西阿斯本人不能對自身的這種創作實踐明確地從理論上加以說明。蘇格拉底則根據他自己對藝術創作的深刻理解，對此作出了令人信服的解釋：

---

❸⃝　Xenophon, *Memorabilia,* I. 10.7.

❸⃝　Xenophon, *Memorabilia,* I. 10.7.

❹⃝　Xenophon, *Memorabilia,* III. 10.3.

可以從一個人對於別人的眼色裡看出他是喜愛還是仇恨來。❹
高尚和寬宏，卑鄙和褊狹，節制和清醒，傲慢和無知，不管一
個人是靜止著，還是活動著，都會通過他們的容貌和舉止表現
出來。❷

也就是說，人的內心中的喜、怒、哀、樂，以及其他種種的性格，
藝術家可以憑藉他的外在的容貌舉止等再現出來：「這樣一來，這些
也都是可以描繪的了。」❸

儘管蘇格拉底的這種解釋是簡要而樸素的，但重要的是，蘇格
拉底肯定人的抽象的心理活動，藝術家可以憑藉其外在形象而加以
再現的。這點無疑是重要的，不僅提出了文藝創作上的重要問題，
而且從方向上作出了正確的回答。

⊜摹做再現過程中的主觀能動性

蘇格拉底不僅認為，藝術是現實生活的摹做再現，而且還肯定
可以再現抽象的心理活動。更其難能可貴的是，在此基礎上，更進
一步強調這種摹做再現，不是簡單、機械、被動地再現生活，而是
要藝術家發揮主觀能動性創作典型形象：

當你們描繪美的人物形象時，由於在一個人的身上不容易在各
方面都很完善，你們就從許多人物形象中把最美的部分提煉出
來，從而使所創造的整個形象顯得極其美麗。❹

---

❹　Xenophon, *Memorabilia*, III. 10.4–5.

❷　Xenophon, *Memorabilia*, III. 10.4–5.

❸　Xenophon, *Memorabilia*, III. 10.5.

這裡，蘇格拉底實質上提出了文藝創作中的典型化方法，正像魯迅所說的「雜取種種人合成一個」的方法。因此，可以說蘇格拉底是從現實主義出發，在美學史上第一個提出典型化觀點的思想，當然他還沒有達到後世所達到的對典型化的這樣深刻的認識程度：藝術家在創作過程中，通過個別反映一般，通過豐滿、鮮明、獨特的人物個性、事件和環境，揭示一定歷史時期社會生活、人們心裡活動感受的某些本質方面、塑造典型形象的過程。

二、摹倣：再現理念說

蘇格拉底在〈克拉底魯篇〉中，在討論到命名的原則，即人們究竟是根據什麼來給事物命名，並賦予名字以意義的。聲稱，原生名字是儘可能表述事物的本性；由此，他提出命名是以字母和音節對事物本性的摹倣。比如，音樂是以樂音摹倣對象，繪畫是以顏色摹倣對象。

聲稱，繪畫和命名等是一種技藝，因此，有正確錯誤、好壞之分。首先，繪畫和命名一樣都是對事物的摹倣，繪畫用色彩摹倣事物，有優劣之分；命名是將事物的共同本質或特性作為意義賦予名字，也有優劣之分；命名是將事物的共同本質或特性作為意義賦予名字，也有優劣之分。所以他說：「我能像繪畫那樣將名字賦予對象，正確的賦予可稱之為真理，不正確的賦予便是錯誤。」❹❺其次，繪畫摹倣事物要有合適的色彩和構形，正確的命名則要用合適的字母和音節摹倣事物的本性，才能產生好的影像，有好的名字。從文藝和

❹❹　Xenophon, *Memorabilia,* III. 10.2.

❹❺　Plato, *Cratylus,* 431A–B.

現實的關係來看，蘇格拉底的這種觀點，無疑是符合反映論觀點的，是現實主義的。

　　但是當進一步討論到什麼是事物的本性時，他又回到〈大希庇亞篇〉中的先驗論觀點。聲稱，絕對美、絕對善等絕對存在，才是事物的真正普遍本性，它們是自身絕對同一，沒有變動。真正的美自身才是永恆不變的美，具體的美的事物是流變的，這種絕對的本性就是可感事物的「理念」。

　　循此，當蘇格拉底進一步討論摹倣說時，就不再認為包括文藝在內的技藝的製品是摹倣可感事物，而是認為憑藉可感事物的理念進行創作的。木匠在製作梭子時，是以時間上存在在先的梭子的理念為模型，去製作可感的、實用的梭子的：

> 木匠在製作梭子時，他是注視著什麼東西的？難道他不是注視著在本性上適合於起到梭子作用的某種東西？……假定正在製作的過程中，梭子被損壞了，他在製作另一只梭子時，將注視著那只損壞了的梭子呢？還是他將著眼於理念，按照理念製作其他的梭子呢？ **㊻**

回答當然是按照梭子的理念去製造可感的、可以用來進行紡織的梭子。並由此推論出，製造其他工具時也同樣如此，當發現某種工具是在本性上適合於某種工作時，他必須去發現這種適合於其本性的理念，正像工匠「把適合於使用的本性的梭子的理念，加到木頭中去。」**㊼** 鐵匠將鑽子的理念加到鐵裡去，才製造出可感的、實用的鑽

㊻　Plato, *Cratylus,* 387A–B.

㊼　Plato, *Cratylus,* 389C.

子來。這裡蘊含著木匠、鐵匠憑摹做而製造出來的梭子、鑽子的理念，先於可感的梭子；鑽子的理念，先於可感的梭子、鑽子。這裡，蘇格拉底用先驗的理念說來重新解釋傳統的摹做自然再現說。在〈克拉底魯篇〉中，蘇格拉底沒有循此理論來進一步解釋文藝創作。柏拉圖在〈國家篇〉中則進一步以此來解釋文藝創作，聲稱，木匠摹做床的理念製作可感的、實用的床，而畫家則摹做木匠製作的可感的床繪出床；因此畫家畫出的床，是摹做的摹做，因此與床的理念（真正的床）是隔三層的，因此是不真實的。柏拉圖的這種觀點，正是淵源於〈克拉底魯篇〉中的蘇格拉底的上述觀點。

蘇格拉底在〈克拉底魯篇〉中的這種摹做說，不僅不是現實主義的，而是先驗論的；而文藝創作靈感說，正是建立在這種先驗論上的。

三、文藝創作和鑒賞：靈感說

根據柏拉圖在其早期對話〈伊安篇〉的記載，蘇格拉底在文藝創作和鑒賞上持靈感說。根據柏拉圖的〈申辯篇〉和〈克拉底魯篇〉的記載，蘇格拉底信奉靈機說和靈魂不朽說；靈感說和這兩種學說是緊密相聯繫的。

在〈申辯篇〉中，蘇格拉底針對美勒托等指控他蠱惑青年，申辯他之所以熱中於與青年相交往，是出於神託，出於對神的服役，而他自己則是神賜給雅典的禮物。聲稱：

有一種神託或「靈異」（希 daimonion）來到我這裡，這就是美勒托在訴狀中所嘲笑的那個神靈，這種神靈是一種聲音，首先是在我小的時候開始來到我這裡；它永遠是禁止我去做我本來

要去做的事情，但從來不命令我去做什麼事情。❹

這種「靈異」是一種超自然的經驗。❹正像黑格爾所指出的那樣：
靈機（異）是介乎神諭的外在的東西與精神的純粹內在的東西之間；
靈機（異）是內在的東西，不過被表象為一種獨特的精靈，一種異
於人的意志的東西。❺

根據柏拉圖的〈克拉底魯篇〉的記載，蘇格拉底是將靈魂和肉
體截然分割開來的。聲稱，肉體是靈魂使用的工具，靈魂是統治肉
體的，並在實質上接受奧菲斯教的肉體是靈魂的墳墓的觀點：

有些人說肉體（希 soma）是靈魂的墳墓（希 sema），可以認為
靈魂埋在我們現在的生命體中；又說肉體是靈魂的指標，因為
靈魂給肉體以指令。也許奧菲斯教詩人是這個名字的發明者，
在他們看來靈魂正在遭受懲罰的痛苦，肉體則是禁閉靈魂的圍
場或監獄。❺

正是由於「靈機」說和靈魂不朽說相結合，蘇格拉底提出了文
藝創作和鑒賞中的靈感說。在〈伊安篇〉中，柏拉圖記載下蘇格拉
底和當時一位職業朗誦詩人伊安 (Ion) 的一場討論：詩歌創作和鑒
賞是憑靈魂還是憑技藝（即知識）。從而成為西方思想史上，最早論

❹ Plato, *Apology,* 31D–E.
❹ 企鵝古典叢書中《申辯篇》的英譯者 H. Tredennick (H. 特里德尼克)，
就將 daimonion 英譯為 "supernatural experience"（「超自然的經驗」）。
❺ 黑格爾：《哲學史講演錄》，中譯本，第 2 卷第 89 頁。
❺ Plato, *Cratylus,* 400B–C.

述靈感說的文獻。

原先希臘人流行的傳統觀念是，認為詩歌同其他工藝、醫術等一樣，是一種技藝；因此，詩人的地位也類似工匠和醫生，他們只是以吟詠的方式傳授技藝知識。在蘇格拉底以前，只有品達（Pindar，約西元前 522–前 422）曾斷言詩人優於工匠，因為詩人是憑藉「天生的才智」，即某種天賦的激情進行創作。但是品達並未就此在理論上進行闡述。

根據柏拉圖的記載，蘇格拉底在為自己申辯時講到，德爾斐神諭告知，沒有人比他蘇格拉底更智慧的了，但他則一再聲明「自知我無知」。為此問遍政治家和詩人，以證明自己的無知。結果發現詩人是憑靈感進行創作的：

> 於是我知道了詩人寫詩並不是憑智慧，而是憑一種天才和靈感（希 enthousia）；他們就像那種占卦或卜課的人似的，說了許多很好的東西，但並不懂得究竟是什麼意見。這些詩人，在我看來，情形也很相像。❺

這裡的「靈感」的原意，也就指動詞形態的「神靈憑附」。這種觀點，在〈伊安篇〉中得到進一步發展。

伊安聲稱，他尤其能理解和解說荷馬的史詩，但談到海希奧德和其他詩人的作品，雖然題材和荷馬的作品是一樣的，卻解說不好，甚至頓生倦意要打瞌睡。蘇格拉底向伊安指出：他解說荷馬的能力不是憑技藝知識，因為要是憑技藝就同樣能解說其他一切詩人；作為整體的詩的技藝，同其他任何技藝一樣，各有同樣的研討方法，

---

❺　Plato, *Apology*, 22B–C.

可以用來評鑒一切詩人的作品；繪畫和雕塑技藝等也同樣如此。❸
由此可見，蘇格拉底並沒有完全否認藝術是有知識內容的技藝，各
種藝術形式的全體作為一種技藝知識有它們的共性，有同樣的研討
法則，有鑒別作品好壞的共同標準。但是鑒於伊安只擅長和陶醉於
解說荷馬史詩的這種具體情況，指出藝術品的創作和鑒賞，有不同
於一般技藝知識的特性和魅力，即其中有靈感，即隨神靈憑附而來
的激情起著重要作用。

　　蘇格拉底聲稱，伊安之所以只擅長解說荷馬的作品，是由於來
自一種神聖的力量，即靈感。它正像是悲劇詩人歐里庇得斯所說的
磁石那樣的石頭，不僅能吸引鐵環，形成一條長的鎖鏈，但吸引力
（即靈感）都來自這塊磁石。詩神就是這塊磁石，詩神首先給詩人
以靈感，然後使他人分享這種激情而被鼓起靈感，從而形成藝術感
染的鎖鏈。由此，蘇格拉底認為，凡是高明的詩人都不是憑詩藝，
而是因為擁有靈感才能創造出優美的詩歌。這種靈感是一種沉溺於
激情的似醉如癡的情感心理狀態，就好像巫師祭奠酒神時的迷狂，
抒情詩人做詩時的心理也是如此。由此可見，蘇格拉底認為藝術作
品的創作和鑒賞是受靈感支配的，不能將它們歸諸理性知識；靈感
是創作藝術時的激情，它有強烈的藝術感染魅力，能發生鏈鎖反應：

　　　　有時你看到許多鐵環互相吸引著，掛成一條長鎖鏈，這些全是
　　　　從一塊磁石得到懸在一起的力量。詩神就像這塊磁石，她首先
　　　　給人靈感，得到這種靈感的人們又把它遞傳給旁人，讓旁人接
　　　　上他們，懸成一條鎖鏈。❹

　❸　Plato, *Ion,* 532C–533C.

　❹　Plato, *Ion,* 533E.

　　接著，蘇格拉底就循此進一步申述道，由於詩人的創作並非憑技藝的規矩，而是憑依詩神的驅遣；所以他們只能各盡所長，專門創作某一類詩，例如激昂的酒神歌、頌神詩、合唱歌、史詩，或短長格詩等。長於某一種體裁的就不一定長於其他種體裁。要是詩人可以憑技藝的規矩去創作詩的話，就不會出現這種情況，而是任何體裁、任何題目都能做。但是，詩人之進行創作是作為神的代言人進行的，正像占卜者和預言家一樣，被神奪去了他們的平常理智，由神憑附著來向人說話或進行創作的。所以，「詩人只是神的代言人，由神憑附著。」伊安也表示接受蘇格拉底的觀點：「大詩人們都是受到靈感的神的代言人。」❺❺

　　接著，蘇格拉底就循此更進一步申述道，既然詩人是神的代言人，那麼誦詩人又是詩人的代言人，所以是「代言人的代言人」。當朗誦荷馬的詩篇時，陷入迷狂，好像身臨詩篇所說的境界，神智不再清醒。因此，正像前面所說的那樣的連環的長鎖鏈，詩人是最初的一環，朗誦詩人和聽眾都通過這些環，被神驅使著朝神意要他們走的那個方向走，從而像鎖鏈那樣一個接著一個懸掛在一起。

　　對蘇格拉底的這種憑靈感或神靈憑附來解釋詩的創作和鑒賞的觀點，要進行深入的具體分析。過去曾經有人認為它基本上是神秘的、反動的，那就未必盡然。蘇格拉底的靈感說，的確有它的神秘的因素，把詩人的創作和人們的鑒賞完全歸諸「神靈憑附」，當然是神秘的，但也未必就是反動的。事實上，詩人的創作和人們對一些偉大詩篇的鑒賞過程中引起的激情，的確也難以完全憑藉理性來加以說明。就是蘇格拉底本人，除了將靈感說成是「神靈憑附」外，

---

❺❺　Plato, *Ion*, 535.

尚還將靈感解釋為是一種沉溺於激情的似醉如癡情感心理，這就將詩人創作時的非理性（絕不是反理性）心理活動，作出了理性的說明。所以，蘇格拉底的靈感說，除了神秘的一面外，尚還有值得肯定的一面。

蘇格拉底的美學思想，揭開了希臘哲學黃金時期古典的理性主義美學的序幕。首先，在美學探討的對象上，由早期自然哲學家們的以自然為主要對象，轉向以人和社會為主要對象。其次在認識論和方法論上，由早期自然哲學家們的素樸直觀的美學觀，轉向憑藉理論思維和運用辯證法，逐步建立起理性主義美學。其次，由早期自然哲學家們的基本上是素樸的唯物主義佔主導，轉向先驗的客觀唯心主義美學觀。這個體系由蘇格拉底所開創，由他的學生柏拉圖所完成。柏拉圖的學生亞里士多德，在形而上學上繼續承襲這種客觀唯心主義體系；但在美學思想上，特別是在文藝理論方面，則在相當程度上清除了他們的神秘的非理性因素，確立了現實主義的美學體系。

第十七章　小蘇格拉底學派

前面已經簡略地敘述過，蘇格拉底推動哲學由自然轉向人本，確立了雅典第一個獨立哲學學派，在生前已有相當廣泛的流傳，吸引了原先信奉伊利亞學派、畢達哥拉斯學派和智者的某些信徒們的依附，但它畢竟是一群仰慕者們的鬆散的聯合。❶死後其學說被出自對其不同理解的信徒們所繼承和發展，其中最為傑出的無疑是柏拉圖及其再傳弟子亞里士多德；此外被統稱為小蘇格拉底學派的，也是著名的代表。

小蘇格拉底學派是分別指美加拉學派、犬儒學派和西樂餒學派三個學派，他們的學說彼此間雖有區別，但是都有出自蘇格拉底的核心學說的共同的出發點。蘇格拉底強調「德性即知識」，根據其善的目的論，這種知識，實質是對善的知識而已；但是，蘇格拉底畢竟沒有對這項善的知識的普遍內容給予具體的或充分的說明。以後，從柏拉圖起直到晚期希臘哲學的最後一個重要的以普羅提諾(Plotnus)為代表的新柏拉圖學派，都以「善」作為構築其體系的核心。美加拉學派將蘇格拉底的「善」和伊利亞學派的「一」相結合，從而予巴門尼得斯的「一」以一定的規定性，進而又賦予蘇格拉底的「善」以本體論意義。而犬儒學派和西樂餒派則試圖以善的普遍

❶　E. Zeller, *Socrates and Socratic School,* London, 1885, p. 69.

形式，解釋個人人生真正的內在價值，以他們所理解的真正幸福而行動，並均以此為賴以獲得幸福的本性為德性；實質上是各自片面地發展了蘇格拉底倫理學中快樂主義因素。

下面，循序討論這三個學派。

第一節　美加拉學派

美加拉學派由美加拉的歐幾里德所創立，採納以巴門尼得斯為代表的伊利亞學派學說，將其與蘇格拉底的有關善的學說相結合起來，並循此去批判包括柏拉圖的理念論在內的其他學派的學說。在批判過程中擅長辯論，因此，這個學派也被稱為論辯學派。

這個學派是在蘇格拉底被處死後不久創立的，其他著名代表人物有歐布里德和狄奧多羅。這個學派只存在了一個很短的時間，以後就和犬儒學派、斯多亞學派合流了。❷

歐幾里德同蘇格拉底及其周圍的朋友、學生關係密切，蘇格拉底去世時，他是在場的；❸柏拉圖曾在〈國家篇〉、〈泰阿泰德篇〉、〈巴門尼得斯篇〉和〈智者篇〉中提到他。蘇格拉底被處死後，柏拉圖等為避免接踵而來的迫害，曾去美加拉避居，由此可見他們間關係的密切。❹

---

❷　W. Windelband, *History of Ancient Philosophy,* p. 135. W. 文德爾班：《哲學史教程》上卷，第 102 頁。

❸　Plato, *Phaedo,* 59C.

❹　D. L., II. 10.106.

一、歐幾里德

美加拉學派的創始人是美加拉的歐幾里德（Eucleides of Megara，約西元前 450-前 374），撰有〈埃斯基尼篇〉、〈克里托〉等六篇對話，都已佚失。是蘇格拉底的忠實朋友和仰慕者。熟悉伊利亞學派的學說，致力於以該派學說來重新解釋他所理解的蘇格拉底的哲學，將伊利亞學派的「存在」等同於蘇格拉底的「善」；但是，使用這種方法的結果，並未克服巴門尼得斯原理的抽象性。❺

蘇格拉底認為善是知識的最高對象，歐幾里德接受這種觀點，認為這種知識的最高對象的善是真正的實在；進而將巴門尼得斯的所有歸諸這種真存在的屬性歸諸蘇格拉底的善。❻聲稱，當我們講到神、理智、理性時，總是意指與善是一回事。❼同樣的道理，正像蘇格拉底所揭示的德性的目的是善的知識（即「一」），當我們講到種種德性時，無非也就是這同一善的德性的不同名稱而已。❽凡與這種善相對立的或相矛盾的，就是不存在的。❾亞里士多德在《形而上學》中講到的：「那些主張不變的本體存在的人，有人說『一自身』就是『善自身』，但他們認為它的本體主要在於它的『一』。」❿這就是指的歐幾里德等人的觀點。

在邏輯論證基礎上，放棄蘇格拉底的以例證為基礎的歸納辯論

---

❺ W. Windelband, *History of Ancient Philosophy,* p. 135.

❻ E. Zeller, *Socrates and the Socratic Schools,* p. 263.

❼ Cicero, *Academica,* IV. 42.129.

❽ D. L., VII. 161.

❾ D. L., II. 10.106.

❿ Aristotle, *Metaphysics,* 1093^{b}13.

術，採納伊利亞學派的芝諾的悖論和歸謬法，強調攻擊對方的論證時，不是反對對方的前提而是反對對方的結論，從而將對方引入荒謬的境地。同該學派的其他成員一起對命題邏輯的建立作出了貢獻，並因此而影響了斯多亞學派的邏輯學。 ⑪

F. D. E. 施萊爾馬赫等認為，歐幾里德在柏拉圖以前發展了理念論，實際情況表明，柏拉圖在〈國家篇〉、〈泰阿泰德篇〉、〈巴門尼得斯篇〉和〈智者篇〉中批評了他們的觀點。

二、歐布里德

米利都的歐布里德 (Euboulides，約西元前四世紀)，美加拉學派的主要代表之一。著名演說家德謨斯提尼 (Demosthenes，西元前 384–前 322) 曾是他的學生。生前曾與亞里士多德有過爭論，攻擊過亞里士多德。 ⑫

美加拉學派對於邏輯學的發展作出了三項重要貢獻：⑴發現一些有趣的悖論；⑵重新考察了模態概念；⑶開創了關於條件陳述句性質的重要討論。就歐布里德而言，繼承歐幾里德的傳統，追隨伊利亞學派的芝諾，使用歸謬法，發現和提出了七個悖論：「穀堆論證」、「有角人」、「禿頭人」、「說謊者」、「偽裝者」、「厄勒克特拉」、「蒙面人」。這些論證，從表面上看來似乎是荒謬的語言遊戲，實質上是具有邏輯意義的悖論。從表面上看來，都是由於語言歧義造成日常觀念和判斷中的矛盾，其實它們各自的涵義並不相同。這裡依據邏輯史學者將它們歸納成四種類型進行論述： ⑬

---

⑪ W · 涅爾等：《邏輯學的發展》，張家龍等譯，北京商務印書館，1985 年版，第 12 頁。

⑫ D. L., II. 2.108–109.

　　第一種類型是「說謊者」論辯：如果有一個人承認他是在說謊，那麼他是在說謊呢還是說真話？ ⑭無論怎樣回答都會陷入自相矛盾：如果說他是說真話，就是肯定他承認自己在說謊；如果說他是在說謊，就是否定他承認的自己在說謊，他倒是在說真話了。這是一個典型的邏輯上的悖論，即一個陳述句自身包含著真和假的自相矛盾。它的實質是：當一個陳述句的真或假，同所陳述的內容的真或假正好相反時，便陷入思維自相矛盾的兩難境地。

　　第二種類型是「蒙面人」論證：「你說你認識你的父親，但是剛才進來的那個頭上蒙著布的人，是你的父親，你卻不認得他。」⑮這個論辯使人的思維陷入一種自相矛盾的悖論：你不認識你所認識的人，「偽裝者」和「厄勒克特拉」也是相似的論辯。這類悖論之所以發生，一方面是由於「認識」這個詞所蘊含的歧義，另一方面是由於事物的普遍和特殊的對立表現為一種思維矛盾。我們說「認識」一個人，是指作為個別的這個人，如果他蒙面隱藏了其特殊性，就成為無特殊規定的一般的人，反倒不認識作為個別的這個人了。這裡的認識和不認識的矛盾，表現了認識過程中一般和個別的矛盾。

　　第三種類型是「穀堆」論辯和「禿頭」論辯。前一論辯是：一粒穀能否造成一堆？不能。再加一粒呢？還是不能。再加一粒，……直到最後加上一粒能成一堆。開始時否定一粒穀能造成一堆，最後卻肯定一粒穀造成一堆。⑯後一論辯是相似的：你說一個人如果只

⑬　W・涅爾等：《邏輯學的發展》，第 147 頁。

⑭　Cicero, *Academicae Quaestiones,* IV. 29.

⑮　琉善：《琉善哲學文選》，羅念生等譯，北京商務印書館，1980 年版，第 75 頁。

⑯　同⑭。

有一根頭髮是禿頭嗎?是的。如果有兩根頭髮是禿頭嗎?是的。……直到最後加上一根頭髮才改變了禿頭。❶ 這類悖論實質上體現了量和質的對立及其相互過渡的辯證法。在量變過程中,一粒穀、一根頭髮的增加不能造成質變,但量變進到一定的關節點就會引起質的改變,使事物過渡到反面去。美加拉學派自己當然還不能認識到量變和質變的對立統一,他們只是自發揭露了這種辯證法所表現的思維矛盾。

第四種類型的論辯是「有角的人」:「如果你沒有丟失某種東西,你便仍舊有它;而你沒有丟失角,所以你是有角的人。」❶ 這無疑是一項詭辯,但其邏輯意義卻表明:要是對一般的前提缺乏限定,抽象地從一般推論個別,就會得出荒唐的結論。

概括起來講,第一種型的悖論表明,要作出一個關於陳述句自身真或假的陳述句的奇特性質。第二種類型的悖論,提出了關於「認識」這個詞的不同用法問題,以及關於「如果 X 是和 Y 等同,那麼凡是對 X 能說是真的東西對於 Y 也能說是真的」這個假定的正當性的問題。第三種類型的悖論,揭示了我們某些普通表達式的基本歧義性質。第四種悖論指出,如果一個陳述句(例如「你丟失了角」),包含了一個預設(例如你從前有過角),那麼這個陳述句或者可以用一種限制的方式,不承認那個預設來加以否定。

當然,就當時的認識水平來講,歐布里德還不可能達到這樣高的水平;更其可能的是論證美加拉學派的基本主張:只有普遍一般的東西(概念、共相),才是絕對真實的存在,而涉及個別特殊的現象和經驗,就會使人的認識陷入難以確定的自相矛盾。但是,他的

---

❶　Cicero, *Academicae Quaestiones*, II. 49.

❶　同 ❶。

論證，確是在客觀上揭示了一系列不同形式的悖論，在邏輯史上是有價值的。

三、狄奧多羅

耶索斯的狄奧多羅（Diodorus of Iasos，鼎盛年在西元前 300 年左右），他的綽號是「克羅諾斯」，意指「老手」，是美加拉學派的論辯術大師之一，他的著名學生有斯多亞學派的奠基人季蒂昂的芝諾（Zeno of Kitieus，約西元前 336/335–前 264/263），以及中期柏拉圖學園派的奠基人阿爾克西勞（Arcesilaus，約西元前 315–前 241/240），此兩人都深受狄奧多羅的影響。

繼承伊利亞學派的芝諾的論證方法，論證運動等的不可能，以維護美加拉學派的基本學說。

首先，運動是不可能的。要是假設某種東西運動，那麼它必須或者在空間中運動，或者不在空間中運動。如若在空間中運動，但是沒有場所供其運動，因為，空間是完全盈滿的；如若不在空間中運動，那運動是根本不可能設想的。[19]

其次，無物毀滅。一堵牆它是不滅的，要是砌成這堵牆的諸石塊凝結在一起的話，這堵牆就總是站立在那裡；要是諸石塊分離開來了，這堵牆也就不再存在了，所以也談不到這堵牆的毀滅問題。[20]

其次，論證「凡既非現在是真也非將來是真的東西不是不可能的。」根據羅馬哲學家愛比克泰德（Epictetus，約西元 55–135）在其《道德論集》中的記載，提出以下三個命題的不相容，以論證可能

---

[19]　Sextus Empiricus, *Outlines of Pyrrhonism,* II. 242, III. 71；Sextus Empiricus, *Adversus Mathematicos*, X. 85, I. 311.

[20]　Sextus Empiricus, *Adversus Mathematicos*, X. 347.

性問題：⑴「凡是過去的和真的東西是必然的」；⑵「不可能的東西不是從可能的東西得來的」；⑶「既非現在是也非將來是的東西是可能的。」❷這裡實際上提出了著名的「主論證」（希 Kurieuon Logos，英 master argument）。從現代邏輯來看，只有第二個命題才能成立。

狄奧多羅的邏輯思想影響了斯多亞學派，認識論上推動了中期柏拉圖學園的向懷疑主義的轉變。

第二節　犬儒學派

犬儒學派（Cynics，亦譯作昔尼克學派），這個學派得名自兩種說法：⑴因創始人蘇格拉底的學生安提司泰尼在雅典城郊外「白犬之地」（希 Cynosarge）運動場講學而得名，象徵一種道德上的警覺性，像獵犬似地吠叫，提醒人們節制情欲。⑵因主要代表人物西諾帕的第歐根尼宣揚和實行一種最簡單粗鄙的生活方式，因此被稱為「犬」。所以將不同程度追隨安提司泰尼和第歐根尼的人稱為犬儒學派。實際上他們並未像斯多亞學派和伊壁鳩魯學派等那樣形成獨立的學派，又未制定獨立系統的學說，所以不被認為是正統的學派。其發展經歷早期（西元前四世紀後半葉至前一世紀）和晚期（西元一世紀至五世紀）。這個學派在演變過程中，同斯多亞學派合流了。❷第歐根尼・拉爾修曾這樣指出過：「這兩個學派之間有緊密聯繫。」❷

---

❷　根據威廉・涅爾等：《邏輯學的發展》，第 154 頁。

❷　E. Zeller, *Socrates and Socratic School,* p. 285; W. 文德爾班：《哲學史教程》上卷，第 102 頁。

❷　D. L., VI. 84.

這裡介紹這個學派的兩個代表人物：安提司泰尼和第歐根尼。

一、安提司泰尼

安提司泰尼（Antisthenes，約西元前 435-約前 370）是犬儒學派的奠基人，是雅典人。原先是著名智者高爾吉亞的學生，曾從事智者的職業，在智者圈內活動；後來才成為蘇格拉底的一名虔敬的學生，蘇格拉底去世時，曾在場。㉔蘇格拉底去世後，開始在雅典郊外白犬運動場講學，逐漸形成犬儒學派。

接受蘇格拉底的德性即知識的學說，認為只有遵循知識才能獲得德性。進而認為，幸福的基礎在於德性，而德性的基礎在於知識，因此德性是能夠教的；它可以通過對詞的意義的研究而獲得。只要知道什麼是德性，就能按德性來行動；誰獲得了這種知識，也就永不會喪失。進而聲稱，絕大多數的快樂都是不可靠的，無助於達到幸福，只有努力以求達到的幸福，才是持久的和無可非議的。

接著將德性即知識推到幾近極端的地步，認為一切知識要不是直接從屬於倫理目的的，都是不必要的。由此促使犬儒學派認為邏輯學和自然哲學的研究，以及一切技藝，由於對增進人類的道德都無補於事的，所以是毫無價值的。但是，也不能因此認為他們是敵視文化的，但其價值要以是否有助於產生犬儒類型的德性作為評價標準。㉕

以類似後世唯名論的觀點，批評柏拉圖的理念論，認為一般的馬的理念是看不到的，因而是不存在，它是思想的虛構；只有具體的可感的個別的馬、可感的事物，才是唯一實在的。聲稱：「我看見

㉔ Plato, *Phaedo*, 59B.

㉕ E. Zeller, *Socrates and Socratic School*, p. 294–295.

馬,卻看不見馬性。」進而認為,任何主、賓詞的結合都是不可能的,
因此只能做到同義重複。例如不能說人是善的,只能說人是人或善
是善。進而也就否定一切定義。因而遭到亞里士多德的指名批評:

> 當安提司泰尼宣稱沒有什麼事能夠被描述,除非由專屬於它的
> 陳述來描述:一個謂語對一個主語,他的頭腦是太簡單了。由
> 此,通常會得出的結論是,不會有矛盾,而且幾乎不會有錯
> 誤。❷⑥

蘇格拉底在生前已經看出安提司泰尼的樸素生活是矯揉做作、
沽名釣譽。當他翻開外衣的破爛部分給人看時,蘇格拉底就指出:
「透過你外衣的破洞,我就看出你的好名之心。」❷⑦

二、西諾帕的第歐根尼

西諾帕的第歐根尼 (Diogenes Sinopeus,約西元前 400–前 323)
是犬儒學派的主要代表之一。出生於原古希臘在小亞細亞的殖民城
邦西諾帕 (今土耳其錫諾普)。相傳隨其父由於鑄造劣幣而被逐出故
鄉,後前往雅典,生活極端貧困,卒於科林斯。可能是安提司泰尼
的學生,兩人在學說上有許多相似之處,並將其師的學說推向極端、
賦有「犬」的別名。柏拉圖曾稱他是:「走向瘋狂的一個蘇格拉底」。❷⑧
哲學史家稱他是:「西諾帕的怪人……與其說是科學家,不如說是一
個在文化史上有獨特性格的次要人物。」❷⑨

---

❷⑥ Aristotle, *Metaphysics,* 1024^{b}33–35.

❷⑦ D. L., VI. 8.

❷⑧ D. L., VI. 54.

致力於將安提司泰尼的哲學學說貫徹到日常生活，強調避開一切感官享受，認為苦難和饑餓有助於追求善；所有一切社會的、人為的發展，都是與善、責任不相容的；道德上以受感化為目的，在於返璞歸真回到自然。認為只有以最簡易方式滿足人的自然需要才能達到幸福。強調在維持身體最低限度需要的情況下達到自足。

嘲笑安提司泰尼在行動中並未貫徹其理論，是「只聽聞自己聲音的吹鼓手。」不滿足於安提司泰尼的對外界物質財富的「不動心」，為了達到自由提倡一種消極的禁欲主義。認為動物是人類生活的典範；為了使自己習慣於寒暑的變遷，住在神廟的木桶裡，提倡妻子兒女公有和自由戀愛。自稱是「世界公民」。

與安提司泰尼一樣持類似唯名論觀點。當他與柏拉圖討論到理念時，柏拉圖使用了名詞一般的桌子「桌性」和一般的杯子「杯性」時；第歐根尼答以，看到的只能是桌子和杯子，「桌性」和「杯性」是看不到的。柏拉圖批評他：「因為你有眼睛看可見的桌子和杯子，但是不理解憑藉它們可以認識理想的桌性和杯性。」❸

到了後期的犬儒學派，在哲學理論上已沒有什麼新東西，而犬儒的生活方式則越演越烈，甚至放浪形骸到恬不知恥的地步；可以說是以一種自暴自棄的方式，表現出某種對現實社會的不滿和消極反抗，甚至提出一種犬儒式的烏托邦作為他們的理想。總之，犬儒學派的德性觀念是不完善的，因為他們不能確立人的道德活動的積極目的，最後只剩下惹人注目的禁欲主義而已。❸ 因此，他們不可能獲得真正的自由：「犬儒學派自外於真正自由的領域。」❸

---

❷　W. 文德爾班：《哲學史教程》上卷，第 102 頁。

❸　D. L., VI. 53.

❸　F. Ueberweg, *History of Philosophy,* Vol. 1, New York, 1903, p. 94。

第三節　西樂餒學派

　　西樂餒學派 (Cyrenaics)，亦譯作居勒尼學派或克蘭尼學派，別稱快樂主義學派或享樂主義學派。屬於小蘇格拉底學派之一。因其主要代表出生於原古希臘在北非殖民城邦西樂餒 (Cyrene，今利比亞格特納) 而得名，其創始人亞里斯提卜、赫格西亞、安尼凱里等，發展到西元前三世紀 (約西元前 275 年左右) 告一段落，就過渡到伊壁鳩魯學派，這個學派吸收他們的享樂主義的殘餘。❸其學說，曾被十八世紀法國唯物主義用來反對封建的和宗教的禁欲主義。

　　進一步發展了蘇格拉底的善的學說中的快樂主義因素，將善看作是個體的自由和獨立，其目的是以感覺為標準的快樂 (快感)，認為尋求愉快的感受是人的天賦和最高的善，它是衡量其他一切價值的尺度。但是，不能簡單地將他們的「善即快樂」的原則，全部歸結為一種追求貪欲的滿足感官需要的那種粗鄙的享樂主義。而且，這個學派演變為愈益傾向於尋求理智的快樂，尋求一種能避免痛苦和不動心的寧靜，這點深刻地影響了當時的伊壁鳩魯學派。

　　智者的感覺論對這個學派有影響，但也不能將他們混為一談，因為西樂餒學派反對從形而上學和認識論上去探究感覺的內容和來源。他們承認外在世界離開人的意識而獨立，但誇大感覺的主觀性，認為只有感覺自身才是真實的，將感覺看作是主要原則，是真理和善的原則。強調感覺是衡量人的目的、價值的標準和支配行為的準則，這種感受是一種運動，如柔和則愉快，強烈則不愉快，太

---

❸　黑格爾語，轉引自❷ p. 94。

❸　同❷。

弱則沒有感受。最高的善只能存在於快感的享受之中。

下面簡要地介紹這個學派的代表人物：亞里斯提卜、赫格西亞和安尼凱里。

一、亞里斯提卜

西樂餒學派的創始人是亞里斯提卜，出生於北非的西樂餒（今利比亞的格林納）。是商人的兒子，先後師事智者普羅泰戈拉和蘇格拉底，曾遊歷希臘諸城邦，後回故鄉創立西樂餒學派。善於適應環境，由於諸事敘拉古僭主狄奧尼修斯一世（Dionysius I，約西元前430–前 367），被譏為「國王的馴犬」，是蘇格拉底學生中第一個收費授徒的人，亞里士多德將他列入智者。❸❹ 他的外孫小亞里斯提卜被認為是這個學派的學說體系真正制定者。由於都未曾有著作留傳下來，所以後世在他們兩人間也難以判定或有所區別，因此也只能合在一起進行討論。

亞里斯提卜學說中的蘇格拉底因素，主要體現在受知識指導的自決原理中。他的座右銘是：「我能克制自己，而不受外物迷惑。」❸❺ 將快樂定義為是生活目的的柔和運動的感覺。聲稱，賢人的目的在於享受而不是受制於快樂，只有「理智文化」(Intellectual culture) 才適宜於真正的享樂。各種快樂（快感）之間並無高下之分，只有決定其價值和持續其快樂和程度的區別。我們所知的只有我們的感覺，而不是引起這種感覺的原因。享受當前的快樂是人的真正目的，只有當前此刻才是我們力之所能及的。

與這種快樂觀相應的是其認識論。將認識限於感覺，將情感（希

---

❸❹　F. Ueberweg, *History of Philosophy,* Vol. I, p. 95.

❸❺　D. L., II. 75.

pathous，英 the affection) 和「物自身」(英 thing in itself) 區別開來，認為前者存在於我們的意識中；而「物自身」除了其永恆存在外，我們對其一無所知。我們的感覺與他人的感覺之間一致與否，我們也一無所知。❸ 將快樂和痛苦看作是衡量善和惡、真理和謊言的尺度。

二、赫格西亞

赫格西亞 (Hegesia) 出生於西樂餒，是西樂餒學派代表之一。生活在埃及托勒密王朝國勢強盛時期。因撰有《勸死篇》而獲得「勸死者」的別名。由於他的講演引起激烈的爭論，曾被逐出亞歷山大里亞（托勒密王朝的首都）。追隨亞里斯提卜，將快樂等同於善，痛苦等同於惡。

赫格西亞對人生採取一種悲觀的漠不關心的態度，認為「幸福是不能實現的」，因為「身體被各種各樣的痛苦所侵擾，靈魂也因身體痛苦而受折磨，沒有幸運，只有失望」，人只是「輪次置身於生和死之間罷了」。所以主張對一切都不必認真對待，取無所謂態度最好，智慧的人的處世態度是對一切都漠不關心。 ❸

認為幸運是經常落空的，因此幸福是不可能的和不能實現的。貧富不能影響生活中的幸福，所以富人並不比窮人更快樂些；自由或被奴役，高貴和低賤都和快樂無關。提倡容忍別人的錯誤，因為沒有人自願犯錯誤，因此不應憎恨人，要與人為善。

三、安尼凱里

❸ Sextus Empiricus, *Adversus Mathematicos*, VII. 91.
❸ D. L., II. 95-96.

　　安尼凱里（Anniceris，主要活動於西元前四、前三世紀）是西樂餒學派後期代表人物之一，繼赫格西亞成為該學派的領袖。信奉亞里斯提卜原先創立的該學派的早期觀點，基本上傾向於快樂主義觀點，同赫格西亞等各自建立西樂餒克學派中不同的分支。

　　安尼凱里認為，人的目的不是追求一般的快樂，而是具體的快樂，強調每種具體行為的目的最後都要導致快樂。不承認一般的生活目的，也不主張用避免痛苦來代替快樂，例如把死亡看作是一切痛苦的終結，但不能由此把死亡看作快樂；快樂僅指自己能理解的個人的快樂，他人所感受的快樂與自己無關。快樂的結果不只是指感官的享樂，某些美德有絕對的價值，例如對祖國、家庭、朋友的愛；在這些高尚的追求中，人會享有快樂，即使因此導致痛苦或喪失生命。深信快樂除了具有減輕痛苦的性質之外，它本身就是善，這是不同於赫格西亞的悲觀主義的。認為僅憑智慧不足以在行動中不犯錯誤，聰明人只是掌握了聰明地行動的習慣的人，而智慧在任何瞬間都是容易喪失的。

結　語

　　智者運動和蘇格拉底哲學，是古希臘前五世紀後期和前四世紀初幾乎同時興起的，體現啟蒙時期的最有代表性的兩股彼此對立的啟蒙思想。

　　隨著以雅典為代表的民主政制的發展及其進入鼎盛時期，思想家們由原先面對自然轉而關注人類社會及人自身。其間智者得風氣之先，收費授徒，教授文化、修辭和政治技藝以及辯論術。否定了早期自然哲學家們的本體、本原、存在觀，將客觀存在的自然界看作為「流動的物質」；從感覺論出發，片面強調人的主觀感覺和認識的相對性，強調「人是萬物的尺度」，無視真理的客觀性最後導向懷疑論。對傳統觀念進行猛烈抨擊的同時，在社會歷史政治觀上，在申述自然（本性）論的同時，更其強調約定論。主張人類通過相互的約定，自行制定法律和倫理道德規範等，否定天賦德性，主張人人享有平等權利甚至譴責了奴隸制；認為德性是已知可控制過程所產生的結果，因此德性是可教的；對傳統宗教進行批判的同時，提出接近無神論觀點。前期智者運動總的來講，對民主政制及其意識形態的形成和發展起到了積極作用，因此「對人類史有無可估量的影響。」後期智者運動的末流，則流於詭辯，墮落成為盲目依附統治者的附庸。

蘇格拉底則是整個啟蒙時期的「啟蒙的偉大戰士」，同時又是整個古希臘哲學發展第二階段，以蘇格拉底、柏拉圖、亞里士多德為代表最為輝煌的古典時期的揭幕人。

要是智者運動以強調主體感覺，以及以破傳統觀念和早期自然哲學的存在觀為主要特徵的話；那麼蘇格拉底則以強調理性，以及以重新建立新的倫理政治觀和新的理念學說為主要特徵。

蘇格拉底面對雅典民主政制日趨衰頹、政變頻繁、社會動盪、道德淪喪，而智者思想的消極作用又日益明顯；因此從「照顧心靈」出發，在理性主義的本體論、認識論和方法論基礎上，確立「德性即知識」的倫理政治觀，以拯救雅典民主政制為己任。

在「靈異」的名義下，以個體心靈的自覺批判傳統觀念的同時，強調「認識你自己」。憑藉「理智助產術」，通過「歸納的論證」，力求在一系列簡單的、具體的倫理、政治行為的實踐中尋求其「普通的定義」，以此來重新規範人的倫理、政治行為，確立建立在理性基礎上的新的倫理、政治價值觀。並將其同雛型的理念論緊密地結合在一起，認為勇敢、正義、虔敬、美等的本質、定義即理念，具有客觀實在性和絕對性，從而成為具體的倫理、政治行為追求的目的和摹仿的依據，它們是理性認識的對象。肯定知識是一切德性的基礎，人不會明知故犯，為惡是出於無知，趨惡避善是違犯人的本性的；人的目的在於善和幸福，只有掌握善、惡這門科學的知識，才能使人幸福。並將「德性即知識」的理論貫徹到其政治學說中去，認為政治家的任務在於關心城邦全體公民的靈魂，使他們儘可能達到完善，因此政治家必須具備關於善的知識和具備治國的種種技藝。指責當前各種政制的根本缺點在於，使城邦落到既無真知灼見又無專門知識的人的手裡。主張推行實質上是賦有民主政制內容的

賢人政制。由具備「真正政治技藝」、即政治德性知識的賢人來治理城邦；提倡思想自由和政治批評等的自由。此外，率先提出和論證了有關美的本質、審美快感，以及文藝創作和靈感等重大問題。最後為其理論和理想獻出了生命，成為西方第一個為堅持信仰自由和自由討論、自由批評而獻出生命的「啟蒙的偉大戰士」。

　　蘇格拉底的哲學思想及其實踐活動，對後世有巨大影響。在整個希臘哲學的發展過程中，起到轉折性的承前啟後的建設性作用，直接影響了柏拉圖和亞里士多德，構成西方二千四百年來理性主義傳統的真正起點。而小蘇格拉底學派，則是其門徒和學生們，以他們所理解的蘇格拉底哲學，與伊利亞學派及智者學說相結合而形成美加拉學派、犬儒學派和西樂餒學派，後兩個學派並深刻地影響了晚期希臘哲學中兩個主要學派 —— 斯多亞學派和伊壁鳩魯學派。

年　表

西元前

3000-1100 年

古希臘青銅時期的愛琴文化（即克里特－邁錫尼文化）相繼出現在克里特－米諾斯、希臘大陸、愛琴海諸島（即基克拉迪）。

2000 年

講希臘語的希臘人約在此前後來到希臘本土。

1100-1000 年

希臘半島、愛琴海諸島和小亞細亞各地民族部落制度陷於解體。

九世紀－八世紀

古希臘荷馬出生於小亞細亞伊奧尼亞地區。歸其名下的史詩《伊里亞德》和《奧德賽》，記載了野蠻時代高級階段全盛時期希臘世界的政治、經濟、文化、宗教、神話、思想認識等。

八世紀－七世紀初

海希奧德寫作《神譜》和《工作與時日》。前者以神話形式敘述宇宙的起源、希臘諸神的譜系、社會歷史觀。後者反映彼奧提亞地區城邦的社會面貌。

776 年

古希臘第一次奧林匹亞競技賽會舉行。

638 年

古希臘梭倫出生。政治家和詩人，後為古希臘確立奴隸主民主政治

奠定了基礎。卒於西元前 559 年。

624 年

古希臘第一位哲學家泰利斯約在此時出生於古希臘小亞細亞伊奧尼亞地區的殖民米利都城邦。

621 年

古希臘德拉古 (Dracon) 立法，旨在維護貴族利益。

610 年

阿納克西曼德約出生於此時。米利都學派第二代代表。以無定限體「阿派朗」為本原。卒於西元前 546 年。

605 年

古希臘斐瑞庫德斯 (Pherecydes) 約於此時出生於敘羅斯島。是與呂底亞國王阿呂亞特 (Alyattes) 同時代的神話學家和宇宙學家，畢達哥拉斯的老師。

594 年

梭倫在雅典實行改革。

586 年

阿納克西米尼斯約出生於此時。米利都學派第三代代表。以氣為萬物的本原。約卒於西元前 525 年。

585 年 5 月 28 日

泰利斯預測日食應驗，標誌希臘和西方哲學的誕生。

570 年

畢達哥拉斯約於此時出生於薩莫斯島。齊諾菲尼斯約出生於此時，是伊利亞學派創始人和遊吟詩人，提出神是「一」，著有《哀歌》等，已佚。約卒於西元前 470 年。

560–527 年

古希臘庇西特拉圖在雅典推行僭主政制。

550 年

斐瑞庫得斯主要活動年代。主張世界起於三個神：原初至上神、第
二神克洛諾斯、地母。提倡靈魂不朽輪迴轉世說。

547 年

泰利斯約卒於此時。古希臘第一個哲學家，創立古希臘第一個哲學
學派米利都學派，認為水是萬物的本原，並致力於探討宇宙的起源
及其動力。

544 年

赫拉克里特斯出生於希臘在小亞細亞伊奧尼亞地區殖民城邦愛菲
斯。

540 年

齊諾菲尼斯創立伊利亞學派。

525 年

畢達哥拉斯移居克羅頓城邦，創建宗教、科學、政治三位一體的盟
會組織，標誌畢達哥拉斯學派的建立，內部分成「信條派」和「數
理學派」。主張數是萬物的本原，事物由於摹倣數而產生，並探討以
對立的本原為特徵的辯證法，肯定天體的和諧，宣揚靈魂不朽輪迴
轉世。早期主要成員有阿爾克邁恩、希帕蘇、佩特戎、厄克芳圖、
菲羅勞斯、阿爾基塔等。

515 年

巴門尼得斯出生於伊利亞，是伊利亞學派奠基人。主張存在是「一」，
不生不滅不動，連續不可分；只有它可以被思想、被表述。著有《論
自然》。約卒於西元前 445 年。

508–507 年

古希臘雅典克利斯提尼進行政治革命。

500 年

畢達哥拉斯學派盟會組織約於此時受到第一次嚴重打擊，畢達哥拉
斯本人逃亡墨塔蓬通。阿納克撒哥拉斯出生於克拉佐門尼。米利都

成為反抗波斯人侵略的中心，遭鎮壓。赫拉克里特斯學派在愛菲斯興起並在伊奧尼亞地區傳播。

495 年

雅典政治家伯里克利出生，當政時期被譽為雅典的「黃金時代」。生前接受阿納克撒哥拉斯的影響。卒於西元前 429 年。

492 年

恩培多克利斯出生於西西里島。曾積極從事維護民主政制，提出四根說以克服伊奧尼亞學派和伊利亞學派的兩種一元論的僵硬對立；提出「愛爭說」以解釋萬物的生滅；在認識論上提出流射說；在《淨化篇》中提出靈魂不朽輪迴轉世說。

490 年

齊諾出生於伊利亞，追隨巴門尼得斯，曾隨巴門尼得斯到雅典傳播他們的學說。阿凱勞斯出生，是雅典本土第一個哲學家，阿納克撒哥拉斯的學生和繼承人，蘇格拉底的老師，他的哲學標誌著自然哲學的終結，繼續肯定種子說和努斯說，但試圖以阿納克西米尼斯的氣的一元論來彌合阿納克撒哥拉斯學說中物質種子和努斯的對立。其著作《生理學》已佚。卒年不詳。畢達哥拉斯卒。

485 年

智者普羅泰戈拉出生於阿布德拉，最早收費授徒，主張「人是萬物的尺度」。有無神論傾向，曾被指控為無神論者，著作被焚，本人被迫逃離雅典。著有《論真理》、《論神》等，均佚失。約卒於 411 年。

484 年

希羅多德出生於小亞細亞哈利卡納蘇城，被稱為西方「歷史之父」。著有《歷史：希臘波斯戰爭史》。

483 年

赫拉克里特斯卒。提出萬物皆流，認為萬物的本原是永恆的活火，其變化遵循邏各斯（尺度），最高的邏各斯是對立的統一。所創立的

愛菲斯學派一直存在到西元前四世紀。著有《論自然》,已佚。

480 年

智者和修辭學家高爾吉亞出生於西西里,定居雅典,受齊諾的辯證法的影響,但走向相對主義和懷疑主義;在倫理學上走向虛無主義。著有《論不存在或論自然》,已佚。約卒於西元前 399 年。阿波洛尼亞的第歐根尼 (Diogenenes of Apollonia) 出生,從生理學觀點改進氣的一元論,成為從恩培多克利斯和阿納克撒哥拉斯向原子論演進的環節。卒年不詳。

伊利亞學派哲學家美利梭斯出生於薩莫斯島,進一步論證「存在是一」,著有《論自然或存在》,已佚。卒年不詳。

智者安提豐出生,崇尚自然,認為法律是人為的契約,主張希臘人和野蠻人、富人和窮人的本性是一樣的。主要著作有《論真理》、《論和諧》、《城邦》等,均佚失。

悲劇詩人歐里庇得斯出生,是阿納克撒哥拉斯的弟子,接受民主派智者影響。約卒於西元前 406 年。阿納克撒哥拉斯移居雅典。

478 年

「提洛同盟」(第一次雅典海上同盟)建立。

469 年

蘇格拉底出生於雅典,父為石匠,母為助產婆,一度繼承從父業,曾以騎兵身分參加伯羅奔尼撒戰爭,由於表現勇敢獲殊榮。以與普羅泰戈拉智者等辯駁和教育青年為己任。自稱為神賜給雅典的禮物——牛虻,受「靈異」啟示,勉勵公民留意美德。對邏輯學的發展作出貢獻,並成為柏拉圖理念論的先驅;聲稱「美德即知識」,肯定知識是一切美德的基礎;認為政治學和政治家的任務就是關心城邦全體公民的靈魂。

460 年

西樂餒克學派哲學家塞奧多洛出生於西樂餒,別號「無神論者」,強

調追求永恆的快樂，卒年不詳。

修昔底德出生，著有《伯羅奔尼撒戰爭史》，約卒於西元前 400 年。

原子論學派主要代表德謨克利特出生於阿布德拉。

留基伯創立原子論學派。

畢達哥拉斯學派盟會在南意大利遭到第二次毀滅性打擊，其成員移居希臘本土。雅典政治家、詩人、智者克里底亞出生，是智者高爾吉亞的學生，「三十僭主」的首領，約卒於西元前 403 年。

希臘「醫學之父」希波克拉底出生於科斯島，在生理、解剖、病理及臨床診斷、醫療等方面作出創造性貢獻；從哲學高度總結古代醫學的經驗，力圖突破早期希臘哲學的局限，主張醫學的發展應建立在科學實踐基礎上。歸其名下的著作有七十餘篇。

458 年

智者呂西阿斯出生於雅典，曾參加反三十僭主運動，西元前 380 年去世。

450 年

雅典政治家和軍人阿爾基比亞德出生，是蘇格拉底的弟子和朋友，是當時政治道德墮落的典型代表，導致雅典在西元前 404 年戰敗，逃往小亞細亞途中被殺。

蘇格拉底密友之一的蘇格拉底學派哲學家費德羅出生，西元前 400 年去世。

小蘇格拉底學派之一、美加拉學派奠基人歐幾里德出生，結合蘇格拉底的善理論和伊利亞學派的存在論，熱中於歸謬法的反證，提出「駁斥證明不是靠前提，而是靠結論」。約卒於西元前 374 年。阿納克撒哥拉斯約於此時被逐出雅典。

450–350 年

智者運動興起。智者收費授徒，傳授辯論術、修辭學等。主要代表為普羅泰戈拉、高爾吉亞、普羅迪科等。其他還有米洛斯島的狄奧

戈拉斯，因蔑視神秘祭祀，在雅典被判處死刑，逃往科林斯；塞拉西馬柯致力於為強權政治辯護；呂科弗隆致力於以聯繫來說明理念和個別事物的關係，主張契約說；阿基達馬批判奴隸制度，堅持自然沒有使一個人為奴隸；安提豐反對蘇格拉底，認為一切人生來都是平等的；希庇亞持民主派觀點，強調自然和法律是對立的，法律迫使人做許多違背自然的事；普羅迪科持民主派觀點，傾向無神論；克塞尼阿得斯 (Xeniades) 持虛無主義觀點，認為一切都是虛假的；拉波斯持類似強權即正義的觀點，著有《論修辭技巧》，已佚。

446 年

「喜劇之父」阿里斯多芬出生，卒於西元前 385 年。現存《阿卡奈人》等十一部喜劇，運用喜劇的諷刺手法，暴露和譴責社會上存在的各種不合理現象。

444–429 年

雅典伯里克利時代，奴隸制民主政制進入繁榮時期。剝奪貴族許多特權，選舉官職廢除財產資格限制，支付公職人員職務報酬，為公民發放觀劇津貼，推進工商業和文學藝術等事業的發展，雅典成為「全希臘的學校」。對外推行帝國侵略政策。

希朋 (Hippon) 主要活動於其間，復活泰利斯的學說，認為水是萬物的本原。生卒年不詳。

436 年

雅典雄辯家、教育家伊索克拉底出生，先於柏拉圖在雅典創立學校，著有演說辭等三十篇。西元前 338 年因雅典喪失獨立絕食而死。

435 年

小蘇格拉底學派的昔尼克學派（即犬儒學派）創始人安提司泰尼出生，卒於西元前 370 年。認為幸福的基礎在於美德，而美德的基礎在於知識，而知識和美德是可以教的。

另一小蘇格拉底學派的西樂餒克學派創始人亞里斯提卜出生，在倫

理學上強調實用，強調幸福，而幸福就是快樂。卒於 360 年。

432 年

恩培多克利斯卒。阿納克撒哥拉斯被逐出雅典。

雅典修辭學家、雄辯家伊索克拉底出生（前 338 年卒），其時希臘總人口約 300 萬，其中奴隸約 100 萬。

431–430 年

蘇格拉底參加導致伯羅奔尼撒戰爭爆發的波提狄亞戰役。

431–404 年

伯羅奔尼撒戰爭，以斯巴達為首的伯羅奔尼撒同盟和海上強國雅典之間爭奪霸權，結果導致整個希臘城邦奴隸制的衰落。

431 年

該年冬，伯里克利在陣亡將士葬禮上發表著名演說。

430 年

該年六月，雅典出現第一次瘟疫。

色諾芬出生於雅典，曾研習多種學問，是蘇格拉底的弟子。撰有《希臘史》、《遠征記》等，其《回憶蘇格拉底》等著作，是研究蘇格拉底思想的主要依據。西元前 354 年客死科林斯。

該年九月，伯里克利受審被免職，不久復職。

428 年

阿納克撒哥拉斯卒。提出「種子說」（即「同素體說」或「同類部分說」、「努斯說」、「異類相知說」）。

427 年

蘇格拉底最著名的學生柏拉圖出生，繼承和發展蘇格拉底肇始的理性主義傳統，總結人類的認識制定希臘哲學史上第一個具有豐富內容的哲學體系。

智者高爾吉亞從西西里到雅典求援，一段時期居留雅典。

與柏拉圖同時代的畢達哥拉斯學派哲學家代表人物：厄克芳圖，在

原子論的影響下，試圖將畢達哥拉斯學派的數的理論和原子論相結合；菲羅斯主張萬物的本原是有限與無限、奇與偶，「一」是萬物的開端；希凱塔，主張天體是靜止的，地球繞軸心進行自轉的運動；後來追隨蘇格拉底的西米阿斯，主張無形的靈魂是有形的肉體的和諧，靈魂隨肉體的死亡而死亡；艾刻克拉底，是柏拉圖密友阿基塔斯的學生；移居希臘本土阿該亞的呂西斯等。

426 年

齊諾卒。致力於維護巴門尼得斯的存在論，存在是「一」而不是「多」，是「靜」而不是「動」。提出四個悖論，涉及到數學連續系統的邏輯問題。

424 年

蘇格拉底參加與斯巴達結盟的彼奧提亞人作戰的德立安戰役，表現得堅毅沉著。

423 年

阿里斯多芬喜劇《雲》上演，將蘇格拉底描寫成收費授徒，從事詭辯的智者。

422 年

蘇格拉底參加在色雷斯的安菲波菲利戰役。

417 年

蘇格拉底主要學生之一的斐多出生，是愛利斯—伊雷特里學派奠基人，觀點接近另一小蘇格拉底學派的美加拉學派，主要是探討辯論術。

413 年

斯巴達入侵雅典，奴隸大逃亡。雅典徵收五厘進口稅，以代貢稅。

411 年

雅典發生寡頭政變，推翻民主政制而建立四百人議事會，遭到雅典駐薩莫斯海軍反對，廢除四百人議事會，由溫和的寡頭黨人執政。

召回阿爾基比亞德。

409 年

柏拉圖的外甥和學生斯彪西波出生，柏拉圖去世後出任柏拉圖學園第二任主持人（西元前 347–前 339 年）。

408 年

柏拉圖最親密的朋友和學生之一的狄昂，出生於西西里島的敘拉古。

407 年

年約二十歲的柏拉圖成為蘇格拉底的學生，柏拉圖的一生對蘇格拉底深懷敬仰之情，成為蘇格拉底最著名、最有成就的學生。未來早期柏拉圖學園哲學家歐多克蘇出生於小亞細亞西南的殖民城邦克尼杜斯。

406 年

蘇格拉底為五百人議事會成員，力排眾議反對處死無辜將領。

404 年

伯羅奔尼撒戰爭以雅典向斯巴達投降告終，雅典出現以克里底亞為首三十僭主政權，實行殘暴的恐怖統治濫殺無辜。蘇格拉底直言指責遭到克里底亞等的迫害。

柏拉圖拒絕參加三十僭主建立的政府。

犬儒學派主要代表之一的第歐根尼出生，提倡返璞歸真。323 年卒。

400–275 年

小蘇格拉底學派之一的西樂餒克學派（即快樂學派）在西樂餒興起。創始人是亞里斯提卜。其他成員有：赫格西亞、安尼凱里、狄奧多羅等。

400 年

蘇格拉底或美加拉學派領袖歐幾里德的學生布呂孫 (Bryson) 出生，後來成為懷疑論學派創始人畢洛 (Pyrrhon) 的老師。

四世紀末—三世紀

小蘇格拉底學派之一的美加拉學派主要活動時期。代表人物有：歐幾里德、斯提爾波、狄奧多羅、菲羅等。提出「說謊者」、「隱藏者」、「有角者」、「穀堆」、「禿頭」等悖論。研究了條件命題的性質；討論了「可能」、「不可能」、「必然」、「不必然」等模態算子。

399 年

當民主政制恢復時，蘇格拉底被指控為蠱惑青年和反對信奉城邦原先的神靈另立新神，被判處死刑。有人勸他越獄，遭他拒絕。在法庭申辯時，認為指控違背事實，但鑒於是合法法庭的判決，故甘願服刑，飲鴆而死。蘇格拉底的學生柏拉圖等離開雅典到美加拉等地，相繼創各種小蘇格拉底學派：美加拉學派、西樂餒克學派、犬儒學派、愛利斯—伊雷特里學派，以柏拉圖於西元前 387 年在雅典創建的學園最著名。

394–387 年

柏拉圖在其間撰寫早期蘇格拉底對話：〈申辯篇〉、〈克里托篇〉、〈拉凱斯篇〉、〈呂西斯篇〉、〈卡爾米德篇〉、〈歐緒弗洛篇〉、〈大希庇亞篇〉、〈小希庇亞篇〉、〈普羅泰戈拉篇〉、〈高爾吉亞篇〉、〈伊安篇〉、〈克拉底魯篇〉。是研究蘇格拉底思想的主要依據。

參考書目

第一類 工具書

The Encyclopaedia Britannica, New York, (1) 1910, 11th ed.; (2) 1958 ed.; (3) 1989, 15th ed..

The Encyclopaedia of Philosophy, 8 vols., New York, 1967.

Lidell-Scott-Jones, *A Greek-English Lexicon,* 9th ed., Oxford, 1940, rpt. 1953.

The Oxford Classical Dictionary, Oxford, 1949.

Peters, F. E. ,*Greek Philosophical Terms: A Historical Lexicon,* New York, 1967.

《中國大百科全書》,《哲學》I–II, 中國大百科全書出版社, 1987 年版。

馮契主編:《哲學大辭典》, 上海辭書出版社, 1992 年版。

第二類 蘇格拉底及其先期哲學家殘篇和資料

Diels, H., und W. Kranz ,*Die Fragmente der Vorsokratiker,* Grieschisch und Deutsch, Weidmann, 1974.

Ferguson, J., *Socrates—A Source Book,* The Open University Press, 1970.

Freeman, K., *The Presocratic Philosophers: A Companion to Diels,* Fragmente der Vorsokratiker, 2nd Edition, Oxford, 1959.

Kirk, G. S., R. E. Raven & M. Schofield, *The Presocratic Philosophers: A Critical History with a Selection of Texts,* 2nd ed., Cambridge, 1983.

苗力田主編：《古希臘哲學》，北京中國人民大學出版社，1989 年版。

北京大學哲學系外國哲學史教研室編譯：《古希臘羅馬哲學》（原始資料選編），北京三聯書店，1957 年版。

Untersteiner, M., *I Sofisti, Testimonianze e Frammenti,* Firenze, 1967.

第三類　古代著作

Aeschylus, *Aeschylus,* translated by H. W. Smyth, 2 vols., The Loeb Classical Library, 1973.

Aristophanes, *Aristophanes,*translated by B. B. Rogers, 3 vols., The Loeb Classical Library, 1982.

Aristotle, *The Completed Works of Aristotle,* the Revised Oxford Translation, ed. by J. Barnes, 2 vols., Princeton, 1985.

Diogenes Laertius, *Lives of Eminent Philosophers,* translated by R. D. Hicks, 2 vols., The Loeb Classical Library, 1972.

Herodotus, *Historiae,*translated by A. D. Godley, 4 vols., The Loeb Classical Library, 1981.

Hesiod, *The Homeric Hymns and Homerica,* The Loeb Classical Library, 1977.

Homer, *The Iliad,*translated by A. T. Murray, 2 vols., The Loeb Classical Library, 1978.

Homer, *The Odyssey,* translated by A. T. Murray, 2 vols., The Loeb Classical Library, 1980.

Plato, *The Collected Dialogues of Plato, Including the Letters,* ed. by H.

Hamilton & H. Cairns, Princeton, 1973.

Plato, *The Dialogues of Plato,* translated into English with analytics and Introductions by B. Jowett, 3rd ed., 5 vols., 1892, Impression of 1931.

Sextus Empiricus, *Sextus Empiricus,* translated by R. G. Bury and Others, 4 vols., The Loeb Classical Library, 1976.

Vol. 1 *Outlines of Pyrrhonism.*

Vol. 2 *Against the Logicians.*

Vol. 3 *Against the Physicists, Against the Ethicists.*

Vol. 4 *Against the Professors.*

Thucydides, *History of the Peloponnesian War,* translated by C. F. Smith, 4 vols., The Loeb Classical Library, 1980.

Xenophon *The Complete Works of Xenophon,* translated into English by Ashley and Others.

第四類　近現代著作

Allen, R., *Plato's 'Euthyphro' and the Earlier Theory of Forms,* New York, 1970.

Barker, E., *The Political Thought of Plato and Aristotle,* New York, rpt. 1959.

Bosanquet, B., *A History of Aesthetic,* London, 1922.

Burnet, J., *Greek Philosophy: Part I, Thales to Plato,* London, 1928.

Burnet, J., *Platonism,* California, 1928.

Burnet, J., *Early Greek Philosophy,* London, 1945.

Bury, J. B., *History of Greece,* New York, 1937.

伯里 (J. B. Bury)：《思想自由史》，羅志希譯，北京商務印書館，1926 年版。

Caird, E., *The Evolution of Theology in the Greek Philosophers*, 2 vols., Glascow, 1904.

The Cambridge Ancient History, Cambridge University Press.

  Vol. 3 Part 3 —*The Expansion of the Greek World, 8th to 4th century B. C.*, New Edition, 1982.

  Vol. 4 —*The Persian Empire and the West*, rpt. 1977.

  Vol. 5 —*Athens: 428–408 B.C.*, 1927.

  Vol. 6 —*Macedon: 401–301 B.C.*, 1927.

陳康:《陳康: 論希臘哲學》, 汪子嵩、王太慶編, 北京商務印書館, 1990 年版。

Chroust, A. H., *Socrates, Man and Myth*, University of Notre Dams Press, 1957.

丹皮爾 (W. C. Dampier):《科學史及其與科學和宗教的關係》, 李珩譯, 北京商務印書館, 1975 年版。

范明生:《晚期希臘哲學和基督教神學》, 上海人民出版社, 1993 年版。

范明生:〈論柏拉圖早期的理念論〉, 見《外國哲學史集刊》(4), 上海人民出版社, 1981 年第 1 版。

范明生:〈柏拉圖早期蘇格拉底派對話篇和「曼諾篇」認識論初探〉, 見《外國哲學史論文集》(第二輯), 山東人民出版社, 1981 年第 1 版。

范明生:《柏拉圖哲學述評》, 上海人民出版社, 1984 年版。

范明生:《古希臘羅馬美學》, 上海文藝出版社, 1999 年第 1 版。

Findlay, J. N., *Plato: The Written and Unwritten Doctrines*, London, 1974.

Gomperz, T., *The Greek Thinkers: A History of Ancient Philosophy*, translated by G. G. Berry, London, The Impression 1169.

  Vol. 2 —*Socrates, and the Socratic, Plato*, 7th Impression, London.

Grote, G., *Plato, and the other Companions of Sokrates*, 3rd ed., 3vols., London, 1875,.

Guthrie, W. K. C., *A History of Greek Philosophy,* Cambridge University Press.

　　Vol. I—*The Earlier Presocratics and the Pythagoreans,* rpt. 1971.

　　Vol. II—*The Presocratic Tradition from Parmenides to Democritus,* rpt. 1974.

　　Vol. III—*The Fifth Century Enlightenment,* 1969.

　　Vol. IV—*Plato, The Man and his Dialogues: Earlier Period,* 1975.

黑格爾 (Hegel)：《哲學史講演錄》，第 1 卷，北京三聯書店，1956 年版。

黑格爾 (Hegel)：《哲學史講演錄》，第 2 卷，北京三聯書店，1957 年版。

Jaeger, W., *Paedeia: The Ideals of Greek Culture,* translated by G. Highet, Oxford.

　　Vol. I—*Archaic Greece, The Minds of Athens,* 1947.

　　Vol. II—*Search of the Divine Centre,* 1976.

Kahn, C. H., *The Art and Thought of Hevaclitus: An Edition of the Fragments with Translation and Commontary,* Cambridge, 1983.

Kerferd, G. B., *The Sophistic Movement,* Cambridge University Press, 1981.

W. 涅爾 , M. 涅爾 (W. Kneale, and M. Kneale)：《邏輯學的發展》，張家龍等譯，北京商務印書館，1985 年版。

波普爾 (K. Popper)：《開放社會及其敵人》，莊文端等譯，桂冠圖書公司，1986 年版。

Raeder, H., *Platons Philosophische Entwicklung,* New York, rpt. ed. 1976.

Rankin, H. D., *Sophists, Socrates and Cynics,* New Jersey, 1983.

Ritter, C., *The Essence of Plato's Philosophy,* London, 1933.

羅斑 (L. Robin)：《希臘思想和科學精神的起源》，陳修齋譯，北京商務印書館，1965 年版。

Robinson, R., *Plato's Earlier Dialectics,* Oxford, 1953.

Rogers, A. K., *The Socratic Problem,* Yale University Press, 1933.

Ross, W. D., *Plato's Theory of Ideas,* Oxford, 1951.

Santas, G. X. W., *Socrates, Philosophy in Plato's Early Dialogues*, Boston, 1982.

斯東 (I. F. stone)：《蘇格拉底的審判》，三聯書店，1998 年版。

《世界上古史綱》編寫組:《世界上古史綱》上、下冊，北京人民出版社，1979–1981 年版。

Stewart, J. A., *Plato's Doofrine of Ideas,* Oxford, 1909.

Taylor, A. E., *Socrates, the Man and his Thought,* New York, 1952.

泰勒 (A. E. Taylor)《柏拉圖——生平及其著作》，謝隨知等譯，山東人民出版社，1991 年。

泰勒 (A. E. Taylor) 龔珀茨 (Th. Gomperz)《蘇格拉底傳》，北京商務印書館，1999 年版。

Untersteiner, M., *The Sophists,* translated by K. Freeman, Oxford, 1954.

Vlastos, G., ed., *The Philosophy of Socrates,* New York, 1980.

汪子嵩、范明生、陳村富、姚介厚:《希臘哲學史》，北京人民出版社，第 1 卷，1988 年版; 第 2 卷，1993 年版。

Windelband, W., *A History of Philosophy,* translation by J. H. Tufts, New York, 1901.

Windelband, W., *History of Ancient Philosophy,* translated by H. E. Cushman, 3rd Edition, New York, 1924.

Woodruff, P., *Plato-Hippias Major,* trans. Commentary & Essay, Oxford, 1982.

楊適:《哲學的童年》，北京中國社會科學出版社，1987 年版。

葉秀山:《前蘇格拉底哲學研究》，北京三聯書店，1982 年版。

葉秀山:《蘇格拉底及其哲學思想》，北京人民出版社，1986 年版。

Zeller, E. & W. Nestle, *Outlines of the History of Greek Philosophy,* London, 1931.

Zeller, E., *The Pre-Socratic Schools: A History of Greek Philosophy, from the Earliest Period to the Time of Socrates,* 2 vols., London, 1881.

Zeller, E., *Socrates and the Socratic School,* translated by O. J. Reichel, London, 1885.

Zeller, E., *Plato and the Older Academy,* translated by S. F. Alleyne & A. Goodwin, London, 1888.

索　引

A

Achilleus(阿奇里斯)　16

Acousmatics(信條派)　75

Aer(Air)(氣) 阿納克西米尼斯的本
　　原　41-42

Aeschylus(埃斯庫羅斯)　20

Aesthetic pleasure(審美快感)
　　362-365

Aëtius(艾修斯)　35

Anaxagoras(阿納克撒哥拉斯)
　　152-168

Anaximanderos(阿納克西曼德)
　　15,36-40

Anaximenes(阿納克西米尼斯)
　　41-45

Anniceris(安尼凱里)　390-391

Anthropology(人類學) 赫拉克里特
　　斯的人類學　70

Antisthenes(安提司泰尼)　385-
　　386

Anytus(安尼圖斯)　253

Apeiron(阿派朗)　37-39

Arche(英 principle)(本原)

泰利斯的水　33

阿納克西曼德的阿派朗　37

阿納克西米尼斯的氣　41

赫拉克里特斯的火　50

畢達哥拉斯學派的數　75

恩培多克利斯的四根 --「愛」
　　和「爭」　139

阿納克撒哥拉斯的「種子」--
　　「努斯」　153

原子論的原子 - 虛空　172

齊諾菲尼斯的「神」--「一」
　　104-108

由本原轉入本體　135

Aristarchus(阿里斯塔庫)　89

Aristippus(亞里斯提卜)　274,389-
　　390

Aristotle(亞里士多德)　11,12,25,
　　35,125-9,133,143,165-168,
　　173-4,189,207,221,236-240,
　　252,284,286,302,323,340,358

Aristophanes(阿里斯托芬)　15,
　　226-229

Art of intellectual midwife(理智助

世界哲學家叢書（一）

書　　　　　名	作　　　者	出　版　狀　況
孔　　　　　子	韋　政　通	已　　出　　版
孟　　　　　子	黃　俊　傑	已　　出　　版
荀　　　　　子	趙　士　林	已　　出　　版
老　　　　　子	劉　笑　敢	已　　出　　版
莊　　　　　子	吳　光　明	已　　出　　版
墨　　　　　子	王　讚　源	已　　出　　版
公　孫　龍　子	馮　耀　明	已　　出　　版
韓　　　　　非	李　甦　平	已　　出　　版
淮　　南　　子	李　　增	已　　出　　版
董　仲　　舒	韋　政　通	已　　出　　版
揚　　　　　雄	陳　福　濱	已　　出　　版
王　　　　　充	林　麗　雪	已　　出　　版
王　　　　　弼	林　麗　真	已　　出　　版
郭　　　　　象	湯　一　介	已　　出　　版
阮　　　　　籍	辛　　旗	已　　出　　版
劉　　　　　勰	劉　綱　紀	已　　出　　版
周　敦　　頤	陳　郁　夫	已　　出　　版
張　　　　　載	黃　秀　璣	已　　出　　版
李　　　　　覯	謝　善　元	已　　出　　版
楊　　　　　簡	鄭　曉　江 李　承　貴	已　　出　　版
王　安　　石	王　明　蓀	已　　出　　版
程顥、程頤	李　日　章	已　　出　　版
胡　　　　　宏	王　立　新	已　　出　　版
朱　　　　　熹	陳　榮　捷	已　　出　　版
陸　象　　山	曾　春　海	已　　出　　版

世界哲學家叢書（二）

書　　　　名	作　　者	出　版　狀　況
王　　廷　　相	葛　榮　晉	已　　出　　版
王　　陽　　明	秦　家　懿	已　　出　　版
李　　卓　　吾	劉　季　倫	已　　出　　版
方　　以　　智	劉　君　燦	已　　出　　版
朱　　舜　　水	李　甦　平	已　　出　　版
戴　　　　震	張　立　文	已　　出　　版
竺　　道　　生	陳　沛　然	已　　出　　版
慧　　　　遠	區　結　成	已　　出　　版
僧　　　　肇	李　潤　生	已　　出　　版
吉　　　　藏	楊　惠　南	已　　出　　版
法　　　　藏	方　立　天	已　　出　　版
惠　　　　能	楊　惠　南	已　　出　　版
宗　　　　密	冉　雲　華	已　　出　　版
永　明　延　壽	冉　雲　華	已　　出　　版
湛　　　　然	賴　永　海	已　　出　　版
知　　　　禮	釋　慧　岳	已　　出　　版
嚴　　　　復	王　中　江	已　　出　　版
康　　有　　為	汪　榮　祖	已　　出　　版
章　　太　　炎	姜　義　華	已　　出　　版
熊　　十　　力	景　海　峰	已　　出　　版
梁　　漱　　溟	王　宗　昱	已　　出　　版
殷　　海　　光	章　　　清	已　　出　　版
金　　岳　　霖	胡　　　軍	已　　出　　版
張　　東　　蓀	張　耀　南	已　　出　　版
馮　　友　　蘭	殷　　　鼎	已　　出　　版

世界哲學家叢書（三）

書　　　　　名	作　　　者	出　版　狀　況
牟　　宗　　三	鄭　家　棟	已　　出　　版
湯　　用　　彤	孫　尚　揚	已　　出　　版
賀　　　　　麟	張　學　智	已　　出　　版
商　　羯　　羅	江　亦　麗	已　　出　　版
辨　　　　　喜	馬　小　鶴	已　　出　　版
泰　　戈　　爾	宮　　　靜	已　　出　　版
奧羅賓多·高士	朱　明　忠	已　　出　　版
甘　　　　　地	馬　小　鶴	已　　出　　版
尼　　赫　　魯	朱　明　忠	已　　出　　版
拉達克里希南	宮　　　靜	已　　出　　版
李　　栗　　谷	宋　錫　球	已　　出　　版
空　　　　　海	魏　常　海	已　　出　　版
道　　　　　元	傅　偉　勳	已　　出　　版
山　鹿　素　行	劉　梅　琴	已　　出　　版
山　崎　闇　齋	岡田武彥	已　　出　　版
三　宅　尚　齋	海老田輝巳	已　　出　　版
貝　原　益　軒	岡田武彥	已　　出　　版
荻　生　徂　徠	王　祥　齡 劉　梅　琴	已　　出　　版
石　田　梅　岩	李　甦　平	已　　出　　版
楠　本　端　山	岡田武彥	已　　出　　版
吉　田　松　陰	山口宗之	已　　出　　版
中　江　兆　民	畢　小　輝	已　　出　　版
蘇格拉底及其先期哲學家	范　明　生	已　　出　　版
柏　　拉　　圖	傅　佩　榮	已　　出　　版
亞　里　斯　多　德	曾　仰　如	已　　出　　版

世界哲學家叢書 (四)

書　　　　　　名	作　　　者	出　版　狀　況
伊　壁　鳩　魯	楊　　適	已　　出　　版
愛　比　克　泰　德	楊　　適	已　　出　　版
柏　　羅　　丁	趙　敦　華	已　　出　　版
伊　本・赫　勒　敦	馬　小　鶴	已　　出　　版
尼　古　拉・庫　薩	李　秋　零	已　　出　　版
笛　　卡　　兒	孫　振　青	已　　出　　版
斯　賓　諾　莎	洪　漢　鼎	已　　出　　版
萊　布　尼　茨	陳　修　齋	已　　出　　版
牛　　　　頓	吳　以　義	已　　出　　版
托　馬　斯・霍　布　斯	余　麗　嫦	已　　出　　版
洛　　　　克	謝　啓　武	已　　出　　版
休　　　　謨	李　瑞　全	已　　出　　版
巴　　克　　萊	蔡　信　安	已　　出　　版
托　馬　斯・銳　德	倪　培　民	已　　出　　版
梅　　里　　葉	李　鳳　鳴	已　　出　　版
狄　　德　　羅	李　鳳　鳴	已　　出　　版
伏　　爾　　泰	李　鳳　鳴	已　　出　　版
孟　德　斯　鳩	侯　鴻　勳	已　　出　　版
施　萊　爾　馬　赫	鄧　安　慶	已　　出　　版
費　　希　　特	洪　漢　鼎	已　　出　　版
謝　　　　林	鄧　安　慶	已　　出　　版
叔　　本　　華	鄧　安　慶	已　　出　　版
祁　　克　　果	陳　俊　輝	已　　出　　版
彭　　加　　勒	李　醒　民	已　　出　　版
馬　　　　赫	李　醒　民	已　　出　　版

世界哲學家叢書（五）

書　　　　　　　名	作　　　者	出　版　狀　況
迪　　　　　　昂	李　醒　民	已　　出　　版
恩　格　斯	李　步　樓	已　　出　　版
馬　克　思	洪　鎌　德	已　　出　　版
約　翰　彌　爾	張　明　貴	已　　出　　版
狄　爾　泰	張　旺　山	已　　出　　版
弗　洛　伊　德	陳　小　文	已　　出　　版
史　賓　格　勒	商　戈　令	已　　出　　版
韋　　　　　伯	韓　水　法	已　　出　　版
雅　斯　培	黃　　　藿	已　　出　　版
胡　塞　爾	蔡　美　麗	已　　出　　版
馬克斯・謝勒	江　日　新	已　　出　　版
海　德　格	項　退　結	已　　出　　版
高　達　美	嚴　　　平	已　　出　　版
盧　卡　奇	謝　勝　義	已　　出　　版
哈　伯　馬　斯	李　英　明	已　　出　　版
榮　　　　　格	劉　耀　中	已　　出　　版
皮　亞　傑	杜　麗　燕	已　　出　　版
索　洛　維　約　夫	徐　鳳　林	已　　出　　版
費　奧　多　洛　夫	徐　鳳　林	已　　出　　版
別　爾　嘉　耶　夫	雷　永　生	已　　出　　版
馬　賽　爾	陸　達　誠	已　　出　　版
阿　圖　色	徐　崇　溫	已　　出　　版
傅　　　　　科	于　奇　智	已　　出　　版
布　拉　德　雷	張　家　龍	已　　出　　版
懷　特　海	陳　奎　德	已　　出　　版

世界哲學家叢書（六）

書　　　　　名	作　　者	出　版　狀　況
愛　因　斯　坦	李　醒　民	已　　出　　版
皮　　爾　　遜	李　醒　民	已　　出　　版
玻　　　爾	戈　　革	已　　出　　版
弗　　雷　　格	王　　路	已　　出　　版
石　　里　　克	韓　林　合	已　　出　　版
維　根　斯　坦	范　光　棣	已　　出　　版
艾　　耶　　爾	張　家　龍	已　　出　　版
奧　　斯　　丁	劉　福　增	已　　出　　版
史　　陶　　生	謝　仲　明	已　　出　　版
馮・賴　特	陳　　波	已　　出　　版
赫　　　爾	孫　偉　平	已　　出　　版
愛　　默　　生	陳　　波	已　　出　　版
魯　　一　　士	黃　秀　璣	已　　出　　版
普　　爾　　斯	朱　建　民	已　　出　　版
詹　　姆　　士	朱　建　民	已　　出　　版
蒯　　　因	陳　　波	已　　出　　版
庫　　　恩	吳　以　義	已　　出　　版
史　蒂　文　森	孫　偉　平	已　　出　　版
洛　　爾　　斯	石　元　康	已　　出　　版
海　　耶　　克	陳　奎　德	已　　出　　版
喬　姆　斯　基	韓　林　合	已　　出　　版
馬　克　弗　森	許　國　賢	已　　出　　版
尼　　布　　爾	卓　新　平	已　　出　　版
呂　　格　　爾	沈　清　松	已　　出　　版